Copyright da edição brasileira © 2016 Editora Filocalia
Título original: *Les Provinciales*

Editor | Edson Manoel de Oliveira Filho
Produção editorial | Editora Filocalia
Capa | Angelo Allevato Bottino
Projeto gráfico e diagramação | Mauricio Nisi Gonçalves
Preparação | Nina Schipper
Revisão | Mariana Cardoso

Reservados todos os direitos desta obra. Proibida toda e qualquer reprodução desta edição por qualquer meio ou forma, seja ela eletrônica ou mecânica, fotocópia, gravação ou qualquer outro meio de reprodução, sem permissão expressa do editor.

CIP-Brasil. Catalogação na Publicação
Sindicato Nacional dos Editores de Livros, RJ

P273p

    Pascal, Blaise, 1623-1662
      As provinciais : ou cartas escritas por Louis de Montalte a um provincial seu amigo e aos reverendos padres jesuítas sobre a moral e a política desses padres / Blaise Pascal ; tradução Roberto Leal Ferreira. - São Paulo : Filocalia, 2016.
      296 p. ; 23 cm.

    Tradução de: Les provinciales
    ISBN 978-85-69677-12-3

    1. Jesuítas - História. 2. Cristianismo. I. Título.

16-34864   CDD: 271.53
                                                                   CDU: 27-789.5

21/07/2016 25/07/2016

Editora Filocalia Ltda.
Rua França Pinto, 509 • São Paulo • SP • 04016-032 • Telefax: (5511) 5572 5363
atendimento@filocalia.com.br • www.editorafilocalia.com.br

Este livro foi impresso pela Intergraf Indústria Gráfica em agosto de 2016. Os tipos são da família Bembo DTL Elzevir. O papel do miolo é o Norbrite 66 g e o da capa, cartão Ningbo Gloss 300 g.

Blaise Pascal

As Provinciais

ou

*Cartas Escritas por Louis de Montalte a um Provincial
seu Amigo e aos Reverendos Padres Jesuítas
Sobre a Moral e a Política desses Padres*

Prefácio Luiz Felipe Pondé

Introdução, tradução, notas e cronologia
Roberto Leal Ferreira

Sumário

Prefácio *por Luiz Felipe Pondé* 7
Introdução *por Roberto Leal Ferreira* 11

Primeira Carta 17
Segunda Carta 27
Resposta do Provincial 37
Terceira Carta 39
Quarta Carta 47
Quinta Carta 59
Sexta Carta 73
Sétima Carta 87
Oitava Carta 101
Nona Carta 115
Décima Carta 129
Décima Primeira Carta 145
Décima Segunda Carta 159
Décima Terceira Carta 173
Décima Quarta Carta 189
Décima Quinta Carta 205
Décima Sexta Carta 221
Décima Sétima Carta 243
Décima Oitava Carta 263
Fragmento de uma Décima Nona Carta 283

Balizas Cronológicas 287

Prefácio

Luiz Felipe Pondé

LES MESSIEURS DE PORT-ROYAL

Imagine o dia amanhecendo em Paris, nalgum dia de janeiro, do ano da graça de Nosso Senhor Jesus Cristo, de 1656. Mais precisamente no dia 23 de janeiro daquele ano. Um frio gelado cobria as ruas da cidade. Agora, imagine alguém, um homem provavelmente, andando, com rosto encoberto, olhando para todos os lados, com a certeza do risco corrido, espalhando papéis pela cidade, em locais estratégicos. Agora, imagine que isso acontecerá até março do ano seguinte, do ano da graça do Nosso Senhor Jesus Cristo, de 1657. Imagine que este homem está envolvido até o pescoço numa controvérsia que podia custar a vida, a fama e o reconhecimento de muita gente importante da época. Este homem assinava pelo nome de Louis de Montalte. Hoje, sabemos que se tratava do filósofo, teólogo e cientista Blaise Pascal, e os papéis misteriosos eram o que veio a ser conhecido como *As Provinciais*, um documento essencial para entendermos a teologia e a política do século XVII francês.

As Provinciais constituíram-se num total de dezoito cartas escritas por Pascal (e mais algumas notas para uma 19ª nunca escrita), com inúmeras revisões e adendos feitos pelo teólogo conhecido na época como le Grand Arnauld e por Pierre Nicole, outro integrante do "movimento" que ficou conhecido como le Jansénisme, identificados como les Messieurs de Port-Royal.

Quem eram esses Messieurs de Port-Royal? O que era Port--Royal? Qual era o teor dessas cartas? Por que foram chamadas *As Provinciais*? Por que todo o mistério ao redor delas, na época? Qual o risco que esses "senhores" corriam?

Estamos entre os membros da elite econômica e intelectual francesa do século XVII, da qual vinham os Messieurs de Port-Royal. Todos os personagens que envolvem tal episódio transitam por esta elite, e mesmo na desgraça e perseguição que se abaterá sobre os jansenistas, este traço econômico e político se fará presente, garantindo, de certa forma, a ausência de punições mais duras como a Santa Inquisição. Para entender quem era essa elite, é necessário darmos alguns passos atrás e compreendermos o que foi o jansenismo na França do século XVII e por que a Coroa francesa, com toda razão – no sentido político –, perseguiu e buscou eliminar (sem pleno sucesso, como é frequente quando se trata de perseguição a ideias) todos os traços do jansenismo no mundo intelectual e religioso francês de então.

O jansenismo foi um movimento teológico, fruto do livro *Augustinus*, escrito pelo teólogo belga Cornelius Jansenius no século XVI, que pretendia apenas fazer uma síntese da teoria agostiniana da graça contra a heresia pelagiana. Qual era essa heresia ou qual era e teoria agostiniana sintetizada por Jansenius?

A controvérsia da graça foi a discussão entre Agostinho e Pelagius no início do cristianismo (entre os séculos IV e V), na qual o primeiro afirmava que a graça é contingente (posição que Jansenius defenderá em seu livro) sem levar em conta a economia dos méritos, e o segundo, que a graça suficiente era dada a todos igualmente, possibilitando, por meio do livre arbítrio, a decisão do que fazer (posição dos jesuítas seguindo a teoria de Molina). Os jansenistas serão aqueles que se colocarão contra os jesuítas que tinham, naquele momento, uma razoável influência na Coroa.

O convento de freiras de Port-Royal, com uma sede em Paris que hoje recebe a maternidade Val-de-Grâce no boulevard de Port--Royal, e outra no campo, conhecida como Port-Royal-des-Champs, foi o centro nervoso desses senhores jansenistas, que levantaram casas, criaram uma escola e se vestiram de preto pra mostrar seu pessimismo com o mundo e com a natureza humana que, apenas pela ação da graça contingente, poderia sair do orgulho e da concupiscência. Muitos abandonaram carreiras e fortunas para se transformarem nesses Messieurs de Port-Royal que viviam em silêncio, na pobreza e na castidade ao redor de Port-Royal-des-Champs.

A Coroa havia há pouco sofrido a Fronda, cujo objetivo era derrubá-la. Os jesuítas, inimigos doutrinários dos jansenistas, por sua vez, teologicamente próximos dos calvinistas (ainda que sem reconhecê-lo), tramam contra os jansenistas, tornando-os suspeitos por terem simpatia pela Fronda. Na verdade, os jesuítas não estavam de todo enganados: os jansenistas nunca foram crentes na justificação teológica do absolutismo ou da monarquia. Respeitavam a Coroa simplesmente por hábito e por desinteresse pelo mundo. Toda forma de poder reconhece o cheiro do desprezo pelo poder.

As Provinciais foram cartas que começaram como defesa de Arnauld contra a tentativa de derrubá-lo da cátedra da Sorbonne. Como tudo nessa história, os jansenistas foram derrotados objetivamente. Arnauld perdeu a cátedra ainda em janeiro daquele ano. Ao longo da controvérsia, as cartas passaram a discussão sobre a graça e a acusação que os jansenistas faziam aos jesuítas de usarem casuística para defender seus interesses políticos e sua teologia oportunista travestida de elogios à natureza humana. A violência da Coroa, associada à Igreja católica, contra os jansenistas chegou ao ponto da condenação do jansenismo pelo Vaticano ao fechamento do convento de Port-Royal em Paris e à destruição (pedra por pedra) da sede de campo. As freiras foram espalhadas por outros conventos e as casas dos Messieurs destruídas na quase totalidade. A intenção era clara: apagar o traço dos jansenistas no cenário teológico, político e intelectual da França no século XVII.

Provinciais é o termo usado entre jesuítas até hoje para se referir a documentos escritos pelos provinciais, que são os "chefes" das províncias cuja ordem jesuíta está dividida no mundo. Quando Pascal e seus companheiros escrevem *As Provinciais*, até na "escolha" do título dado a essas cartas aparece a ironia que as caracteriza como a peça polêmica que são. *As Provinciais* estão inscritas no combate ferrenho entre a ordem jesuíta e os jansenistas da época. Se a vitória política e teológica foi, de certa forma, dada aos jesuítas, nem por isso o jansenismo foi derrotado como força intelectual dentro da história da filosofia e da teologia da França. Pascal, Racine, La Fontaine, Georges Bernanos e Pascal Bruckner (os dois últimos são autores contemporâneos), entre outros são alguns dos exemplos dessa força. A França, enquanto tal, como dizem muitos dos jansenistas contemporâneos, *"est toujours janséniste"*.

Até hoje, como afirmam os integrantes da "*Société* des Amis de Port-Royal", você poderá encontrar os jansenistas contemporâneos nas missas da capela da maternidade de Val-de-Grâce. São discretos e silenciosos, afinal, são uma "heresia". A tradição jansenista marcou profundamente a cultura francesa na sua profundidade e dramaticidade, que lhe são peculiares.

O ódio que a Coroa alimentou contra os jansenistas os obrigou a fugir e a se esconder, bem como aquele misterioso Monsieur de Montalte, naquela fria manhã de janeiro, do ano da graça do Senhor Jesus Cristo, de 1656.

Introdução

Roberto Leal Ferreira

*A distância infinita dos corpos aos espíritos figura
a distância infinitamente mais infinita
dos espíritos à caridade, pois ela é sobrenatural.*
(Pensamentos)

Escritas em meio ao pesado clima religioso do século XVII, as *Provinciais* são um texto de guerra, uma bomba lançada em meio à batalha entre duas concepções da fé cristã que marcará profundamente a história da Igreja católica, até hoje.

Por um lado, temos a ilustre Companhia de Jesus, a mais rica e mais influente ordem religiosa, com milhares de sacerdotes rigorosamente organizados sob um único chefe, espalhados pelo mundo inteiro; de outro, um punhado de seguidores de Cornelius Jansenius, professor de Teologia na Universidade de Lovaina e, posteriormente, bispo de Ypres, na Bélgica. São chamados jansenistas pelos adversários, e reúnem-se ao redor da abadia cisterciense de Port-Royal des Champs, nas cercanias de Paris.

Disputa complexa, que envolve todos os aspectos da fé, desde a teologia especulativa à teologia moral, passando pela política (oposição à política de alianças com os protestantes do cardeal Richelieu), pela ciência (caso Galileo Galilei), pela constituição hierárquica da Igreja (disputas sobre o estatuto dos bispos e o conciliarismo) e pela teologia dos sacramentos (contra a frequente comunhão e o laxismo nas confissões).

O fulcro da questão, porém, reside no difícil problema da graça, pedra de tropeço ao longo de muitos séculos de história da Igreja, pelo menos desde as disputas entre Pelágio e Santo Agostinho, o Doutor da graça, nos séculos IV e V d.C. O que está em jogo é nada menos que a determinação da relação entre Deus e o homem.

Neste sentido, a disputa entre jansenistas e jesuítas gira ao redor de duas verdades de fé: por um lado, a liberdade do homem, vigorosamente afirmada pelo Concílio de Trento, contra o "servo arbítrio" de Lutero e seus seguidores; por outro, a onipotência divina e a necessidade da graça para a salvação: "Sem Mim, nada podeis fazer" (João 15, 5). Todo o problema consiste em harmonizar esses dois aspectos do dogma, alcançar o equilíbrio entre essas duas verdades de fé que aparentemente se contrapõem.

O perigo está em adotar uma concepção da onipotência divina que negue a liberdade humana, ou uma noção da liberdade humana que exclua a onipotência divina. É preciso preservar a noção da vontade salvífica universal de Deus, estendida a todos os homens, contra a doutrina da predestinação absoluta: se é Deus quem escolhe livremente quem será ou não salvo, como pode querer salvar a todos, dado que nem todos são salvos: "Porque muitos são chamados, e poucos os escolhidos" (Mateus 22,14)? E se é inteiramente de Deus a escolha dos que serão salvos e a distribuição da graça que possibilita a justificação, como evitar a conclusão de que é também o mesmo Deus o único responsável pela condenação do homem e pelo pecado? Eis alguns dos escolhos que evitar.

Tal tensão entre esses dois polos dá origem, em seus dois extremos, a duas heresias: por um lado, a heresia pelagiana, que nega a necessidade da graça e afirma ser o homem capaz, por si só, de alcançar a salvação; no outro extremo, a posição calvinista,[1] que nega

---

[1] Referimo-nos aqui ao calvinismo clássico, tal como era percebido pelos jesuítas no século XVII. Para se ter uma ideia de como as coisas mudaram de lá para cá, basta dizer

o livre-arbítrio e qualquer mérito do homem na própria salvação, fora da graça, distribuída por Deus segundo a sua soberana vontade, sem levar em conta méritos ou deméritos da criatura. Entre esses dois extremos, abre-se o domínio da fé católica, campo de batalha entre jesuítas e jansenistas.

Por um lado, os jesuítas, filhos do Humanismo renascentista, dão ênfase à liberdade do homem e supõem uma natureza humana que preservou muitos de seus dons originais depois da queda. Não é à toa que Pelágio negava a própria realidade do pecado original. Por outro lado, os jansenistas centram sua doutrina na "infinitamente infinita" Majestade divina, que dispensa livremente a seus eleitos a graça que os salva em Jesus Cristo. Tal doutrina tende a uma concepção mais pessimista quanto aos estragos causados na natureza humana pela queda e pelo pecado original. Uma dá mais ao homem; outra, a Deus. Daí o furor com que os jansenistas atacam a otimista teologia moral jesuítica, com suas normas bem mais liberais na administração dos sacramentos da penitência e da eucaristia. Pascal há de dedicar a maior parte de suas *Provinciais* ao combate das extravagâncias dos casuístas jesuítas.

Historicamente, a formação da doutrina jesuítica sobre a graça teve início na segunda metade do século XVI. No fragor do combate à heresia calvinista, Luis de Molina, SJ, elabora em 1588 a sua famosa doutrina da ciência média, que recebeu de seu mestre, o jesuíta português Pedro da Fonseca: Deus concede a graça soberanamente, mas só àqueles que, em Sua onisciência, Ele prevê que farão bom uso dela. A todos os homens, Deus dispensa uma graça suficiente para que se salvem, e os homens, usando sua liberdade, podem recusar; mas, conhecedor dos futuros contingentes, Deus pode prever aqueles que não a recusarão se a receberem, e só a eles conceder a graça eficiente, que efetivamente os salva. Com isso, pretende-se preservar o equilíbrio entre os dois polos da questão, a liberdade humana e a necessidade da graça divina.

QUE SE AUTODEFINE PUBLICAMENTE MOLINISTA O CALVINISTA ALVIN PLANTINGA, PRINCIPAL FILÓSOFO DA "JESUITÍSSIMA" LOYOLA UNIVERSITY, CHICAGO, A MAIOR UNIVERSIDADE CATÓLICA AMERICANA.

A ideia de uma graça suficiente e da ciência média, ou mista, são ideias novas, que se opõem ao ensinamento de Santo Agostinho e de Santo Tomás de Aquino sobre a graça eficiente. Ora, as novidades são sempre suspeitas aos olhos dos que dedicam o melhor de seus esforços para a preservação do depósito da tradição, como era o caso dos jansenistas. E foi exatamente para combater o molinismo e reafirmar a doutrina agostiniana que Jansenius se entregou, durante longos anos, à redação do *Augustinus*, monumental comentário a Santo Agostinho, em três grandes tomos infólios, publicado postumamente.

Tal publicação foi encarada pelos discípulos de Loyola como uma declaração de guerra, e o contra-ataque foi fulminante: acusaram Jansenius de calvinismo, e solicitaram que cinco teses extraídas, segundo eles, do *Augustinus*, fossem condenadas pela Sorbonne por heréticas, em 1649. A disputa foi levada até Roma e terminou com a condenação dessas teses pelo Papa Inocêncio X, em 31 de maio de 1653. Os jansenistas, sob a liderança de Antoine Arnauld, reagiram com a famosa distinção entre as questões de fato e de direito: aceitavam que as sentenças fossem heréticas, e as repudiavam, mas negavam que elas se achassem no livro de Jansenius, pelo menos com o sentido a elas atribuído por seus acusadores. Segundo eles, a autoridade papal é absoluta apenas nas questões de direito, relativas à fé, e não a questões de fato, que são da alçada dos sentidos e da razão. Se as teses estão ou não no livro de Jansenius é uma questão de fato, para cuja solução é impotente a autoridade eclesiástica, mesmo petrina. Ou seja, se o Papa não é capaz de mostrar em que página se encontram no *Augustinus* as sentenças atribuídas a Jansenius, nem mesmo a sua suprema autoridade pode fazê-las estarem lá.

A disputa volta a ser examinada em Roma e, desta vez, o Papa Alexandre VII confirma a condenação das Proposições feita por seu antecessor e reafirma que elas estão, sim em Jansenius, anatemizando quem o negar.

Acuado, o chefe dos jansenistas, Antoine Arnauld, tem sua obra investigada pela Sorbonne. Quando já era certa a sua condenação,

Pascal inicia anonimamente a publicação de suas *Provinciais*, em defesa do amigo.

Trata-se de uma obra-prima da literatura francesa, talvez o maior livro de polêmicas jamais escrito.

A lógica implacável de Pascal, a sua ironia sutil, mas demolidora, causaram feridas incuráveis no prestígio da Companhia de Jesus. Denunciadas por Pascal, as teses laxistas de seus casuístas acabaram condenadas em Roma, tanto por Alexandre VII, quanto por Inocêncio XI, anos mais tarde.

Mas não foram só os jesuítas que saíram arranhados desta guerra fratricida. A própria Igreja francesa jamais recuperaria plenamente a sua perdida unidade, e certamente o sucesso do iluminismo na França, nos séculos seguintes, muito se deve aos ferimentos provocados nessa batalha.

É, pois, uma honra propor ao público brasileiro, ainda que com quase quatrocentos anos de atraso, esta primeira tradução das explosivas epístolas pascalianas, na esperança paradoxal de que a ironia do mestre arverno nos possa devolver o gosto da seriedade das coisas de Deus, hoje perdido.

Primeira Carta

Escrita a um Provincial por um dos seus amigos acerca das presentes disputas na Sorbonne

De Paris, 23 de janeiro de 1656.

Meu senhor,

Estávamos muito enganados. Só ontem me desiludi. Até então, pensava que o assunto das disputas da Sorbonne fosse muito importante e de extrema consequência para a religião. Tantas reuniões de uma Companhia tão célebre como a Faculdade de Teologia de Paris, onde tantas coisas extraordinárias e tão sem igual se passaram, fazem-nos formar uma ideia tão elevada sobre ela, que não podemos crer que não haja nisso um assunto muito extraordinário.

No entanto, sua surpresa será grande quando souber, por esta narrativa, em que se resume tão grande barulho; é o que lhe direi em poucas palavras, depois de me instruir perfeitamente a este respeito.

Examinam-se duas questões: uma de fato, outra de direito.

A questão de fato consiste em saber se o Sr. Arnauld[1] é temerário por ter dito em sua segunda Carta: *que leu exatamente o livro de Jansenius e nele não encontrou as Proposições condenadas pelo falecido Papa; e, no entanto, como condena essas Proposições onde quer que elas se encontrem, ele as condena em Jansenius, se ali se acharem.*

A questão, a este respeito, é a de saber se ele pôde, sem temeridade, demonstrar com isso que duvida de que tais Proposições estejam em Jansenius,[2] depois de os senhores bispos declararem que ali estão.

Levam o caso à Sorbonne. Setenta e um doutores saem em sua defesa e sustentam que ele não podia responder outra coisa aos que, por tantos escritos, lhe perguntavam se afirmava que tais Proposições estivessem nesse livro, senão que não as viu, porém, as condena, se ali estiverem.

Alguns até, indo além, declararam que, por mais que as procurassem, jamais as encontraram naquele livro, e até mesmo encontraram outras inteiramente contrárias. Pediram, em seguida, com insistência, que se houvesse algum doutor que as tivesse visto, que, por favor, lhas mostrassem; era coisa tão fácil, que não podia ser recusada, pois seria um jeito seguro de convencer a todos, e até mesmo ao Sr. Arnauld, mas isso sempre lhes foi negado. Eis o que se passou desse lado.

Do outro lado, apareceram vinte e quatro doutores seculares e cerca de quarenta religiosos mendicantes, que condenaram a Proposição do Sr. Arnauld sem quererem examinar se o que dissera fosse verdadeiro ou falso, tendo mesmo declarado que não se tratava da veracidade, mas só da temeridade de sua Proposição.

Houve, ademais, outros quinze que não ficaram a favor da censura, e são chamados indiferentes.

Eis como terminou a questão de fato, com a qual não me preocupo. Pois se o Sr. Arnauld é ou não temerário é algo por que a minha

---

[1] ANTOINE ARNAULD (1612-1694), FILÓSOFO E TEÓLOGO, O PRINCIPAL ALVO DOS ATAQUES DOS JESUÍTAS.
[2] CORNELIUS JANSEN (1585-1638), MAIS CONHECIDO POR SEU NOME LATINO DE JANSENIUS, BISPO DE YPRES E AUTOR DO *AUGUSTINUS* (1640), OBRA PÓSTUMA QUE DESENCADEARIA TODA A QUERELA ENTRE OS SEUS DEFENSORES – OS CHAMADOS JANSENISTAS – E OS JESUÍTAS.

consciência não se interessa. E se tomasse conta de mim a curiosidade de saber se tais Proposições estão em Jansenius, seu livro não é tão raro, nem tão grosso, que não o possa ler inteiro para me informar a este respeito, sem consultar a Sorbonne.

Mas se também temesse ser temerário, creio que seguiria a opinião das pessoas que, tendo acreditado até agora, por fé pública, que tais Proposições estão em Jansenius, começam a suspeitar do contrário, pela recusa esquisita de mostrá-las, que é tal, que ainda não vi ninguém que me dissesse tê-las visto. Temo, assim, que essa censura não faça mais mal do que bem e dê aos que conhecerem sua história uma impressão completamente oposta à conclusão. Pois, na verdade, o mundo fica desconfiado e só crê nas coisas quando as vê. Mas, como já disse, este ponto é pouco importante, pois não se trata da fé.

Quanto à questão de direito, parece ser muito mais considerável, por tratar da fé. Por isso, empenhei-me particularmente em me informar sobre ela. Mas Você há de ficar muito satisfeito ao ver que se trata de coisa tão pouco importante quanto a primeira.

Trata-se de examinar o que disse o Sr. Arnauld na mesma carta: *que a graça, sem a qual nada se pode, faltou a São Pedro em sua queda.* A este respeito, Você e eu pensávamos que se se tratava de examinar os maiores princípios da graça, como, por exemplo, se é dada a todos os homens ou é eficaz, mas estávamos muito enganados. Tornei-me em pouco tempo grande teólogo, e Você terá provas disso.

Para conhecer a verdade sobre o caso, visitei o Sr. N., doutor de Navarra, que mora perto de mim e é, como Você sabe, um dos mais fogosos opositores dos jansenistas; e como a minha curiosidade me tornava quase tão ardente quanto ele, perguntei-lhe primeiro se eles não decidiriam formalmente que *a graça é dada a todos,* para que não mais se levantasse essa dúvida. Mas ele me respondeu com grosseria, e me disse que não era esse o ponto; que havia alguns do seu partido que afirmavam que a graça não é dada a todos; que os próprios examinadores haviam dito, em plena Sorbonne, que tal opinião é problemática, e ele mesmo era desse parecer: o que me confirmou por este trecho, que diz ser célebre, de Santo Agostinho: *Sabemos que a graça não é dada a todos os homens.*

Pedi desculpas por ter mal interpretado sua opinião e lhe pedi que me dissesse se não condenariam, então, pelo menos esta outra opinião dos jansenistas que causa tanta celeuma, *que a graça é eficaz e determina a nossa vontade de fazer o bem.* Mas não fui mais feliz nesta segunda questão. Você não entendeu nada, disse-me ele, isso não é uma heresia. É uma opinião ortodoxa: todos os tomistas a sustentam; eu mesmo a defendi na minha Sorbônica.

Não mais ousei propor-lhe as minhas dúvidas; e já não sabia onde estava a dificuldade, quando, para me esclarecer, lhe supliquei que me dissesse em que consistia, então, a heresia da Proposição do Sr. Arnauld: consiste, disse-me ele, em que ele não reconhece que os justos tenham o poder de cumprir os mandamentos de Deus da maneira como o entendemos.

Despedi-me depois dessa instrução; e, muito feliz por conhecer o nó da questão, fui encontrar o Sr. N., que vai cada vez melhor e teve saúde suficiente para me levar à casa de meu cunhado, que é jansenista de carteirinha e, no entanto, ótimo sujeito. Para ser mais bem recebido, fingi ser um dos seus, e lhe disse: Será possível que a Sorbonne introduza na Igreja esse erro, que *todos os justos têm sempre o poder de cumprir os mandamentos*? O que Você me diz?, disse-me o meu doutor. Chama de erro uma opinião tão católica, combatida apenas pelos luteranos e pelos calvinistas? Mas então, disse-lhe eu, não é essa a sua opinião? Não, disse ele, nós lançamos o anátema contra ela, por herética e ímpia. Surpreso com essa resposta, percebi que tinha exagerado como jansenista, como antes havia exagerado para o lado molinista; mas, não conseguindo ter certeza sobre a sua resposta, pedi-lhe que me dissesse confidencialmente se considerava que *os justos tenham sempre um poder verdadeiro de observar os preceitos.* O homem exaltou-se, mas com um zelo devoto, e disse que jamais, de modo algum, disfarçaria os seus sentimentos sobre coisa nenhuma: que era aquela a sua opinião e que ele e os seus a defenderiam até a morte, como sendo a pura doutrina de Santo Tomás e de Santo Agostinho, seu mestre.

Falou ele com tanta seriedade, que não pude ter dúvidas. E, com esta certeza, voltei a procurar o meu primeiro doutor e lhe disse, muito satisfeito, que estava certo de que a paz logo voltaria à Sorbonne; que os jansenistas estavam de acordo sobre o poder que os justos têm de cumprir os preceitos; que eu lhe podia garantir isso e que eles estariam dispostos a assiná-lo com o próprio sangue. Muito bem!, disse-me ele, é preciso ser teólogo para entender o problema. A diferença entre nós é tão sutil, que nós mesmos quase não conseguimos distingui-la; para Você, seria muito difícil entender. Contente-se, então, em saber que os jansenistas lhe dirão, sim, que todos os justos têm sempre o poder de cumprir os mandamentos; não é isso que discutimos. Mas eles não lhe dirão que esse poder seja *próximo*. É este o ponto.

Essa palavra era nova e desconhecida para mim. Até então, tinha entendido o que se passava, mas esse termo me deixou no escuro, e creio que ele só foi inventado para confundir. Pedi-lhe, então, que me desse uma explicação, mas ele fez mistério e me mandou, sem mais satisfações, perguntar aos jansenistas se eles admitiam esta palavra: *próximo*. Guardei a palavra na memória, pois minha inteligência nada tinha com aquilo. E, para não esquecer, fui logo reencontrar o meu jansenista, a quem disse de imediato, depois dos primeiros cumprimentos: diga-me, por favor, se Você admite o *poder próximo*? Ele começou a rir e me disse com frieza: diga-me Você em que sentido o entende e então lhe direi o que penso dele. Como os meus conhecimentos não chegavam a tanto, vi-me sem saber o que responder; e, no entanto, para não tornar inútil a visita, disse-lhe ao acaso: entendo-o no sentido dos molinistas. A que respondeu ele, sem se perturbar: a quais dos molinistas, disse-me ele, Você se refere? Ofereci-lhe todos juntos, como se formassem um só corpo e só agissem por um mesmo espírito.

Disse-me, porém, ele: Tens pouca instrução. Eles estão tão longe de compartilhar as mesmas opiniões, que têm entre eles as mais contraditórias. Mas, estando todos unidos com o objetivo de derrotar o

Sr. Arnauld, resolveram concordar todos sobre a palavra *próximo*, que uns e outros diriam juntos, embora a entendessem de maneiras diferentes, para falarem uma mesma língua e, com essa conformidade aparente, poderem formar um corpo considerável e compor um número maior, para oprimi-lo com segurança.

Admirei-me com tal resposta. Mas, sem admitir essas opiniões sobre os maldosos desígnios dos molinistas, em que não quero crer só com base na palavra dele e pelos quais não me interesso, tratei apenas de saber os diversos sentidos que eles dão à misteriosa palavra *próximo*. Disse-me ele: eu o explicaria com prazer, mas Você veria ali uma repugnância e uma contradição tão grosseira, que mal poderia crer: eu sou suspeito; Você estará mais seguro informando-se diretamente com eles; eu lhe passarei os endereços. Basta visitar separadamente o Sr. Le Moine[3] e o Padre Nicolaï. Não conheço nenhum dos dois, disse-lhe. Veja, então, disse-me ele, se não conhece algum dos que lhe citarei, pois compartilham as opiniões do Sr. Le Moine. De fato, conhecia alguns deles. Em seguida me disse: veja se não conhece nenhum dos dominicanos que são chamados de novos tomistas; pois todos eles são como o Padre Nicolaï. Eu conhecia alguns dos que ele nomeou; e, decidido a aproveitar aquele conselho e resolver o problema, despedi-me e fui primeiro visitar um dos discípulos do Sr. Le Moine.

Supliquei-lhe que me dissesse o que era *ter o poder próximo de fazer alguma coisa*. É fácil, disse-me ele: é ter tudo o que é necessário para fazê-lo, de tal sorte que nada falte para agir. E assim, disse-lhe eu, ter o *poder próximo* de passar por um rio é ter um barco, alguns barqueiros, remos, etc., de modo que nada falte. Muito bem, disse-me ele. E ter o poder próximo *de ver*, disse-lhe eu, é ter boa vista e estar num lugar iluminado. Pois quem tivesse boa visão no escuro não teria o poder próximo de ver, segundo o que Você diz, pois lhe faltaria a luz, sem a qual não se vê. Muito sábio, disse-me ele. E, por conseguinte, prossegui, quando Você diz que todos os justos têm sempre

---

[3] Pierre Le Moyne (1602-1672), poeta e teólogo jesuíta.

o poder próximo de observar os mandamentos, quer dizer que eles têm sempre toda a graça necessária para cumpri-los; de modo que nada lhes falta da parte de Deus. Espere um pouco, disse-me ele; eles têm sempre tudo o que é necessário para observá-los ou, pelo menos, para pedi-lo a Deus. Compreendo, disse eu; eles têm tudo o que é necessário para pedir a Deus que os ajude, sem que seja necessário que eles recebam nenhuma nova graça de Deus para pedir. Você compreendeu bem, disse-me ele. Mas, então, não é necessário que eles tenham uma graça eficaz para pedir a Deus? Não, disse-me ele, segundo o Sr. Le Moine.

Para não perder tempo, fui até os jacobinos e pedi para chamarem aqueles que sabia serem os novos tomistas. Pedi-lhes que me dissessem *o que é o poder próximo*. Não é aquele, disse-lhes eu, a que nada falta para agir? Não, disseram-me eles. Mas, Padre, se falta alguma coisa a esse poder, chama-o ainda de *próximo*? E dirá, por exemplo, que um homem tenha, de noite e sem nenhuma luz, o *poder próximo de ver*? Claro, ele o terá, segundo nós, se não for cego. Concordo, disse-lhes; mas o Sr. Le Moine entende-o de maneira contrária. É verdade, disseram-me eles, mas nós o entendemos assim. Tudo bem, disse-lhes eu; pois jamais discuto por causa do nome, contanto que me avisem que sentido lhe é dado. Mas vejo, então, que quando Vocês dizem que os justos têm sempre o *poder próximo* de pedir a Deus, entendem que eles precisam de outro auxílio para pedir, sem o qual jamais pedirão. Exatamente, responderam-me os Padres, abraçando-me, exatamente; pois ainda precisam, além disso, de uma graça eficaz que não é dada a todos e que determina sua vontade de pedir; e é heresia negar a necessidade dessa graça eficaz para pedir.

Exatamente, disse-lhes eu por minha vez; mas, segundo Vocês, os jansenistas são católicos e o Sr. Le Moine, herege. Pois os jansenistas dizem que os justos têm o poder de pedir, mas é necessária uma graça eficaz; e é isso que Vocês aprovam. E diz o Sr. Le Moine que os justos pedem sem graça eficaz; e é isso o que Vocês condenam. Sim, disseram eles, mas estamos de acordo com o Sr. Le Moine por chamarmos de próximo, tanto como ele, o poder que os justos têm de pedir, o que os jansenistas não fazem.

Ah, Padres, disse-lhes eu. É jogar com as palavras dizer que estão de acordo por usarem termos comuns, quando estão em lados opostos quanto ao sentido. Os Padres nada responderam; nisso, chegou o meu discípulo do Sr. Le Moine, por uma boa sorte que julguei extraordinária; mas soube mais tarde que os encontros entre eles não são raros, e estão sempre em contato uns com os outros.

Disse, então, ao meu discípulo do Sr. Le Moine: conheço um homem que diz que todos os justos têm sempre o poder de pedir a Deus, mas não pedirão nunca sem uma graça eficaz que os determine, a qual Deus nem sempre dá a todos os justos. É herege? Espere, disse o meu doutor; Você poderia ludibriar-me. Vamos com calma. *Distinguo*: se ele chama tal poder de *poder próximo*, ele será tomista e, portanto, católico; senão, será jansenista e, portanto, herege. Não o chama, disse-lhe eu, nem de próximo, nem de não próximo. Então ele é herege, disse-me ele: pode perguntar a estes bons Padres. Não os tomei como juízes, pois já anuíam com um movimento da cabeça, mas lhes disse: ele se recusa a admitir a palavra *próximo*, pois não lha querem explicar. Nisso, um dos Padres quis dar a sua definição, mas foi interrompido pelo discípulo do Sr. Le Moine, que lhe disse: vai querer, então, recomeçar nossas brigas? Já não estamos de acordo em não explicar a palavra *próximo* e pronunciá-la, de uma e de outra parte, sem dizer o que significa? Ao que o jacobino consentiu.

Compreendi, com isso, o plano deles e lhes disse, erguendo-me para a despedida: na verdade, Padres, tenho muito medo de que tudo isso não passe de pura chicana; e, aconteça o que acontecer nas assembleias de Vocês, ouso prever que se for feita a censura, a paz não se estabelecerá. Pois se se decidir que é preciso pronunciar as sílabas *próximo*, quem não vê que, como não foram explicadas, cada um de Vocês vai querer cantar vitória? Dirão os jacobinos que essa palavra deve ser entendida no sentido deles, o Sr. Le Moine dirá que no seu; e, assim, haverá muito mais disputas para explicá-la do que para introduzi-la; pois, afinal, não haveria grande perigo em admiti--la sem nenhum sentido, já que só pode prejudicar pelo sentido. Mas seria algo indigno da Sorbonne e da teologia valer-se de palavras equívocas e capciosas sem explicá-las.

Enfim, Padres, digam-me, peço-lhes pela última vez, o que devo crer para ser católico. Deve, disseram-me eles todos juntos, dizer que todos os justos têm o *poder próximo*, abstraindo-se de qualquer sentido: *abstrahendo a sensu Thomistarum, et a sensu aliorum Theologorum.* Ou seja, disse-lhes ao despedir-me, devo pronunciar essas palavras com os lábios, para não ser herege de nome. Pois estão essas palavras na Escritura? Não, disseram-me eles. Estão, então, nos Padres ou nos Concílios ou nos Papas? Não. São, então, de Santo Tomás? Não. Que necessidade haverá, então, de dizê-las, já que não têm autoridade, nem sentido algum por si mesmas? Você é teimoso, disseram-me eles: terá de dizê-la ou será herege, e o Sr. Arnauld também; pois somos maioria: e, se preciso for, mandaremos chamar tantos franciscanos, que levaremos a melhor.

Acabo de deixá-los depois dessa última razão, para lhe escrever esta narrativa, pela qual veja que não se trata de nenhum dos seguintes pontos, que não são condenados nem por uns, nem por outros: 1. *Que a graça não é dada a todos os homens.* 2. *Que todos os justos têm sempre o poder de cumprir os mandamentos de Deus.* 3. *Que, no entanto, eles precisam, para cumpri-los, e para pedir por isso, de uma graça eficaz que determina invencivelmente sua vontade.* 4. *Que essa graça eficaz nem sempre é dada a todos os justos, e depende da pura misericórdia de Deus.* Assim, só resta mesmo a palavra *próximo*, sem nenhum sentido que represente perigo.

Felizes os povos que a ignoram; felizes os que precederam seu nascimento! Pois não vejo para isso mais remédio, se os cavalheiros da Academia, com um gesto de autoridade, não banirem da Sorbonne essa palavra bárbara que causa tantas divisões. Sem isso, a censura parece certa; mas vejo que não provocará outro mal senão tornar a

Sorbonne desprezível por esse comportamento, que lhe tirará a autoridade tão necessária em outras circunstâncias.

Deixo Você, porém, livre para adotar ou não a palavra *próximo*; pois amo demais o meu próximo para persegui-lo com esse pretexto. Se esta narrativa não o aborrecer, continuarei a mantê-lo informado do que se passa.

Sou, etc.

Segunda Carta

Escrita a um Provincial
por um de seus amigos

Paris, 29 de janeiro de 1656.

Meu senhor,

Enquanto fechava a carta que lhe escrevi, recebi a visita do senhor N., nosso velho amigo, a melhor coisa que poderia acontecer para a minha curiosidade; pois ele está bem informado das questões atuais e conhece perfeitamente o segredo dos jesuítas, que visita a toda hora, mesmo os principais deles. Depois de me falar o que o trazia à minha casa, pedi-lhe que me dissesse, em poucas palavras, quais são os pontos em debate entre as duas partes.

Ele me satisfez de imediato, dizendo-me que são dois os principais: o primeiro, acerca do *poder próximo*; o segundo, acerca da graça suficiente. Já lhe esclareci o primeiro ponto em minha carta anterior; falarei, nesta, do segundo.

Soube, portanto, numa palavra, que a disputa acerca da graça suficiente consiste em pretenderem os jesuítas que haja uma graça dada geralmente a todos os homens, submetida de tal sorte ao livre arbítrio, que ele a torna eficaz ou ineficaz, à vontade, sem nenhum outro auxílio de Deus e sem que nada falte de sua parte para agir efetivamente; o que faz chamarem-na *suficiente*, pois ela sozinha já é suficiente para agir. E os jansenistas, ao contrário, afirmam não haver nenhuma graça atualmente suficiente que não seja também eficaz, isto é, que todas aquelas graças que não determinam a vontade a agir efetivamente são insuficientes para agir, pois, segundo eles, jamais se age sem a graça eficaz. Eis o ponto da discórdia.

E perguntado, em seguida, sobre a doutrina dos novos tomistas, disse-me ele: é estranha; eles estão de acordo com os jesuítas em admitir uma graça suficiente dada a todos os homens, mas pretendem que os homens jamais agem só com essa graça e que é preciso, para fazê-los agir, que Deus lhes dê uma graça eficaz que determine realmente a vontade deles à ação, a qual Deus não dá a todos. Assim, segundo essa doutrina, disse-lhe eu, essa graça é *suficiente* sem o ser? Justamente, disse-me ele: pois se ela basta, nada mais é preciso para agir; e se não basta, não é *suficiente*.

Mas, disse-lhe eu, que diferença há, então, entre eles e os jansenistas? Diferem, disse-me ele, pelo fato de que pelo menos os dominicanos não deixam de dizer que todos os homens têm a graça suficiente. Compreendo, respondi; mas dizem isso sem pensar, pois acrescentam que para agir é preciso necessariamente ter uma *graça eficaz, que não é dada a todos*: e, assim, estão de acordo com os jesuítas por uma palavra que não tem sentido, mas se opõem a eles e estão de acordo com os jansenistas na substância da coisa. É verdade, disse ele. Por que, então, os jesuítas se uniram a eles e não os combatem tanto quanto aos jansenistas, já que neles sempre terão adversários poderosos, os quais, defendendo a necessidade da graça eficaz determinante, os impedirão de estabelecer aquela que Você diz ser a única suficiente?

Não convém, disse-me ele; não se devem contrariar os que são poderosos na Igreja.

É poderosa demais a Sociedade para ser desafiada abertamente. Contenta-se ela em ter conquistado para o seu partido aqueles que admitem pelo menos o nome de graça suficiente, embora o entendam num sentido diferente. Com isso, tem a vantagem de poder mostrar que a opinião deles é insustentável, quando achar conveniente, e isso com facilidade. Pois, supondo-se que todos os homens tenham graças suficientes, nada é mais natural do que concluir daí que a graça eficaz não é, portanto, necessária, pois a suficiência dessas graças gerais excluiria a necessidade de todas as outras. Quem diz suficiente diz tudo o que é necessário para agir; e de pouco serviria aos dominicanos exclamarem que entendem de um jeito diferente a palavra *suficiente*: o povo, acostumado à inteligência comum dessa palavra, sequer daria ouvidos à explicação deles. Assim, a Sociedade bem se aproveita dessa expressão que os dominicanos aceitam, sem pressioná-los mais; e se Você conhecesse o que se passou sob os Papas Clemente VIII e Paulo V e o quanto a Sociedade foi contrariada pelos dominicanos no estabelecimento da graça suficiente, Você não se admiraria de ver que ela evita desentender-se com eles e permite que conservem sua opinião, contanto que a sua própria continue livre e, principalmente, enquanto os dominicanos a favorecem com o nome de graça suficiente, do qual consentiram servir-se publicamente.

Está muito satisfeita a Sociedade com a complacência deles. Não exige que neguem a necessidade da graça eficaz; isso seria forçá-los demais: não se devem tiranizar os amigos; os jesuítas já ganharam o suficiente. Pois o mundo se contenta com palavras: poucos aprofundam as coisas; e assim, sendo o nome de graça suficiente aceito dos dois lados, embora com sentidos diferentes, não há ninguém, salvo os mais finos teólogos, que não ache que a coisa significada por essa palavra seja aceita tanto pelos jacobinos, como pelos jesuítas, e o que vem a seguir mostrará que estes últimos não são os mais iludidos.

Concordei que eram pessoas hábeis; e, para aproveitar o conselho, fui direto aos jacobinos, onde encontrei à porta um dos meus bons amigos, grande jansenista, pois tenho amigos de todos os partidos, que estava ali em busca de um Padre que não era o que eu procurava. Mas consegui fazer que ele me acompanhasse, depois de muito pedir, e mandei chamar um de meus novos tomistas. Ele ficou felicíssimo em me rever: Pois bem, Padre, disse-lhe eu, não basta que todos os homens tenham um *poder próximo* com o qual, porém, não agem efetivamente jamais, também é preciso que tenham uma graça suficiente, com a qual tampouco agem. Não é esta a opinião da sua Escola? Sim, disse o bom Padre; e foi o que eu disse hoje de manhã na Sorbonne. Falei sobre isso durante toda a minha meia-hora; e, sem a *areia*, eu teria conseguido mudar esse provérbio infeliz que já corre Paris: *Ele opina sobre o boné como um monge na Sorbonne.* E que Você quer dizer com essa meia-hora e com essa areia? respondi-lhe eu. Talham a sua opinião segundo certas medidas? Sim, disse-me ele, de uns dias para cá. E obrigam Você a falar durante meia-hora? Não. Fala-se o pouco que se quer, mas não o tanto que se quer, disse-lhe eu. Que bela regra para os ignorantes! Que pretexto honesto para os que não têm nada de bom para dizer! Mas, enfim, Padre, é *suficiente* essa graça dada a todos os homens? Sim, diz ele. E, no entanto, não tem ela nenhum efeito *sem a graça eficaz*? É verdade, disse ele. E todos os homens têm a graça *suficiente*, prossegui, e nem todos têm a *eficaz*. É verdade, disse ele. Ou seja, disse-lhe eu, todos têm graça o bastante, e nem todos a têm o bastante; isto é, essa graça basta, embora não baste; ou seja, é suficiente de nome, e insuficiente de fato. Sinceramente, Padre, essa doutrina é muito sutil. Você esqueceu, ao deixar o mundo, o que nele significa a palavra *suficiente*? Não lembra que ela encerra tudo o que é necessário para agir? Mas Você não perdeu a memória dela; pois, para me valer de uma comparação que lhe será clara, se lhe servissem à mesa apenas duas onças de pão e um copo d'água, Você estaria contente com seu prior, que lhe dissesse que aquilo era suficiente para alimentá-lo, com o pretexto de que com outra coisa, que ele não lhe dá, Você teria todo o necessário para alimentar-se? Como, então, Você diz que todos os homens têm a graça suficiente para agir, já que confessa haver outra graça absolutamente necessária para agir que nem todos têm? Será que essa crença é pouco importante, e Você entrega à liberdade dos homens crerem que a graça eficaz é ou não necessária? É indiferente dizer que com a graça suficiente se age efetivamente? Como, disse o bom homem, indiferente! Essa é uma *heresia*, uma *heresia formal*. A necessidade da graça eficaz para agir efetivamente é *de fé*. Negá-lo é *heresia*.

Que fazer, então, exclamei, e que partido devo tomar? Se nego a graça suficiente, sou *jansenista*. Se a admito como os jesuítas, de modo que a graça eficaz não seja necessária, serei *herege*, segundo Você. E se a admitir, como Você, de modo que a graça eficaz seja necessária, peco contra o senso comum e sou *extravagante*, dizem os jesuítas. Que devo, então, fazer nessa necessidade inevitável de ser ou extravagante ou herege ou jansenista? E a que impasse chegamos, se só os jansenistas não contradizem nem a fé, nem a razão e se salvam ao mesmo tempo da loucura e do erro?

Meu amigo jansenista considerou de bom preságio esse discurso, e já acreditava ter-me conquistado. Nada me disse, porém; mas, dirigindo-se àquele Padre: Diga-me, por favor, Padre, em que Vocês concordam com os jesuítas. Em que os jesuítas e nós, disse ele, reconhecemos as graças suficientes dadas a todos. Mas, disse-lhe meu amigo jansenista, há duas coisas nessa expressão graça suficiente: há o som, que não passa de vento; e a coisa que ele significa, que é real e efetiva. E assim, quando Vocês estão de acordo com os jesuítas acerca da palavra *suficiente* e contra eles quanto ao sentido, é claro que Vocês lhes são contrários quanto à substância do termo e só estão de acordo quanto ao som. Isso é agir sincera e cordialmente? Mas como!, disse o bom homem. De que Você se queixa, se não traímos ninguém com esse modo de falar? Pois, em nossas escolas, dizemos abertamente que o entendemos de um modo contrário ao dos jesuítas. Queixo-me, disse-lhe o meu amigo, de não proclamarem por toda parte que Vocês entendem por graça suficiente a graça que não é suficiente. Vocês são obrigados, em consciência, ao mudar assim o sentido dos termos ordinários da religião, a dizer que, quando admitem uma graça suficiente em todos os homens, entendem que eles não têm, de fato, graças suficientes. Todas as pessoas do mundo entendem a palavra *suficiente* num mesmo sentido, só os novos tomistas a entendem em outro. Todas as mulheres, que constituem metade do mundo; todos os cortesãos, todos os militares, todos os magistrados, todos os palacianos, os comerciantes, os artesãos, todo o povo; enfim, todo tipo de gente, com exceção dos dominicanos, entendem pela palavra *suficiente* aquilo que contém todo o necessário. Quase ninguém é informado dessa singularidade. Dizem apenas, pelo mundo inteiro, que os jacobinos afirmam terem todos os homens graças suficientes. Que podemos concluir daí, senão que afirmam que todos os homens têm todas as graças necessárias para agir; e, principalmente ao vê-los unidos pelo interesse e pela intriga aos jesuítas, que o entendem dessa maneira? A uniformidade das expressões, somada a essa união de partido, não é uma interpretação manifesta e uma confirmação da uniformidade dos sentimentos de Vocês?

Perguntam todos os fiéis aos teólogos qual é o verdadeiro estado da natureza depois de sua corrupção. Respondem Santo Agostinho e seus discípulos que ela só tem graça suficiente na medida em que praza a Deus conceder-lha. Vieram, em seguida, os jesuítas, que dizem que todos têm graças efetivamente suficientes. Consultamos os dominicanos sobre essa contrariedade. Que dizem eles a este respeito? Unem-se aos jesuítas; formam, com essa união, a maioria: separam-se dos que negam essas graças suficientes. Declaram que todos os homens as têm. Que podemos pensar sobre isso, senão que apoiam os jesuítas? E, em seguida, acrescentam que, no entanto, essas graças suficientes são inúteis sem as eficazes, que não são dadas a todos.

Querem ver um retrato da Igreja nessas diferentes opiniões? Considero-a como um homem que, partindo de seu país para fazer uma viagem, topa com bandidos que lhe dão uma sova e o deixam quase morto. Ele manda chamar três médicos nas cidades vizinhas. O primeiro, tendo examinado as feridas, julga-as mortais e lhe diz que só Deus pode devolver-lhe as forças perdidas. Chegando em seguida, o segundo quer adulá-lo e lhe diz que ainda tem forças suficientes para chegar a casa e, insultando o primeiro, que se opunha ao seu parecer, planeja desmoralizá-lo. Nesse estado duvidoso, o doente, ao ver de longe o terceiro, estende-lhe as mãos, como a quem devia resolver a questão. Tendo examinado os machucados e o parecer dos dois primeiros, este concorda com o segundo, une-se a ele e os dois se aliam contra o primeiro e o expulsam vergonhosamente, pois eram maioria. Julga o enfermo com isso que o terceiro tem a mesma opinião que o segundo; e, de fato, interrogando-o a este respeito, este lhe declara afirmativamente que as suas forças são suficientes para empreender a viagem. Sentindo, porém, a sua fraqueza, pergunta-lhe o ferido com que fundamento as julgava tais. Porque, disse-lhe ele, ainda tens as pernas; ora, as pernas são os órgãos que bastam naturalmente para caminhar. Mas, diz-lhe o enfermo, terei toda a força necessária para me servir delas, pois me parece que elas me são inúteis no meu abatimento? Não, é claro, diz o médico; e jamais caminharás efetivamente se Deus não te enviar um auxílio extraordinário para te amparar e te conduzir. Como!, diz o doente, não tenho então em mim as forças suficientes e às quais nada falte para caminhar efetivamente? Estás muito longe disso, diz-lhe ele. És, então, de opinião contrária, diz o ferido, à de teu colega acerca do meu verdadeiro estado? Admito que sim, responde ele.

O que Você acha que o doente disse? Queixou-se do comportamento estranho e dos termos ambíguos desse terceiro médico. Acusou-o de ter-se unido ao segundo, ao qual era de opinião contrária e com o qual se conformava de maneira só aparente, e de ter expulsado o primeiro, com o qual concordava de fato. E, depois de ter verificado suas forças e reconhecido por experiência a verdade de sua fraqueza, despediu a ambos; e, chamando de volta o primeiro, entregou-se aos seus cuidados e, seguindo seu conselho, pediu a Deus as forças que confessava não ter; foi tratado com misericórdia e, com seu auxílio, chegou felizmente à sua casa.

Admirado com tal parábola, o bom Padre nada respondeu. E eu lhe disse calmamente para acalmá-lo: mas, afinal, Padre, que lhe passou pela cabeça ao dar o nome de *suficiente* a uma graça que, ao que diz, é de fé crer seja de fato *insuficiente*? Para Você, disse ele, é fácil falar. É livre e independente; sou religioso e pertenço a uma Comunidade. Percebe a diferença? Dependemos dos nossos superiores. Eles dependem de outros. Prometeram nossos sufrágios: que quer que eu faça? Entendemo-lo de imediato, e isso nos fez lembrar de seu confrade, que foi afastado, em Abbeville, por um problema semelhante.

Mas, disse-lhe eu, por que a sua Comunidade se comprometeu a admitir essa graça? Isso são outros quinhentos, disse-me ele. Tudo o que posso dizer, numa palavra, é que a nossa Ordem defendeu o quanto pôde a doutrina de Santo Tomás acerca da graça eficaz. Com que ardor não se opôs ela ao nascimento da doutrina de Molina? Como lutou pelo estabelecimento da necessidade da graça eficaz de Jesus Cristo! Você não sabe o que aconteceu sob Clemente VIII e Paulo V e que, impedindo a um a morte e ao outro os negócios da Itália a publicação de sua bula, as nossas armas permaneceram no Vaticano? Os jesuítas, porém, que, desde o começo da heresia de Lutero e de Calvino se haviam aproveitado das poucas luzes de que o povo dispõe para discernir o erro dessa heresia em relação à verdade da doutrina de Santo Tomás, logo haviam disseminado por toda parte sua doutrina, com tal sucesso, que logo se viram senhores da crença dos povos, e nós, prestes a sermos acusados de calvinistas e tratados como os jansenistas o são hoje, se não moderássemos a verdade da graça eficaz com a admissão, pelo menos aparente, de uma graça suficiente. Nessa extremidade, que mais podíamos fazer para salvar a verdade sem perder o crédito, senão aceitarmos o nome de graça suficiente, negando, porém, que ela seja de fato suficiente? Foi assim que as coisas se passaram.

Estava tão triste ao dizer isso, que me deu pena, mas não ao meu amigo, que lhe disse: Não vá gabar-se de ter salvado a verdade; não tivesse ela outros protetores, teria perecido entre tão frágeis mãos. Vocês admitiram na Igreja o nome de seu inimigo: é o mesmo que ter nela admitido o inimigo em pessoa. São os nomes inseparáveis das coisas. Uma vez firmado o termo graça suficiente, ainda que Vocês digam que entendem por isso uma graça que é insuficiente, não serão ouvidos. A explicação de Vocês seria odiosa no mundo; nele se fala com mais seriedade de coisas menos importantes: triunfarão os jesuítas; será, de fato a graça suficiente deles que será tida como estabelecida, e não a de Vocês, que só o é de nome, e se transformará em artigo de fé o contrário do que Vocês creem.

Preferimos sofrer todos o martírio, disse-lhe o Padre, a consentir no estabelecimento da *graça suficiente no sentido dos jesuítas*; pois Santo Tomás, que juramos seguir até a morte, se opõe frontalmente a ela. Ao que lhe disse meu amigo: Veja, Padre, que sua ordem recebeu uma honra com que lida mal. Abandona essa graça que lhe foi confiada e jamais abandonada desde a criação do mundo. Essa graça vitoriosa, aguardada pelos patriarcas, predita pelos profetas, trazida por Jesus Cristo, pregada por São Paulo, explicada por Santo Agostinho, o maior dos Padres, abraçada pelos que o seguiram, confirmada por São Bernardo, o último dos Padres, defendida por Santo Tomás, o Anjo da Escola, transmitida por ele à sua Ordem, sustentada por tantos de seus Padres e tão gloriosamente defendida por seus religiosos sob os Papas Clemente e Paulo; essa graça eficaz, que fora posta como em custódia entre as mãos de Vocês, para ter, numa santa Ordem para sempre duradoura, pregadores que a proclamassem ao mundo até o fim dos tempos, vê-se como abandonada em troca de interesses tão indignos. Chegou a hora de outras mãos armarem-se para o combate; chegou a hora de Deus suscitar discípulos intrépidos do doutor da graça, que, ignorando os compromissos do século, sirvam a Deus por Deus. Talvez a graça não tenha mais os dominicanos para defendê-la, mas jamais carecerá de defensores: pois ela mesma os forma por sua força todo-poderosa. Pede corações puros e desinteressados; e ela mesma os purifica e os livra dos interesses do mundo, incompatíveis com as verdades do Evangelho. Pense bem, Padre, e tome cuidado para que Deus não mude essa chama de lugar e deixe Vocês nas trevas e sem coroa, para punir a indiferença que mostram por uma causa tão importante para a Igreja.

Teria ele dito ainda muitas outras coisas, pois se inflamava cada vez mais; mas eu o interrompi e disse, erguendo-me: Na verdade, Padre, se eu tivesse crédito na França, mandaria apregoar ao som das trombetas: OUÇAM TODOS *que quando os jacobinos dizem que a graça suficiente é dada a todos, entendem que nem todos têm a graça que efetivamente basta.* Depois disso, Vocês o diriam o quanto quiserem, mas não de outro modo. Assim terminou a nossa visita.

Assim Você pode ver, portanto, que aqui se trata de uma *suficiência* política, semelhante ao *poder próximo*. Direi, porém, que me parece que podemos sem perigo duvidar do *poder próximo* e dessa graça suficiente, contanto que não sejamos jacobinos.

Ao fechar a minha carta, acabo de saber que a censura foi proclamada; mas como ainda não sei em que termos e como só será publicada no dia 15 de fevereiro, só vou falar sobre isso pelo primeiro correio ordinário.

Sou, etc.

Resposta do Provincial

Às duas primeiras cartas de seu amigo

2 de fevereiro de 1656.

Meu Senhor,

Suas duas cartas não foram só para mim. Todos as veem, todos as ouvem, todos nelas creem. Não são estimadas só pelos teólogos; são também agradáveis às pessoas da Sociedade e inteligíveis até às mulheres.

Eis o que me escreve sobre elas um dos cavalheiros da Academia, um dos mais ilustres de todos esses homens ilustres, que só lera a primeira carta: *Gostaria que a Sorbonne, que tanto deve à memória do falecido Cardeal, se dispusesse reconhecer a jurisdição de sua Academia Francesa. O autor da carta ficaria contente, pois, na qualidade de Acadêmico, eu condenaria com toda a minha autoridade, baniria, proscreveria, diria até que quase exterminaria, com todo o meu poder, esse poder próximo que faz tanto barulho por nada, e sem saber o que mais ele peça. O mal é que o nosso poder acadêmico é um poder muito distante e limitado. Isso me arrasa; e mais ainda porque o meu pequeno poder não pode desobrigar-me para convosco*, etc.

E eis o que uma pessoa cujo nome de modo algum lhe revelarei escreveu sobre ela a uma dama que lhe entregara a primeira de suas cartas. *Sou-lhe mais grato do que possa imaginar pela carta que Você me enviou; é muito engenhosa e muito bem escrita. Narra sem narrar; esclarece os mais embrulhados problemas do mundo; zomba com finura; instrui até os que não conhecem bem as coisas, duplica o prazer dos que as entendem. É também uma excelente apologia e, por assim dizer, uma delicada e inocente censura. E há nela, enfim, tanta inteligência e tanto juízo, que gostaria muito de saber quem a compôs, etc.*

Você também gostaria de saber quem é a pessoa que escreveu isso; contente-se, porém, com honrá-la sem conhecê-la e, quando a conhecer, Você há de honrá-la bem mais ainda.

Continue, portanto, com suas cartas, é o que lhe digo, e venha a censura quando quiser; estamos muito preparados para recebê-la. As expressões de *poder próximo* e de *graça suficiente*, com que nos ameaçam, não nos causam medo. Aprendemos demais com os jesuítas, com os jacobinos e com o Sr. Le Moine os mil modos como são usadas e quão pouca solidez há nessas palavras novas, para nos preocuparmos com isso. Serei, no entanto, sempre, etc.

Terceira Carta

Escrita a um Provincial para servir de resposta à anterior

Paris, 9 de fevereiro de 1656.

Meu Senhor,

Acabo de receber sua carta e, ao mesmo tempo, trouxeram-me uma cópia manuscrita da censura. Vi-me tão bem tratado em uma, quanto o Sr. Arnauld é maltratado na outra. Creio que haja excesso dos dois lados e que nossos juízes não nos conhecem muito bem. Tenho certeza de que, se nos conhecessem melhor, o Sr. Arnauld mereceria a aprovação da Sorbonne, e eu, a censura da Academia. Assim, nossos interesses são completamente opostos. Ele deve mostrar-se para defender sua inocência, enquanto eu devo permanecer na obscuridade, para não perder a reputação. Por isso, não podendo mostrar-me, passo a Você o trabalho de me desobrigar junto aos meus célebres aprovadores e assumo o de informar a Você as novas da censura.

Confesso, meu Senhor, que ela muito me surpreendeu. Julgava que nela veria serem condenadas as mais horríveis heresias do mundo; mas Você há de se admirar, como eu, que tão magníficas preparações se tenham reduzido a nada no momento de produzir tão grande efeito.

Para compreender o caso com maior prazer, lembre-se, por favor, das estranhas impressões que nos passam, há muito, dos jansenistas. Lembre-se das cabalas, das facções, dos erros, dos cismas, dos atentados que lhe censuram há tanto tempo. De como foram desacreditados e caluniados nas cátedras e nos livros, e como essa torrente, de tanta violência e duração, se avolumou nestes últimos anos, em que foram aberta e publicamente acusados de serem, não só hereges e cismáticos, mas apóstatas e infiéis: *de negarem o mistério da transubstanciação e de renunciarem a Jesus Cristo e ao Evangelho.*

Diante de tantas acusações tão surpreendentes, resolveram examinar seus livros, para julgá-los. Escolheram a Segunda Carta do Sr. Arnauld, segundo o que dizem, repleta dos maiores erros. Dão-lhe por examinadores seus mais declarados inimigos. Usam de todo seu rigor na pesquisa do que possam repreender; e conseguem achar uma Proposição acerca da doutrina que eles expõem à censura.

Que pensar desse procedimento, senão que tal Proposição, escolhida em tão notáveis circunstâncias, contenha a essência das mais negras heresias imagináveis? Nela, porém, nada se vê que não seja tão clara e formalmente exprimido nos trechos dos Padres que o Sr. Arnauld citou naquela passagem, que ninguém pôde compreender a diferença entre uns e outros. Era de imaginar, no entanto, que fosse grande essa diferença, já que, sendo os trechos dos Padres sem dúvida católicos, a Proposição do Sr. Arnauld deveria ser extremamente contrária a eles para ser herética. Esperava-se da Sorbonne tal esclarecimento. Toda a Cristandade tinha os olhos abertos para ver na censura desses doutores esse ponto imperceptível ao homem comum. No entanto, o Sr. Arnauld faz a própria apologia, onde apresenta em várias colunas a sua Proposição e os trechos dos Padres de onde a tirou, para mostrar a conformidade aos menos clarividentes.

Mostra que Santo Agostinho diz, num trecho citado: *Jesus Cristo nos mostra um justo na pessoa de São Pedro, que nos instrui por sua queda a evitar a presunção.* Cita outro do mesmo Padre, que diz: *Deus, para mostrar que sem a graça nada se pode, tirou a graça de São Pedro.* E outro de São Crisóstomo, que diz: *A queda de São Pedro não aconteceu por frieza para com Jesus Cristo, mas porque lhe faltou a graça; e não aconteceu tanto por negligência como pelo abandono de Deus, para ensinar a toda a Igreja que, sem Deus, nada se pode.* Em seguida, enuncia a sua Proposição acusada, que é esta: *Mostram-nos os Padres um justo na pessoa de São Pedro, a quem faltou a graça, sem a qual nada se pode.*

É sobre isso que se tenta em vão observar como a expressão do Sr. Arnauld possa ser tão diferente das dos Padres quanto a verdade o é do erro, e a fé, da heresia. Pois onde achar a diferença? Será por falar: *Mostram-nos os Padres um justo na pessoa de São Pedro?* Di-lo Santo Agostinho com as mesmas palavras. Será porque diz: *Que a graça lhe faltou?* Mas o mesmo Santo Agostinho, que diz que *São Pedro era justo*, diz *que não tivera a graça nesse momento.* Será por dizer: *que sem a graça nada se pode?* Mas não é isso o que diz Santo Agostinho no mesmo trecho e o que o mesmo São Crisóstomo dissera antes dele, com a única diferença de que exprime de modo bem mais forte, como ao dizer: *que a sua queda não aconteceu por frieza, nem por negligência, mas por falta da graça e pelo abandono de Deus?*

Todas estas considerações mantinham a todos em suspense, para saber em que consistia, então, essa diversidade, quando, enfim, apareceu essa censura tão célebre e tão aguardada, depois de tantas reuniões. Infelizmente, porém, ela frustrou a nossa expectativa. Quer porque os doutores molinistas não se dignaram a se rebaixar para nos instruir a este respeito, quer por alguma outra razão secreta, se limitaram a pronunciar as seguintes palavras: *esta Proposição é temerária, ímpia, blasfema, fulminada pelo anátema e herética.*

Acreditaria o Senhor que a maioria das pessoas, vendo-se frustradas em sua esperança, ficou de mau humor e culpa os próprios censores? Tiram do comportamento deles consequências admiráveis para a inocência do Sr. Arnauld. Como, então, dizem eles, isso é tudo o que conseguiram fazer, depois de tanto tempo, tantos doutores tão agressivos contra um só? Encontrar em todas as suas obras apenas três linhas repreensíveis, e que são extraídas das palavras mesmas dos maiores doutores da Igreja grega e latina? Haverá algum autor que se queira arruinar cujos escritos não deem pretexto mais especioso? E que mais alta prova se pode apresentar da fé desse ilustre acusado?

Por que, dizem eles, tantas imprecações nessa censura, onde se amontoam termos como *veneno, peste, horror, temeridade, impiedade, blasfêmia, abominação, execração, anátema, heresia*, as mais horrorosas expressões que se poderiam dirigir contra Ário e contra o próprio Anticristo, para combater uma heresia imperceptível e, mesmo assim, sem revelá-la? Se as palavras dos Padres são o objeto dessas acusações, onde fica a fé e a tradição? Se o objeto é a Proposição do Sr. Arnauld, mostrem-nos em que ela difere das dos Padres; pois nela nada vemos, senão a perfeita conformidade. Quando reconhecermos o seu mal, ela será objeto de nossa detestação; mas enquanto não o virmos e nela encontrarmos apenas as opiniões dos santos Padres, concebidas e exprimidas em suas próprias palavras, o que poderemos sentir por ela, senão uma santa veneração?

Eis como eles se exaltam; mas são gente muito sagaz. Quanto a nós, que não aprofundamos tanto as coisas, mantenhamo-nos, afinal, tranquilos. Queremos ser mais eruditos que os nossos mestres? Não tentemos ir além deles. Nós nos perderíamos na busca. Nada faltaria para tornar herética essa censura. Há apenas um ponto imperceptível entre essa Proposição e a fé. A distância é tão invisível, que tenho medo, ao não enxergá-la, de me tornar contrário aos doutores da Igreja, para me conformar em demasia aos doutores da Sorbonne; e, temendo isso, julguei necessário consultar um daqueles que, por política, ficaram neutros na primeira questão, para informar-me verdadeiramente com ele sobre a coisa. Procurei, portanto, um homem muito hábil, a quem pedi me assinalasse as circunstâncias dessa diferença, porque, confessei-lhe com franqueza, não via nenhuma.

Ao que me respondeu, rindo, como se sentisse prazer na minha ingenuidade: Como és simplório ao acreditar que haja alguma! E onde poderia estar? Achas que se tivessem encontrado alguma, não a teriam proclamado em altos brados e não teriam adorado expô-la à vista de todos os povos em cuja mente querem desacreditar o Sr. Arnauld? Percebi, ao ouvir estas poucas palavras, que nem todos os que haviam sido neutros na primeira questão o seriam na segunda. Não deixei, porém, de querer ouvir as suas razões, e lhe disse: Por que, então, atacaram essa Proposição? Ao que me replicou: Ignoras estas duas coisas, que até os menos instruídos neste caso conhecem: uma, que o Sr. Arnauld sempre evitou dizer algo que não estivesse solidamente fundamentado na tradição da Igreja; a outra, que os seus inimigos resolveram, mesmo assim, dele arrancá-lo a qualquer preço; assim, como os escritos de um não davam nenhuma oportunidade aos planos dos outros, foram obrigados, para satisfazer sua paixão, tomar uma Proposição tal qual e condená-la sem dizer em quê nem por quê; pois não sabes como os jansenistas os mantêm em apuros e os pressionam com tamanha fúria, que a menor palavra que lhes escapa contra os princípios dos Padres, vemo-los de imediato atacados por volumes inteiros, em que são forçados a sucumbir. Assim, depois de tantas provas de sua fraqueza, julgaram mais conveniente e mais fácil censurar do que tentar outra vez, já que para eles é muito mais fácil encontrar monges do que razões.

Mas, como, disse-lhe eu, se assim é, a censura é inútil. Pois que credibilidade terão com isso, quando virem que ela não tem fundamento e quando for arruinada pelas respostas que lhe serão dadas? Se conhecesses a mente do povo, disse-me o doutor, não falarias assim. A censura deles, por mais censurável que seja, exercerá quase todo o seu efeito durante algum tempo; e mesmo que, de tanto mostrarem sua invalidez, acabem fazendo com ela seja compreendida, também é verdade que primeiro a maioria das cabeças ficará tão impressionada com ela como com a mais justa do mundo. Contanto que gritem pelas ruas: *Aqui está a censura do Sr. Arnauld! Aqui está a condenação dos jansenistas!* os jesuítas terão o que querem. Quão poucos a lerão? E quão poucos dos que a lerem a compreenderão? Quão poucos se darão conta de que ela não satisfaz às objeções? Quem julgas que tomará a coisa a sério e tratará de examiná-las a fundo? Vê, pois, como é útil tudo isso para os inimigos dos jansenistas. Com isso, eles têm certeza da vitória, embora seja uma vitória vã, como de hábito para eles, durante alguns meses. Isso já é muito para eles: em seguida, vão procurar algum novo meio de subsistir. Vivem um dia após o outro. Foi assim que se conservaram até hoje, ora por um catecismo em que uma criança condena os adversários, ora por uma procissão em que a graça suficiente leva a eficaz ao triunfo, ora por uma comédia em que os diabos carregam Jansenius; ora por um almanaque, agora por esta censura.

Na verdade, disse-lhe eu, há pouco tinha minhas dúvidas quanto ao comportamento dos molinistas; depois do que me disseste, porém, admiro a prudência e a política deles. Vejo que nada podiam fazer de mais judicioso, nem de mais seguro. Entendeste bem, disse-me ele, o mais seguro para eles sempre foi permanecerem calados. E foi isso que fez um erudito teólogo dizer *que os mais hábeis deles são os que intrigam muito, falam pouco e nada escrevem.*

Com esse espírito, desde o começo das reuniões, haviam com prudência ordenado que se o Sr. Arnauld viesse à Sorbonne, seria só para expor simplesmente aquilo em que cria, e não para entrar em disputa com ninguém. Como os examinadores quiseram distanciar-se um pouco desse método, não se deram bem. Foram rudemente refutados pela segunda Apologética.

Nesse mesmo espírito, descobriram essa rara e novíssima invenção da meia-hora e da areia. Com isso, livraram-se da importunidade daqueles incômodos doutores que tratavam de refutar todas as suas razões, publicar livros para acusá-los de falsidade, instá-los a responder e reduzi-los a ficar sem resposta.

Não que não tivessem visto muito bem que essa falta de liberdade, que levara tão grande número de doutores a se retirarem das assembleias, não faria bem para a sua censura; e que o ato de protesto de nulidade que lhe dirigira o Sr. Arnauld, já antes de ela estar concluída, seria um mau preâmbulo para que fosse acolhida favoravelmente. Acreditam eles que aqueles que não se preocuparam dão o mesmo peso ao juízo de setenta e dois doutores, que nada tinham a ganhar ao defenderem o Sr. Arnauld, quanto ao de cem outros, que nada tinham a perder, condenando-o.

Mas, afinal, julgaram que era sempre alguma coisa ter uma censura, embora apenas de parte da Sorbonne, e não de todo o Corpo; embora fosse feita com pouca ou nenhuma liberdade, e obtida com muitos jeitinhos que não são dos mais regulares; embora nada explicasse daquilo que podia estar em disputa; embora não mostrasse em que consista tal heresia e pouco se falasse disso, para não escorregar. Esse mesmo silêncio é um mistério para os simples; e dele a censura vai tirar esta singular vantagem: os teólogos mais críticos e mais sutis nela não poderão encontrar má razão nenhuma.

Acalma-te, pois, e não tenhas medo de ser herege ao te servires da Proposição condenada. Ela só é má na segunda carta do Sr. Arnauld. Não acreditas no que digo? Acredita, então, no Senhor Le Moine, o mais fogoso dos examinadores, que, ao falar esta manhã mesmo com um dos meus amigos doutores que lhe perguntava em que consiste essa diferença de que se fala, e se não mais seria permitido dizer o que disseram os Padres: *essa Proposição*, respondeu ele excelentemente, *seria católica em outra boca; a Sorbonne a condenou só na do Sr. Arnauld*. Admira, assim, as máquinas do molinismo, que produzem na Igreja tão prodigiosas reviravoltas, que o que é católico nos Padres se torna herético no Sr. Arnauld; que o que era herético nos semipelagianos se torna ortodoxo nos textos dos jesuítas; que a tão antiga doutrina de Santo Agostinho é uma novidade insuportável; e que as invenções novas, fabricadas todos os dias diante dos nossos olhos, passam pela antiga fé da Igreja. E com isso se despediu.

Foi-me útil essa instrução. Com ela compreendi que estamos aqui diante de uma nova espécie de heresia. Não são as opiniões do

Sr. Arnauld que são heréticas; é só a pessoa dele. É uma heresia pessoal. Não é herege pelo que disse ou escreveu, mas apenas porque é o Sr. Arnauld. Isso é tudo o que veem de condenável nele. Faça o que fizer, se não deixar de existir, jamais será bom católico. Jamais será a graça de Santo Agostinho a verdadeira enquanto ele a defender. Passaria a sê-lo, se ele passasse a combatê-la. Seria um golpe certeiro e talvez o único meio de demonstrá-la e de destruir o molinismo, tamanha é a desgraça que ele traz às opiniões que defende.

Deixemos de lado essas disputas. São disputas de teólogos, não de teologia. Nós, que não somos doutores, nada temos que fazer com suas brigas. Passe as notícias sobre a censura a todos os nossos amigos e estime-me tanto quanto sou, meu Senhor, seu humilíssimo e obedientíssimo servidor,

E.A.A.B.P.A.F.D.E.P.[1]

---

[1] ENIGMÁTICA ASSINATURA, DE CLARA INTENÇÃO HUMORÍSTICA, ASSIM INTERPRETADA NA EDIÇÃO DE 1753: TRANSPORTEM-SE AS 3 PRIMEIRAS LETRAS PARA O FIM DA LINHA E SE LEIA: BLAISE PASCAL, AUVERGNAT, FILS D'ÉTIENNE PASCAL ET ANTOINE ARNAULD (BLAISE PASCAL, ARVERNO, FILHO DE ÉTIENNE PASCAL, E ANTOINE ARNAULD).

Quarta Carta

Escrita a um Provincial por um de seus amigos

Paris, 25 de fevereiro de 1856.

Meu senhor,

Nada há como os jesuítas. Já vi muitos jacobinos, doutores e todo tipo de gente, mas uma visita dessas faltava à minha instrução. Os outros apenas os copiam. As coisas sempre valem mais na origem. Vi, portanto, um dos mais hábeis deles, e eu estava na companhia de meu fiel jansenista, que veio comigo aos jacobinos. E como desejava, em especial, esclarecimentos acerca de uma polêmica que eles têm com os jansenistas, a respeito do que chamam de graça atual, disse a esse bom Padre que eu lhe ficaria muito agradecido se quisesse instruir-me sobre o assunto; que eu sequer sabia o que o termo significava; roguei-lhe, então, que me explicasse. Com muito prazer, disse-me ele, pois gosto muito de gente curiosa. Eis aqui a sua definição. Chamamos *graça atual uma inspiração de Deus pela qual ele nos faz conhecer a sua vontade e pela qual nos impele a querer cumpri-la.*

E em que, disse-lhe eu, os senhores discordam dos jansenistas a este respeito? É que, respondeu-me ele, queremos que Deus dê graças atuais a todos os homens a cada tentação, porque sustentamos que, se não tivéssemos a cada tentação a graça atual para não pecar, jamais nos poderia ser imputado nenhum pecado que cometêssemos. E os jansenistas dizem, ao contrário, que os pecados cometidos sem a graça atual não deixam de ser imputados. Mas são uns sonhadores. Eu entrevia o que ele queria dizer; mas, para fazê-lo explicar ainda mais claramente, disse-lhe: Padre, essa expressão de graça atual me confunde; não estou acostumado com ela: se o senhor tiver a bondade de me dizer a mesma coisa sem se servir do termo, eu lhe ficaria infinitamente agradecido. Sim, disse o Padre, quer dizer que Você quer que eu ponha a definição no lugar do definido: isso não muda jamais o sentido do discurso; pois muito bem. Sustentamos, portanto, como princípio indubitável, *que uma ação não pode ser imputada como pecado se Deus não nos der, antes de cometê-la, o conhecimento do mal que nela há e uma inspiração que nos estimule a evitá-la.* Compreende-me agora?

Admirado com tais palavras, segundo as quais todos os pecados de surpresa e aqueles que cometemos inteiramente esquecidos de Deus não nos possam ser imputados, pois antes de cometê-los não temos nem o conhecimento do mal que nele há, nem a vontade de evitá-lo, voltei-me para o meu amigo jansenista e percebi, pelo seu jeito, que ele não acreditava em nada daquilo; mas, como não respondia, disse eu ao Padre: Gostaria muito, Padre, que o que o Você diz fosse realmente verdade e que tivesse boas provas sobre isso. Você as quer, disse-me ele de imediato, e vou apresentá-las, e das melhores: deixe comigo. Foi, então, buscar os seus livros. E, enquanto isso, disse eu ao meu amigo: Haverá alguém mais que fale como ele? Isso é novidade para Você? respondeu-me ele. Note que nunca os Padres, os Papas, os Concílios nem a Escritura, nem nenhum livro de piedade, mesmo nestes últimos tempos, falaram algo assim: mas, no que se refere a casuístas e novos escolásticos, ele lhe trará boa quantidade deles. Mas como!, disse-lhe eu, não dou a mínima importância a esses autores, se estiverem em contradição com a Tradição. Você tem razão, disse-me ele. E nisso chegou o bom Padre, carregado de livros; e, oferecendo-me o primeiro deles: Leia esta *Suma dos Pecados* do Padre Bauny,[1] que já está na quinta edição, para Você ver como é um bom livro. É uma pena, disse-me baixinho o meu jansenista, que esse livro tenha sido condenado em Roma e pelos bispos de França. Veja, disse o Padre, a p. 906. Eu a li, então, e nela encontrei estas palavras: *Para pecar e se tornar culpado diante de Deus, é preciso saber que aquilo que queremos fazer nada vale, ou pelo menos suspeitar disso, e temer ou julgar que Deus não fica satisfeito com a ação na qual nos ocupamos, que Ele a proíba e, não obstante, a façamos, atravessemos a linha e sigamos adiante.*

É um bom começo, disse-lhe eu. Veja, porém, disse-me ele, o que é a inveja. Era a este respeito que o Sr. Hallier, antes de se tornar nosso amigo, caçoava do Padre Bauny e lhe aplicava estas palavras: *Ecce qui tollit peccata mundi: Eis o que tira os pecados do mundo!* É verdade, disse-lhe eu, eis aí uma nova redenção, segundo o Padre Bauny.

Quer, acrescentou ele, uma autoridade mais autêntica? Veja este livro do Padre Annat.[2] É o último que escreveu contra o Sr. Arnauld; leia a p. 34, onde há uma dobra, e vejas as linhas que grifei a lápis; elas são de ouro puro. Li, então, estas palavras: *Aquele que não tem nenhuma ideia de Deus, nem de seus pecados, nem nenhuma apreensão*, ou seja, pelo que me deu a entender, nenhum conhecimento *da obrigação de exercer atos de amor de Deus ou de contrição, não tem nenhuma graça atual para exercer esses atos; mas também é verdade que não comete nenhum pecado ao omiti-los e que, se for condenado, não será como punição por essa omissão.* E, algumas linhas adiante: *E podemos dizer o mesmo de uma comissão culpada.*

Veja, disse-me o Padre, como ele fala dos pecados de omissão e de comissão? Pois não se esquece de nada. O que me diz disso? Ah! Como me agrada!, respondi eu; vejo belas consequências! Já enxergo o que se segue daí: quantos mistérios se me oferecem! Vejo, sem comparação, mais gente justificada por essa ignorância e esse

---

[1] Étienne Bauny (1564-1649), teólogo jesuíta.
[2] François Annat (1590-1670), jesuíta, o principal perseguidor dos jansenistas.

esquecimento de Deus do que pela graça e pelos sacramentos. Mas, Padre, não me proporciona Você uma falsa alegria? Não há aqui algo parecido com aquela *suficiência* que não é suficiente? Temo furiosamente o *Distinguo*: já fui apanhado por ele. Fala com sinceridade? Como!, disse o Padre, inflamando-se, não há motivos para zombaria. Não há nenhum equívoco aqui. Não estou zombando, disse-lhe eu; mas é o que temo, de tanto desejar.

Veja, então, disse-me ele, para se certificar ainda mais, os escritos do Sr. Le Moine, que o ensinou em plena Sorbonne. E o aprendeu de nós, na verdade; mas o explicou bem. Com que rigor o demonstrou! Ensina ele que, para que uma ação *seja pecado*, é preciso que *todas estas coisas se passem na alma*. Leia e pondere cada palavra. Li, portanto, em latim o que aqui traduzo em português: *Por um lado, Deus derrama na alma um amor que a faz propender para a coisa comandada; e, por outro lado, a concupiscência rebelde a solicita, ao contrário. 2. Deus lhe inspira o conhecimento de sua fraqueza. 3. Deus lhe inspira o conhecimento do médico que a quer curar. 4. Deus lhe inspira o desejo da cura. Deus lhe inspira o desejo de lhe pedir e implorar ajuda.*

E se nem todas essas coisas se passarem na alma, a ação não será propriamente pecado, e não poderá ser imputada, como diz o Sr. Le Moine nesse mesmo trecho e em toda a sequência dele.

Quer mais autoridades? Aqui vão elas. Mas todas modernas, disse-me baixinho o meu jansenista. Estou vendo, disse eu; e, dirigindo-me ao Padre, disse-lhe: Padre, que grande bem há aqui para alguns dos meus conhecidos! Preciso trazê-los aqui. Talvez Você nunca tenha visto gente com menos pecados; pois não pensam nunca em Deus; os vícios preveniram sua razão: *Jamais conheceram sua doença, nem o médico que a pode curar. Jamais pensaram em desejar a saúde da alma, e ainda menos pedi-la a Deus;* assim, estão ainda na inocência do batismo, segundo o Sr. Le Moine. *Nunca pensaram em amar a Deus, nem em sentir a contrição pelos pecados;* assim, segundo o Padre Annat, não cometeram nenhum pecado por falta de caridade e de penitência: a vida deles se passa numa busca contínua de todo tipo de prazeres, cujo curso jamais é interrompido pelo mínimo remorso. Todos esses excessos me faziam crer que era certa a condenação deles; mas, Padre, Você me diz que esses mesmos excessos garantem-lhes a salvação. Bendito sejais, Padre, por assim justificar as pessoas! Os outros ensinam a curar as almas por meio de dura austeridade: mas Você ensina que passam bem aquelas em aparência mais desesperadamente enfermas. Ah! Nada melhor para ser feliz neste mundo e no outro! Sempre pensei que quanto menos se pensava em Deus, mais se pecava; mas, pelo que vejo, quando conseguimos, enfim, não pensar nunca sobre Ele, tudo se torna puro no futuro. Nada desses pecadores pela metade, com algum amor da virtude; todos eles serão condenados. Mas aqueles pecadores descarados, empedernidos, pecadores sem mescla, completos e acabados, o inferno não os retém; iludiram o diabo, de tanto se entregarem a ele.

O bom Padre, que via com clareza a ligação dessas consequências com o seu princípio, contornou-a com habilidade; e, sem se zangar, ou por mansidão, ou por prudência, se limitou a dizer: Para saber como evitamos tais inconvenientes, saiba que dizemos, de fato, que esses ímpios de que Você fala estariam sem pecado se jamais tivessem tido o pensamento de se converter, nem o desejo de se entregar a Deus. Mas afirmamos que todos eles o tiveram, e que Deus jamais deixou um homem pecar sem antes lhe dar a visão do mal que vai cometer e o desejo ou de evitar o pecado, ou, pelo menos, de implorar sua ajuda para poder evitá-lo: só mesmo os jansenistas dizem o contrário.

Como então, Padre, repliquei eu, será esta a heresia dos jansenistas, negar que, toda vez que se comete um pecado, um remorso vem perturbar a consciência e, mesmo assim, o pecador não deixa de *ir em frente e atravessar a linha*? como diz o Padre Bauny. É muito engraçado ser herege por isso. Eu acreditava que fôssemos condenados por não termos bons pensamentos; mas que o sejamos por não crermos que todos os tenham, realmente, isso eu nunca pensei. Mas, Padre, sinto-me, em consciência, no dever de desiludi-lo e de lhe dizer que há milhares de pessoas que não têm esses desejos, pecam sem remorso, com alegria, e nisso se envaidecem. E quem pode saber mais disso do que Você? Você, sem dúvida, confessa alguns desses de que falei; pois é entre as pessoas de alta qualidade que normalmente os encontramos. Mas cuidado, Padre, com as perigosas consequências de sua máxima. Não vê que efeito pode ela ter sobre esses libertinos que só querem duvidar da religião? Que pretexto Você lhes oferece ao lhes dizer, como verdade de fé, que eles sentem, a cada pecado que cometem, um aviso e um desejo interior de evitá-lo? Pois não é claro que, estando convictos, por sua própria experiência, da falsidade de sua doutrina neste ponto, que Você diz ser de fé, não vão estender a consequência a todos os outros? Dirão que se não é verídico num artigo, é suspeito em todos; e, assim, Você os obrigará a concluir ou que a religião é falsa, ou, pelo menos, que Você não a estudou direito.

Mas, disse-lhe o meu amigo, em apoio às minhas palavras: Padre, seria bom, para conservar a sua doutrina, que Você não explicasse com tamanha clareza, como agora, o que entende por graça atual. Pois como poderia declarar abertamente, sem perder toda credibilidade junto aos que pensam, *que ninguém peca sem ter antes o conhecimento de sua fraqueza, o conhecimento do médico, o desejo da cura e de pedi-la a Deus?* Por sua palavra, vão crer que aqueles que estão mergulhados na avareza, na impudicícia, nas blasfêmias, no duelo, na vingança, no roubo, nos sacrilégios tenham realmente o desejo de abraçar a castidade, a humildade e as outras virtudes cristãs?

Vão pensar que esses filósofos que tanto louvavam o poder da natureza, conhecessem a sua enfermidade e o seu médico? Diria Você que aqueles que defendiam, como máxima certa, *que não é Deus que dá a virtude e nunca se viu ninguém que lha tenha pedido* pensassem em pedi-la para si mesmos?

Quem poderá crer que os epicuristas, que negavam a Providência divina, tivessem o impulso de rezar a Deus? Eles, que diziam *que o injuriaríamos se o invocássemos em nossas necessidades, como se fosse capaz de se divertir pensando em nós?*

E, enfim, como imaginar que os idólatras e os ateus tenham, em todas as tentações que os levam ao pecado, ou seja, infinitas vezes na vida, o desejo de pedir ao verdadeiro Deus, por eles ignorado, que lhes dê as verdadeiras virtudes, que desconhecem?

Sim, disse o bom Padre, em tom decidido, nós o diremos; em vez de dizer que se peca sem ver que se faz o mal e sem ter o desejo da virtude contrária, afirmaremos que todos, tanto os ímpios como os infiéis, têm essas inspirações e esses desejos a cada tentação; pois Você não conseguiria mostrar-me, pelo menos pela Escritura, que não seja assim.

Tomei a palavra, então, para lhe dizer: Como, Padre! Será preciso recorrer à Escritura para mostrar algo tão claro? Este não é um ponto de fé, nem sequer de raciocínio; é uma questão de fato: vemos isso, sabemos isso, sentimos isso.

Mas meu amigo jansenista, limitando-se aos termos prescritos pelo Padre, disse-lhe o seguinte: Se quer, Padre, recorrer apenas à Escritura, aceito; mas pelo menos não lhe resista: e como está escrito *que Deus não revelou seus juízos aos gentios e os deixou errar em seus caminhos*, não vá dizer que Deus iluminou aqueles que os livros sagrados nos garantem *terem sido abandonados nas trevas e na sombra da morte*.

Não lhe basta, para compreender o erro de seu princípio, ver que São Paulo se diz *o primeiro dos pecadores*, por um pecado que declara ter cometido *por ignorância e com zelo*?

Não basta ver pelo Evangelho que aqueles que crucificavam Jesus Cristo tinham necessidade do perdão que Ele pedia por eles, embora não conhecessem a malícia do que faziam e jamais teriam feito se tivessem tido conhecimento dela?

Não basta que Jesus Cristo nos avise que haverá perseguidores da Igreja que crerão prestar serviço a Deus, esforçando-se por arruiná-la, para nos mostrar que esse pecado, o maior de todos, segundo o Apóstolo, pode ser cometido por aqueles que estão tão longe de saber que pecam, que julgariam pecar se não o cometessem? E, por fim, não basta que o mesmo Jesus Cristo nos tenha ensinado que há dois tipos de pecadores, sendo um deles o dos que pecam com conhecimento de causa, e que serão todos castigados, embora, na verdade, de modos diferentes?

O bom Padre, pressionado por tantos testemunhos da Escritura, à qual recorrera, começou a esmorecer; e, deixando pecarem os ímpios sem inspiração, nos disse: Você pelo menos não há de negar que os justos jamais pecam sem que Deus lhes dê... Você está recuando, disse-lhe eu, interrompendo-o, recuando, Padre; está abandonando o princípio geral e, vendo que ele não vale mais nada em relação aos pecadores, quer estabelecer um compromisso e pelo menos fazê-lo subsistir para os justos. Mas, nesse caso, vejo a sua utilidade muito diminuída, pois só valerá para pouca gente, e nem vale a pena discutir sobre isso.

Mas o meu amigo, que tinha, creio eu, estudado toda essa questão naquela mesma manhã, tão a par estava de tudo, respondeu-lhe: É esse, Padre, o último refúgio aonde se escondem os de seu partido que quiseram entrar na discussão. Mas Vocês não estarão mais seguros aí. O exemplo dos justos não lhes é mais favorável. Quem pode duvidar de que eles caiam muitas vezes em pecados de surpresa, sem se darem conta disso? Não nos dizem, até, os santos como a concupiscência lhes arma ciladas secretas e como é comum acontecer que, por mais sóbrios que estejam, deem à volúpia o que pensam dar apenas à necessidade, como diz Santo Agostinho de si mesmo na *Confissões*?

Como é comum ver os mais zelosos deixarem-se levar nas discussões a reações azedas por interesse próprio, sem que sua consciência lhes dê de imediato outro testemunho, senão que agem assim por puro interesse pela verdade e, por vezes, só se dão conta disso muito tempo depois!

Mas que dizer daqueles que se entregam com ardor a coisas realmente más, porque creem que sejam realmente boas, como abundam exemplos na história eclesiástica; o que não impede, segundo os Padres, que tivessem pecado naquelas ocasiões?

E, sem isso, como teriam pecados ocultos os justos? Como poderia ser verdade que só Deus conhece a grandeza e o número desses pecados; que ninguém sabe se é digno de amor ou de ódio e que os mais santos devem sempre permanecer no temor e no tremor, embora não se sintam culpados de nada, como diz São Paulo de si mesmo?

Compreenda, pois, Padre, que os exemplos, tanto dos justos como dos pecadores, desmentem igualmente essa necessidade que Vocês supõem, para pecar, de conhecer o mal e amar a virtude contrária, pois a paixão que os ímpios têm pelos vícios mostra suficientemente que não têm nenhum desejo de virtude; e que o amor que os justos têm pela virtude demonstra claramente que nem sempre têm conhecimento dos pecados que cometem todos os dias, segundo a Escritura.

E é tão verdade que os justos pecam assim, como é raro que os grandes santos pequem de outra maneira. Pois como se poderia compreender que tais almas tão puras, que fogem com tanto cuidado e ardor das mínimas coisas que possam desagradar a Deus, tão logo as percebem, e que, no entanto, pecam várias vezes por dia, tivessem, a cada vez, antes de cair, *o conhecimento de sua enfermidade nessa ocasião, o conhecimento do médico, o desejo da saúde e de pedir a Deus que os socorra*, e, apesar de todas essas inspirações, essas almas tão zelosas *não deixassem de ir adiante* e de cometer o pecado?

Conclua, portanto, caro Padre, que nem todos os pecadores, nem sequer os mais justos, têm sempre esses conhecimentos, esses desejos e todas essas inspirações todas as vezes que pecam; ou seja, para usar suas palavras, nem sempre eles têm a graça atual em todas as ocasiões em que pecam. E não diga mais, como seus novos autores, que é impossível pecar quando não se conhece a justiça; mas diga de preferência, com Santo Agostinho e os antigos Padres, que é impossível que não se peque quando não se conhece a justiça: *Necesse est ut peccat, a quo ignoratur justitia*.

O bom Padre, vendo-se impedido de defender a sua opinião tanto acerca dos justos quanto dos pecadores, nem por isso perdeu a coragem. E, depois de permanecer pensativo por certo tempo, disse: Agora eu vou convencer Vocês, disse-nos ele. E tornando a abrir seu Bauny no mesmo lugar que nos mostrara: Vejam, vejam a razão sobre a qual ele estabelece o seu pensamento. Eu sabia que ele não carecia de boas provas. Leiam o que ele diz de Aristóteles e verão que, depois de uma autoridade tão clara, é preciso ou mandar queimar os livros desse príncipe dos filósofos ou defender a nossa opinião. Ouçam, pois, os princípios estabelecidos pelo Padre Bauny. Diz ele, primeiro, que *uma ação não pode ser imputada como culpada se for involuntária*. Concordo, disse-lhe o meu amigo. Esta é a primeira vez, disse-lhe eu, que os vejo de acordo. É melhor ficar por aqui, caro Padre; acredite no que digo. Isso não serviria de nada, disse-me ele, pois é preciso saber quais são as condições necessárias para fazer que uma ação seja necessária. Receio muito, respondi, que Vocês se desentendam quanto a isso. Não tenha medo, disse ele, é coisa certa; Aristóteles está do meu lado. Escutem bem o que diz o Padre Bauny: *Para que uma ação seja voluntária, é preciso que ela proceda de um homem que veja, saiba, compreenda o que nela há de bom e de mau*. VOLUNTARIUM EST, *costuma-se dizer com o filósofo* (Você sabe que se trata de Aristóteles, disse-me ele, apertando-me os dedos), *quod fit a principio cognoscente singula, in quibus est actio: de modo que, quando a vontade, sem reflexão e sem discussão, vem a querer ou abominar, fazer ou deixar de fazer algo antes que o entendimento tenha podido ver se há algum mal em querê-lo ou evitá-lo, fazê-lo ou deixá-lo de lado, tal ação não é nem boa nem má, uma vez que antes dessa consideração, dessa visão e reflexão do espírito acerca das qualidades boas ou más da coisa de que se trata, a ação com a qual ela é feita não é voluntária*.

Pois bem!, disse-me o Padre, está contente? Parece, repliquei, que Aristóteles tem a mesma opinião que o Padre Bauny, mas isso não deixa de me surpreender. Como, Padre! Não basta, para agirmos voluntariamente, que saibamos o que fazemos e que só o façamos porque o queremos fazer; mas, além disso, é preciso *que se veja, saiba e compreenda o que há de bom e de mau nessa ação*? Se assim for, quase não há ações voluntárias na vida; pois quase nunca se pensa em tudo isso. Quantos insultos durante os jogos, quanto excesso nas farras, quantos exageros no carnaval não são voluntários e, por conseguinte, nem bons, nem maus, por não serem acompanhados dessas *reflexões do espírito sobre as qualidades boas ou más do que se faz*! Mas será possível, Padre, que Aristóteles tenha tido essa ideia, pois ouvi dizer que era um homem inteligente? Vou explicar-lhe, disse-me o meu jansenista. E, tendo pedido ao Padre a *Moral* de Aristóteles, abriu-a no começo do terceiro livro, de onde o Padre Bauny tomara as palavras que cita, e disse ao bom Padre: Eu o desculpo por ter crido, baseando-se no Padre Bauny, que Aristóteles tivesse tido essa opinião. Você teria mudado de ideia se o tivesse lido Você mesmo. É bem verdade que ele ensina que *para que uma ação seja voluntária, é preciso conhecer as particularidades dessa ação,* SINGULA *in quibus est actio.* Mas o que se entende por isso, senão as circunstâncias particulares da ação, como os exemplos dados por ele o justificam claramente, não mencionando nenhum outro senão aqueles em que se ignora alguma dessas circunstâncias, como *o de uma pessoa que, querendo mostrar uma máquina, dispara um dardo que fere alguém; e de Mérope, que matou seu filho pensando matar seu inimigo,* e outros semelhantes?

Vê-se com isso, portanto, qual seja a ignorância que torna involuntárias as ações; e que é apenas a das circunstâncias particulares, que é chamada pelos teólogos, como Você sabe muito bem, Padre, de *ignorância do fato.* Quanto à do *direito*, porém, isto é, quanto à ignorância do bem e do mal que há na ação, a única envolvida neste caso, vejamos se Aristóteles tem a mesma opinião que o Padre Bauny. Eis as palavras do filósofo: *Todos os maus ignoram o que devem fazer e o que devem evitar; e é exatamente isso que os torna maus e depravados. Eis porque não se pode dizer que, porque um homem ignora o que convém fazer para cumprir o dever, sua ação seja involuntária. Pois essa ignorância na escolha do bem e do mal não faz que uma ação seja involuntária, mas só que seja viciosa. O mesmo se deve dizer daquele que ignora em geral as regras do dever, pois essa ignorância torna os homens dignos de censura, e não de desculpa. Assim, a ignorância que torna involuntárias e desculpáveis as ações é apenas a que diz respeito ao fato particular e as suas circunstâncias singulares: pois então perdoamos a um homem, e o desculpamos e consideramos que agiu contra a vontade.*

Depois disso, caro Padre, diria ainda que Aristóteles tem a mesma opinião que Você? E quem não há de se admirar em ver que um filósofo pagão fosse mais esclarecido que os doutores jesuítas em matéria de tamanha importância para toda a moral e para a conduta mesma das almas, como o conhecimento das condições que tornam voluntárias ou involuntárias as ações e que, em seguida, as desculpam ou não do pecado? Nada mais espere, Padre, desse príncipe dos filósofos, e não mais resista ao príncipe dos teólogos, que assim decide este ponto, no livro I de suas *Retratactiones*, capítulo XV: *Aqueles que pecam por ignorância só cometem sua ação porque a querem fazer, embora pequem sem querer pecar. E, assim, esse pecado mesmo de ignorância só pode <u>ser</u> cometido pela vontade de quem o comete, mas por uma vontade que se dirige à ação, e não ao pecado, o que não impede, porém, que a ação seja pecado, pois para isso basta que se tenha feito o que havia obrigação de não fazer.*

O Padre pareceu surpreso e, mais ainda com o trecho de Aristóteles do que com o de Santo Agostinho. Mas, enquanto pensava no que devia dizer, vieram avisá-lo de que a Senhora Marechala de... e a Senhora Marquesa de... o chamavam. E assim, despedindo-se apressado, nos disse: Falarei sobre isso, disse ele, com os nossos Padres. Eles hão de encontrar alguma resposta. Alguns deles são muito sutis. Compreendemo-lo perfeitamente; e, quando fiquei só com o meu amigo, disse o quanto me admirava a inversão que tal doutrina operava na moral. Ao que ele me respondeu que muito se admirava de minha admiração. Você não sabe ainda que os excessos deles são muito maiores na moral que nas outras matérias? E me mostrou estranhos exemplos e deixou o resto para outra ocasião. Espero que o que eu venha a aprender seja o tema de nossa próxima conversa.

Sou, etc.

Quinta Carta

Escrita a um Provincial por um de seus amigos

Paris, 20 de março de 1656.

Meu Senhor,

Eis o que lhe prometi. Eis os primeiros esboços da Moral desses bons Padres jesuítas, *desses homens eminentes na doutrina e na sabedoria, guiados todos eles pela sabedoria divina, mais certa do que toda filosofia.* Talvez Você ache que isto seja caçoada: falo sério, ou melhor, eles mesmos é que o dizem em seu livro intitulado: *Imago primi saeculi*. Limito-me a copiar as palavras deles, como também na continuação deste elogio: É uma Sociedade de homens, ou melhor, de anjos, que foi predita por Isaías nestas palavras: Ide, anjos velozes e ligeiros. Não é clara a profecia? *São espíritos de águia; tropa de fênix, tendo um autor há pouco demonstrado que existem várias delas. Eles mudaram a face da cristandade.* Convém crer, pois são eles que o dizem. E bem o verá Você na continuação deste discurso, que lhe ensinará as máximas deles.

Quis bem informar-me. Não me fiei no que nosso amigo me ensinara. Quis vê-los pessoalmente; mas descobri que tudo o que ele me dissera era verdade. Acho que ele não mente nunca. Você vai comprová-lo pela narrativa destas conversações.

Na que tive com ele, ele me disse coisas tão estranhas, que eu mal podia acreditar; ele, porém, as mostrou nos livros desses Padres: assim, só me restou dizer, em defesa deles, que aquelas eram as opiniões de alguns particulares, que não era justo imputar ao Corpo inteiro. E, com efeito, garanti-lhe que conhecia alguns deles que são tão severos quanto os que ele me citava como relaxados. Foi então que ele me revelou o espírito da Sociedade, que nem todos conhecem, e talvez Você aprecie conhecê-lo. Disse-me o seguinte:

Você acha que faz muito em favor deles mostrando que alguns de seus Padres são tão conformes às máximas evangélicas como outros são contrários a elas; e conclui daí que essas opiniões frouxas não pertencem à Sociedade inteira. Sei muito bem disso: pois se assim fosse, eles não tolerariam que houvesse outras tão contrárias. Mas, uma vez que alguns deles têm doutrina tão licenciosa, conclua igualmente que o espírito da Sociedade não é o da severidade cristã; pois, se fosse, não tolerariam que houvesse outras tão opostas. Como!, respondi-lhe eu, qual pode ser então o objetivo de todo esse Corpo? Sem dúvida, eles não têm nenhum objetivo definido, e cada um tem a liberdade de dizer o que bem quiser. Isso não pode ser, respondeu-me ele; um Corpo tão grande não subsistiria com uma conduta temerária e sem uma alma que o governe e regule todos os seus movimentos. Além disso, eles têm uma ordem especial de nada imprimir sem aprovação dos superiores. Mas como!, disse-lhe eu, como podem os mesmos superiores aprovar máximas tão díspares? É o que lhe vou explicar, replicou ele.

Saiba, pois, que o objetivo deles não é corromper os costumes: não é esse seu plano. Mas tampouco têm como fim último o de reformá-los: seria má política. O pensamento deles é o seguinte. Têm uma opinião bastante boa de si mesmos para crerem que é útil e até necessário para o bem da religião que o crédito deles se estenda por toda parte e que governem todas as consciências. E uma vez que as máximas evangélicas e severas são próprias para governar alguns tipos de pessoas, servem-se delas nas ocasiões em que lhe são favoráveis. Mas como essas mesmas máximas não se casam com os planos da maior parte da gente, abrem mão delas em relação a esta, para poderem satisfazer a todos.

É por isso que, ao lidar com gente de todo tipo de condição e de nações muito diversas, é necessário que eles tenham casuístas adequados a toda essa diversidade.

A partir desse princípio, é fácil ver que se só tivessem casuístas relaxados arruinariam seu principal objetivo, que é o de abranger a todos, pois os que são realmente piedosos procuram orientação mais severa. Mas como não há muita gente dessa espécie, eles não precisam de muitos diretores severos para conduzi-los. São poucos para poucos; enquanto a multidão dos casuístas relaxados se oferece à multidão dos que buscam o permissivismo.

É com essa conduta *obsequiosa e adaptável*, como a chama o Padre Petau,[1] que eles estendem os braços a todos: pois se se apresentar a eles alguém que esteja plenamente disposto a devolver bens mal adquiridos, não tema que eles os dissuadam disso; pelo contrário, eles o elogiarão e confirmarão tão santa decisão; mas se vier outro que queira ter a absolvição sem restituir, a coisa será muito difícil, se eles não fornecerem os meios de que se tornarão os fiadores.

Com isso, conservam todos os amigos e se defendem de todos os inimigos; pois se lhes censuram a extrema permissividade, de imediato mostram ao público seus diretores austeros, com alguns livros escritos por eles sobre o rigor da lei cristã; e os simplórios e os que não aprofundam as coisas se contentam com tais provas.

Assim, eles têm para todo tipo de gente e respondem tão bem ao que lhes pedem, que quando se acham num país em que um Deus crucificado é tido como loucura, suprimem o escândalo da cruz e

---

[1] DENIS PETAU (1583-1652), ERUDITO JESUÍTA FRANCÊS.

só pregam Jesus Cristo glorioso e não o Jesus Cristo sofredor: como fizeram na Índia e na China, onde permitiram aos cristãos até a idolatria, com esta sutil invenção, de ocultar sob a roupa uma imagem de Jesus Cristo, aos quais lhes ensinam dedicar mentalmente as adorações públicas que prestam ao ídolo Chacim-coan e a seu Keum-fucum, segundo a acusação que Gravina,[2] dominicano, lhes faz, e como demonstra a Memória, em espanhol, apresentada ao rei de Espanha, Filipe IV, pelos franciscanos das ilhas Filipinas, citada por Tomás Hurtado em seu livro *Mártir da Fé*, p. 427. De tal sorte que a Congregação dos cardeais *de propaganda Fide* foi obrigada a proibir particularmente os jesuítas, sob pena de excomunhão, de permitirem a adoração de ídolos sob qualquer pretexto, e de esconderem o mistério da cruz aos que instruem sobre a religião, exigindo expressamente que só admitam os catecúmenos no batismo depois de tal conhecimento e ordenando-lhes que exponham em suas igrejas a imagem do crucifixo, como se relata amplamente no decreto dessa congregação, dado em 9 de julho de 1646 e assinado pelo cardeal Caponi.

Eis como eles se esparramaram por toda a terra, graças à *doutrina das opiniões prováveis*, que é a fonte e a base de todo esse desregramento. Isso Você deve aprender deles mesmos, pois não o escondem de ninguém, como tampouco o que acaba de ouvir, com a única diferença de que encobrem sua prudência humana e política com o pretexto de uma prudência divina e cristã; como se a fé - e a tradição que a mantém - nem sempre fosse una e invariável em todos os tempos e em todos os lugares; como se a regra devesse tornar-se flexível para convir ao sujeito que a ela deve conformar-se; e como se bastasse às almas, para se purificarem de suas máculas, corromper a lei do Senhor; ao passo que *a lei do Senhor, que é imaculada e toda santa, é a que deve converter as almas* e conformá-las às suas salutares instruções!

Vá, então, eu lhe peço, ver esses bons Padres, e garanto que logo vai notar, no laxismo de sua moral, a causa de sua doutrina acerca da

---

[2] DOMENICO GRAVINA (1547-1643), TEÓLOGO DOMINICANO ITALIANO.

graça. Nela vai ver as virtudes cristãs completamente desconhecidas e desprovidas da caridade, que é sua alma e vida; verá tantos crimes atenuados e tantas desordens toleradas, que não mais achará estranho afirmarem eles que todos os homens têm sempre graça bastante para viverem na piedade do jeito que quiserem. Como a moral deles é completamente pagã, basta a natureza para observá-la. Quando sustentamos a necessidade da graça eficaz, damos-lhe outras virtudes como objeto. Não é só para curar os vícios com outros vícios; não é só para fazer os homens praticarem os deveres exteriores da religião; é por uma virtude mais elevada do que a dos fariseus e dos mais sábios do paganismo. São a lei e a razão graças suficientes para tais efeitos. Mas separar a alma do amor do mundo, afastá-la do que tem de mais caro, fazê-la morrer a si mesma, levá-la e uni-la única e invariavelmente a Deus, só pode ser obra de mão todo-poderosa. É tão pouco razoável pretender que temos sempre tal pleno poder, como o seria negar que tais virtudes, despidas do amor de Deus, que esses bons Padres confundem com as virtudes cristãs, não estão em nosso poder.

Eis o que ele me disse, com muito pesar; pois se aflige seriamente com todas essas desordens. Por meu lado, admirei a excelência da política desses bons Padres e fui, seguindo seu conselho, encontrar-me com um bom casuísta da Sociedade. É um dos meus velhos conhecidos, com quem quis reatar exatamente para este fim. E como fora instruído sobre como devia tratá-los, não tive dificuldade para lhe dar corda. Foi primeiro extremamente gentil comigo, pois continua gostando de mim; e depois de algumas palavras indiferentes, aproveitei-me do tempo em que estamos para saber dele algo sobre o jejum, para entrar imperceptivelmente na matéria. Confessei-lhe que tinha dificuldades para suportá-lo. Ele me exortou a exercer violência sobre mim mesmo: mas como continuei a me queixar, ele se comoveu e começou a procurar alguma causa de dispensa. Ofereceu-me, na verdade, várias, que não me convinham, quando, enfim, lhe ocorreu perguntar-me se não tinha dificuldade em dormir sem jantar. Sim, disse-lhe eu, Padre, e isso muitas vezes me obriga a fazer o desjejum ao meio-dia e jantar ao fim da tarde. Fico feliz, replicou-me ele, em ter encontrado um meio de satisfazê-lo sem pecar: vá, Você não é obrigado a jejuar. Não quero que Você confie só em minhas palavras; venha até a biblioteca. Fui, e lá, tomando um livro, ele me disse: Aqui está a prova, e Deus sabe que prova! É Escobar.[3] Quem é Escobar, caro Padre, disse-lhe eu? Como! Você não sabe quem é Escobar, da nossa Sociedade, que compilou esta Teologia Moral de vinte e quatro dos nossos Padres; e sobre o qual ele faz, no prefácio, uma alegoria, comparando esse livro *com o do Apocalipse, que estava selado com sete selos?* E diz que Jesus *o oferece assim selado aos quatro animais, Suarez,*[4] *Vázquez,*[5] *Molina*[6] *e Valencia,*[7] *na presença de vinte e quatro jesuítas que representam os vinte e quatro anciãos?* Ele leu toda essa alegoria, que julgava muito justa, e com a qual me dava uma grande ideia da excelência da obra. Tendo, em seguida, procurado o trecho acerca do jejum: Aqui está, disse-me ele, no tr. 1, ex. 13, n. 67. É obrigado a jejuar aquele que não consegue dormir se não tiver jantado? De modo nenhum. Não está contente? Não completamente, disse-lhe eu; pois posso suportar o jejum, fazendo o desjejum de manhã e jantando de tarde. Veja, então, a continuação, disse-me ele; eles pensaram em tudo. *E que dizer se se pode dispensar o desjejum pela manhã jantando à tarde? Aqui está. Mesmo assim, não há obrigação de jejum, pois ninguém é obrigado a mudar a ordem de suas refeições.* Ah, que bela razão, disse-lhe eu. Mas me diga, prosseguiu ele, Você toma muito vinho? Não, Padre, não o suporto. Fiz-lhe a pergunta, respondeu-me ele, para lhe informar que poderia beber de manhã e quando quisesse sem romper o jejum; e isso sempre sustenta. Eis aqui a decisão a este respeito, no mesmo lugar, n. 75: *Pode-se, sem*

---

[3] Antonio de Escobar y Mendoza (1589-1669), teólogo e pregador jesuíta, um dos principais alvos das ironias de Pascal.
[4] Francisco Suárez (1548-1617), grande teólogo e filósofo jesuíta, tentou uma síntese geral da teologia católica. O maior nome da teologia jesuítica.
[5] Gabriel Vázques (1549-1604), filósofo e teólogo jesuíta.
[6] Luis de Molina (1535-1600), teólogo jesuíta, criador da doutrina da *ciência média*, destinada a conciliar a onipotência divina e o livre-arbítrio humano. O principal alvo dos ataques jansenistas.
[7] Gregorio de Valencia (1549-1603), teólogo jesuíta.

romper o jejum, beber vinho a hora que se quiser, e até em grande quantidade? Sim, e até o hipocraz. Eu não me lembrava desse hipocraz, disse ele; preciso inseri-lo na minha coletânea. Esse Escobar é mesmo um homem de bem. Todos o amam, respondeu o Padre: faz perguntas tão lindas! Veja esta, que está no mesmo lugar, n. 38: *Se um homem tem dúvidas sobre ter ou não vinte e um anos, é obrigado a jejuar? Não. Mas se eu fizer vinte e um anos esta noite, à uma da manhã, e amanhã for dia de jejum, serei obrigado a jejuar amanhã? Não; pois poderias comer o quanto quisesses entre a meia-noite e a uma hora, pois ainda não terias completado vinte e um anos; e assim, tendo o direito de romper o jejum, não és obrigado a jejuar.* Ah! Como isso é divertido!, disse-lhe eu. Não há como largar o livro, respondeu ele; passo os dias e as noites a lê-lo, não faço outra coisa. O bom Padre, vendo que aquilo me agradava, ficou felicíssimo; e, prosseguindo: Veja, disse ele, mais este trecho de Filiutius,[8] um dos vinte e quatro jesuítas, to. II, tr. 27, part. 2, c. 6, n. 123: *Aquele que se cansou fazendo alguma coisa, como correr atrás de uma jovem, é obrigado a jejuar? De modo algum. Mas e se se cansou exatamente para ser com isso dispensado do jejum, será obrigado a jejuar? Ainda que tenha feito de propósito, não será obrigado.* E então! Você acredita numa coisa dessas? disse-me ele. Na verdade, Padre, disse-lhe eu, ainda não estou acreditando. Como! Não é pecado não jejuar quando se pode? É permitido buscar as ocasiões de pecar? Ou não somos obrigados a fugir delas? Isso seria muito cômodo. Nem sempre, disse-me ele; depende. Depende do quê? disse-lhe eu. Ah! Ah!, respondeu o Padre. E se tivéssemos algum incômodo ao fugirmos das ocasiões, seríamos obrigados à fuga, segundo Você? Pelo menos, não é essa a opinião do Padre Bauny. Ei-la aqui, p. 1084: *Não devemos recusar a absolvição aos que permanecem nas ocasiões próximas de pecado, se estiverem numa situação em que não possam evitá-las sem dar o que falar às pessoas ou sem que eles mesmos sejam incomodados?* Muito me alegro com isso, Padre; só falta dizer que podemos buscar de propósito as ocasiões, pois é permitido não fugir delas. Isso mesmo também é

---

[8] VINCENZO FILLIUCCI (1566-1622), JESUÍTA ITALIANO.

permitido, às vezes, acrescentou ele. O famoso casuísta Basilio Ponce[9] disse isso, e o Padre Bauny o cita e aprova a sua opinião, que é a seguinte, no *Tratado da Penitência*, 1. 14, p. 94: *Podemos buscar uma ocasião diretamente e por ela mesma;* primo et per se, *quando o bem espiritual ou temporal nosso ou de nosso próximo nos leva a ela.*

Realmente, disse-lhe eu, parece que estou sonhando quando ouço religiosos falarem assim! E então, Padre, diga-me, em consciência, essa é também a sua opinião? Na realidade, não, disse-me o Padre. Fala, então, contra a sua consciência? De modo nenhum, disse ele: não falava disso segundo a minha consciência, mas segundo a de Ponce e do Padre Bauny. E podemos segui-los de olhos fechados, pois são homens hábeis. Como, Padre, por terem eles colocado essas três linhas em seus livros, passou a ser permitido buscar as ocasiões de pecado? Eu achava que só devia tomar como regra a Escritura e a tradição da Igreja, mas não os seus casuístas. Ah! Meu Deus, exclamou o Padre, Você me faz lembrar aqueles jansenistas! Será que o Padre Bauny e Basilio Ponce não podem tornar provável a opinião deles? Não me contento com o provável, disse-lhe eu, busco o seguro. Vejo, disse-me o bom Padre, que Você não sabe o que seja a doutrina das opiniões prováveis; não falaria assim se a conhecesse. Ah! Realmente, tenho de instruir Você a respeito delas. Você não terá perdido seu tempo vindo aqui; sem isso, não poderia compreender nada. É o fundamento, o ABC de toda a nossa moral. Fiquei felicíssimo de vê-lo chegar aonde eu queria: e, tendo-lhe manifestado isso, pedi-lhe que me explicasse o que era uma opinião provável. Nossos autores responderão melhor que eu, disse ele. Eis como todos eles falam sobre isso, em geral, e, entre outros, os nossos vinte e quatro, *in princ.* ex. 3, n. 8: É provável uma opinião quando se fundamenta em razões de certa consideração. Por isso, acontece às vezes de um único doutor muito grave *poder tornar provável uma opinião.* E eis aqui a razão: *Pois um homem dado particularmente ao estudo não abraçaria uma opinião se não fosse atraído por uma*

---

[9] BASILIO PONCE DE LEÓN (1570-1629), PREGADOR E TEÓLOGO AGOSTINIANO, SOBRINHO DO GRANDE POETA MÍSTICO FREI LUÍS DE LEÓN.

boa e suficiente razão. E assim, disse-lhe eu, um único doutor pode virar de cabeça para baixo as consciências à vontade, e sempre com segurança. Não ria disso, disse-me ele, nem pense em combater esta doutrina. Quando os jansenistas quiseram fazê-lo, perderam seu tempo. Ela é sólida demais. Ouça Sánchez,[10] um dos mais célebres de nossos Padres, Som. liv. I, c. 9, n. 7: *Duvidas de que a autoridade de um único doutor bom e erudito torne provável uma opinião: a que respondo que sim; e é o que garantem Angelus, Sylv. Navarre, Emmanuel Sa, etc. E eis como é provada. Uma opinião provável é a que tem um fundamento considerável: ora, a autoridade de um homem erudito e piedoso não é de pouca consideração, mas de grande consideração. Pois, ouça bem esta razão: Se o testemunho de tal homem é de grande peso para nos garantir que algo tenha acontecido, por exemplo, em Roma, por que não se daria o mesmo quanto a uma dúvida de moral?*

Que comparação divertida, disse-lhe eu, entre as coisas deste mundo e as da consciência! Tenha paciência; Sánchez responde a isso nas linhas que se seguem imediatamente. *E não me agrada a restrição feita por certos autores: que a autoridade de tal doutor é suficiente nas coisas de direito humano, mas não nas de direito divino; pois é de grande peso em ambas.*

Padre, disse-lhe eu francamente, não posso levar em conta essa regra. O que me garante que, com a liberdade de que se valem seu doutores no exame das coisas pela razão, que o que parecerá certo para um o pareça também a todos os outros? É tão grande a diversidade dos juízos...Você não compreendeu, disse o Padre, interrompendo-me; pois eles são muitas vezes de opiniões diferentes; mas isso pouco importa: cada qual torna a sua opinião provável e certa. Realmente, sabemos que nem todos têm o mesmo parecer; e é até melhor assim. Pelo contrário, quase nunca concordam. Poucas questões há onde não vemos que um diz sim, e o outro, não. E em todos esses casos, uma e outra opinião contrária é provável; e é por isso que diz Diana[11] acerca de certo tema, Part. 3, to. IV, R. 244: *Ponce e Sánchez têm opiniões contrárias; mas, como eram ambos eruditos, cada qual torna provável a própria opinião.*

---

[10] Tomás Sánchez de Ávila (1550-1610), teólogo jesuíta.
[11] Antonio Diana (1585-1663), teólogo siciliano da Ordem dos Teatinos.

Mas, Padre, disse-lhe eu, deve ser difícil escolher então! Nada disso, disse ele, basta seguir a opinião que mais agrade. Como! Se a outra é mais provável? Não importa, disse-me ele. E se a outra for mais segura? Não importa, disse-me ainda o Padre; eis aqui uma boa explicação. É de Emmanuel Sa,[12] da nossa Sociedade, em seu aforismo De Dubio, p. 183, *Podemos fazer o que julgamos ser permitido segundo uma opinião provável, ainda que a contrária seja mais segura. Ora, a opinião de um único doutor grave basta.* E se uma opinião for ao mesmo tempo menos provável e menos segura, mesmo assim será permitido segui-la, deixando de lado o que se julga mais provável e mais seguro? Sim, mais uma vez, disse-me ele; ouça Filiutius, esse grande jesuíta de Roma, Mor. quaest. tr. 21, c. 4, n. 128: É permitido seguir a opinião menos provável, embora seja a menos segura; é a opinião comum dos novos autores. Não é claro isso? Vejo que espaço é o que não nos falta, meu Reverendo Padre, graças às suas opiniões prováveis. Temos uma bela liberdade de consciência. E Vocês, casuístas, têm a mesma liberdade em suas respostas? Sim, disse-me ele, também respondemos o que nos agrada, ou melhor, o que agrada aos que nos interrogam; pois eis aqui as nossas regras, tomadas de nossos Padres: Layman, *Theol. Mor.* L. I, tr. I, c. 2, § 2, n. 7; Vásquez, *Dist.* 62, c. 9, n. 47; Sánchez, *in Sum.*, L. I, c. 9, n. 23; e dos nossos vinte e quatro, Princ. ex. 3, n. 24. Eis as palavras de Layman,[13] que o livro dos nossos vinte e quatro endossou: *Sendo consultado um doutor, ele pode dar um conselho, não só provável segundo a sua opinião, mas contrário à sua opinião, se ele for considerado provável por outros, quando esse parecer contrário ao seu for tido como mais favorável e mais agradável a quem o consulta:* SI FORTE ET ILLI FAVORABILIOR SEU EXOPTATIOR SIT. *Mas, digo mais, não será absurdo que ele dê a quem o consulte um parecer tido como provável por algum erudito, mesmo quando tenha certeza de que é absolutamente falso.*

Cá entre nós, Padre, a sua doutrina é bem cômoda. O quê! Ter de responder sim e não à escolha do freguês? É inestimável essa vantagem!

---

[12] Manuel de Sá (1528-1596), teólogo e escritor jesuíta português.
[13] Paul Laymann (1574-1632), teólogo jesuíta austríaco.

E vejo bem, agora, de que lhes servem as opiniões contrárias que os seus doutores têm sobre cada matéria; pois uma sempre lhes é útil, e a outra nunca os atrapalha. Se não encontrarem o que querem de um lado, dirigem-se para o outro, sempre em segurança. Isso é verdade, disse ele; e, assim, sempre podemos dizer, com Diana, que viu o Padre Bauny a seu favor, quando o Padre Lugo lhe era contrário:

> *Saepe premente Deo fert Deus alter opem.*
> Se algum Deus nos preme, outro nos libera.

Compreendo, disse-lhe eu; mas me ocorre uma dificuldade: é que, depois de ter consultado um dos nossos doutores e dele recebido uma opinião um pouco folgada, podemos ver-nos em maus lençóis se toparmos com um confessor que não seja um deles e recuse a absolvição se não mudarmos de opinião. Não encontraram Vocês uma saída para isso, Padre? Tem alguma dúvida? respondeu-me ele. Obrigamo-los a absolverem seus penitentes que têm opiniões prováveis, sob pena de pecado mortal, para que não deixem de fazê-lo. Foi o que mostraram os nossos Padres e, entre outros, o Padre Bauny, tr. 4, *de Paenit*, q. 13, p. 93. *Quando o penitente*, diz ele, *segue uma opinião provável, o confessor deve absolvê-lo, embora a sua opinião seja contrária à do penitente.* Mas não diz que seja pecado mortal não absolvê-lo. Que pressa!, disse-me ele; ouça a continuação; tira daí uma conclusão expressa: *Recusar a absolvição a um penitente que age de acordo com uma opinião provável é um pecado que, por natureza, é mortal.* E cita, para confirmar seu parecer, três de nossos Padres mais famosos, Suarez, t. IV, d. 32, sect. 5; Vásquez, disp. 62, c. 7; e Sánchez, n. 29.

Ah, Padre!, disse-lhe eu. Eis aí uma solução prudente! Já não há nada que temer. Nenhum confessor ousará desrespeitar tal ordem. Eu não sabia que Vocês tinham o poder de ordenar sob pena de danação. Achava que só sabiam tirar os pecados; não julgava que soubessem introduzi-los. Mas Vocês têm todo o poder, pelo que vejo. Você não fala com propriedade, disse-me ele. Não introduzimos os pecados, limitamo-nos a observá-los. Já notei duas ou três vezes que Você não é bom escolástico. Seja como for, Padre, a minha dúvida está amplamente resolvida. Mas tenho outra ainda a lhe propor: não sei o que Vocês possam fazer quando os Padres da Igreja são contrários à opinião de algum de seus casuístas.

Você compreendeu bem pouca coisa, disse-me ele. Os Padres eram bons para a moral de seu tempo; mas estão muito distantes para a do nosso. Já não são eles que a regulam, mas os novos casuístas. Ouça o nosso Padre Cellot,[14] *de Hier.* lib. VIII, cap. 16, p. 714, que acompanha nesta questão o nosso famoso Padre Reginaldus:[15] *Nas questões de moral, os novos casuístas são preferíveis aos antigos Padres, embora estes estivessem mais perto dos Apóstolos.* E é seguindo essa máxima que Diana fala o seguinte, p. 5, tr. 8, R. 31. *São os beneficiários obrigados a restituir as rendas de que se apropriaram indevidamente? Diziam os antigos que sim, mas os novos dizem não: não abramos mão, portanto, da opinião que exime da obrigação de restituir.* Belas palavras, disse-lhe eu, cheias de consolação para muita gente. Deixamos os Padres, disse-me ele, aos que tratam da Positiva; mas para nós, que governamos as consciências, pouco os lemos e só citamos em nossos escritos os novos casuístas. Veja o caso de Diana, que escreveu tanto; colocou na entrada de seus livros a lista dos autores que cita. São duzentos e noventa e seis, e o mais velho deles tem oitenta anos. Isso começou, então, depois de sua Sociedade? disse-lhe eu. Mais ou menos, respondeu-me ele. Ou seja, caro Padre, quando Vocês chegaram, vimos desaparecer Santo Agostinho, São Crisóstomo, Santo Ambrósio, São Jerônimo e os demais, no que se refere à moral. Gostaria, pelo menos, de saber os nomes dos que sucederam a eles; quem são esses novos autores? São gente muito competente e muito famosa, disse-me ele. São Villalobos, Coninck, Llamas, Achokier, Dealkozer, Dellacruz, Veracruz, Ugolin, Tambourin, Fernandez, Martinez, Suarez, Henriquez, Vasquez, Lopez, Gomez, Sanchez, de Vechis, de Grassis, de Grassalis, de Pitigianis, de Graphaeis, Squilanti, Bizozeri, Barcola, de Bobadilla, Simancha, Perez de Lara,

---

[14] Padre Louis Cellot (1588-1658), teólogo jesuíta.
[15] Padre Valère Regnauld (1537-1623), jesuíta francês.

Aldretta, Lorca, de Scarcia, Quaranta, Scophra, Pedrezza, Cabrezza, Bisbe, Dias, de Clavasio, Villagut, Adam a Mandem, Iribarne, Binsfeld, Volfangi a Vorberg, Vosthery, Strevesdorf. Ah, Padre!, disse-lhe eu muito espantado, será que toda essa gente é cristã? Como assim, cristã!, respondeu-me ele. Não lhe disse que estes são os únicos pelos quais governamos hoje a Cristandade? Aquilo me deu pena, mas não lhe demonstrei nada, e só lhe perguntei se todos aqueles autores eram jesuítas. Não, disse-me ele, mas pouco importa; nem por isso deixaram de dizer coisas boas. Não que a maioria deles não tenha tomado muita coisa emprestada dos nossos, ou os imitado, mas não fazemos disso um ponto de honra; além disso, citam os nossos Padres a toda hora, com elogios. Veja o caso de Diana, que não pertence à nossa Sociedade; quando fala de Vásquez, chama-o de *Fênix dos espíritos*. E por vezes diz *que Vásquez sozinho vale tanto quanto todos os demais homens juntos: instar omnium*. Assim, todos os nossos Padres amiúde se servem do bom Diana; pois se Você entender bem a nossa doutrina da Probabilidade, verá que isso pouco importa. Pelo contrário, apreciamos que outros, além dos jesuítas, possam tornar prováveis as suas opiniões, para que não possam imputar-nos todas elas. E assim, quando um autor qualquer aventou uma opinião, temos o direito de adotá-la, se quisermos, pela doutrina das opiniões prováveis, e não somos seus fiadores quando o autor não é de nosso Corpo. Compreendo tudo isso, disse-lhe eu. Vejo que, com isso, tudo é bem-vindo para Vocês, exceto os antigos Padres, e que Vocês são senhores do campo e agora lhes basta correr.

Prevejo, porém, três ou quatro grandes inconvenientes e barreiras poderosas que se oporão à carreira de Vocês. E quais são? disse-me o Padre, muito espantado. A Escritura santa, os Papas e os Concílios, respondi-lhe, que Vocês não podem desmentir e estão todos na trilha única do Evangelho. É só isso? disse-me ele. Você me assustou. Você acha que uma coisa tão visível não tenha sido prevista e não tenhamos resposta para isso? Realmente, muito me admira que Você ache que nos oponhamos à Escritura, aos Papas e aos Concílios! Tenho de convencê-lo do contrário. Ficaria arrasado se Você acreditasse que faltamos com o que devemos a eles. Você, com certeza, extraiu essa ideia de algumas opiniões de nossos Padres que parecem contrariar suas decisões, embora não seja assim. Mas, para compreender esse acordo, precisaríamos de mais tempo. Desejo que Você não fique com má impressão de nós. Se quiser, podemos encontrar-nos de novo amanhã, e eu lhe darei as explicações.

Foi esse o fim desta conversa, que será também o da nossa, pois já é o bastante para uma carta. Garanto-lhe que ficará satisfeito enquanto aguarda a continuação. Sou, etc.

Sexta Carta[1]

Escrita a um Provincial por um de seus amigos

Paris, 10 de abril de 1656.

Meu Senhor,

Disse-lhe ao fim de minha última carta que esse bom Padre jesuíta me prometera ensinar como os casuístas conciliam as contrariedades que se encontram entre suas opiniões e as decisões dos Papas, dos Concílios e da Escritura. De fato, ele me instruiu a este respeito em minha segunda visita. Eis aqui a sua narrativa.

Disse-me o bom Padre o seguinte: Uma das maneiras pelas quais conciliamos essas contradições aparentes é a interpretação de algum termo. Por exemplo, o Papa Gregório XIV declarou que os assassinos são indignos de receber o asilo das igrejas e delas devem ser expulsos. Nossos vinte e quatro Anciãos, porém, dizem, tr. 6, ex. 4, n. 27: *Que todos os que matam à traição não devem incorrer na pena*

---

[1] Carta revista por Pierre Nicole.

dessa bula. Isso lhe pode parecer contrário, mas conciliamo-lo interpretando a palavra *assassino* como fazem eles com estas palavras: *Não são os assassinos indignos de gozar do privilégio das igrejas? Sim, pela bula de Gregório XIV. Mas entendemos por assassinos aqueles que receberam dinheiro para matar alguém à traição.* De onde se segue que aqueles que matam sem receber nenhum prêmio, mas só para ajudar os amigos, não são chamados assassinos. Do mesmo modo, diz-se no Evangelho: *Dai a esmola de vosso supérfluo.* Vários casuístas, porém, encontraram um jeito de exonerar as pessoas mais ricas da obrigação de dar esmola. Isso também lhe parece contrário; mas é fácil mostrar o acordo, interpretando a palavra *supérfluo,* de modo que não acontece quase nunca que alguém o tenha; e foi o que fez o douto Vásquez em seu Tratado da Esmola, c. 4: *o que as pessoas da alta sociedade guardam para melhorar sua condição e a de seus parentes não é chamado supérfluo; e por isso é raro encontrar algo de supérfluo nas pessoas da alta sociedade, e até mesmo nos reis.*[2]

Por isso Diana, tendo citado essas mesmas palavras de Vásquez, pois normalmente se baseia em nossos Padres, concluiu com muito acerto: *que, na questão de se os ricos são obrigados a dar a esmola de seu supérfluo, ainda que a afirmativa seja verdadeira, não acontecerá nunca, ou quase nunca, que ela obrigue na prática.*

Vejo, Padre, que isso se segue da doutrina de Vásquez; mas que se há de responder quando objetarem que, para alcançarmos a salvação, seria, portanto, tão seguro, segundo Vásquez, não dar a esmola, contanto que tenhamos bastante ambição para não termos supérfluo, quanto é seguro, segundo o Evangelho, não ter ambição, a fim de termos o supérfluo para podermos dar esmola? Convém responder, disse-me ele, que os dois caminhos são seguros segundo o mesmo Evangelho; um, segundo o Evangelho no sentido mais literal e mais fácil de encontrar; outro, segundo o mesmo Evangelho, interpretado por Vásquez. Com isso, Você pode ver a utilidade das interpretações.

---
[2] DOUTRINA CONDENADA POR INOCÊNCIO XI, ENTRE AS 65 PROPOSIÇÕES LAXISTAS DOS MOLINISTAS (DENZINGER, P. 2112).

Mas quando os termos são tão claros que não admitem nenhuma interpretação, servimo-nos, então, da observação das circunstâncias favoráveis, como Você verá nos exemplos. Os Papas excomungaram os religiosos que largam o hábito, e nem por isso os nossos vinte e quatro Anciãos deixam de dizer o seguinte, tr. 6, ex. 7, n. 103: *Em que ocasiões pode um religioso largar o hábito sem incorrer na excomunhão?* Cita várias delas, entre outras esta: *Se o largar por uma causa vergonhosa, como para ir furtar ou para ir* incognito *a lugares de perdição, devendo logo retomá-lo.* Assim, fica claro que as bulas não falam desses casos.

Mal podia acreditar no que ouvia, e pedi ao Padre que me mostrasse o texto original; e nele vi que o capítulo onde estão tais palavras tem como título: *Prática segundo a escola da Sociedade de Jesus; Praxis ex Societatis Jesu schola;* e vi ali estas palavras: *Si habitum dimittat ut furetur occulte, vel fornicetur.* E ele me mostrou o mesmo em Diana, nestes termos: *Ut eat incognitus ad lupanar.* E por quê, Padre, eles o exoneraram da excomunhão nessa situação? Você não entende? disse-me ele. Não vê que escândalo seria surpreender um religioso nesse estado, com seu hábito de religião? E não ouviu falar, prosseguiu, como se responde à primeira bula, *Contra sollicitantes?* E como os nossos vinte e quatro, em outro capítulo da prática da escola da nossa Sociedade, explicam a bula de Pio V, *Contra clericos,* etc.? Não sei o que seja tudo isso, disse-lhe eu. Você, então, não lê Escobar? disse-me ele. Só o possuo desde ontem, Padre, e tive até dificuldade para encontrá-lo. Algo aconteceu há pouco, não sei bem o quê, que faz todos procurarem-no. O que eu lhe dizia, prosseguiu o Padre, está no tr. 1, ex. 8, n. 102. Leia-o quando estiver em casa; aí encontrará um belo exemplo de como interpretar favoravelmente as bulas. De fato, fui conferir aquela noite mesmo; mas não ouso contar-lhe o que li, pois é coisa medonha.

Prosseguiu o bom Padre, então, assim: Entendeu agora como nos valemos das circunstâncias favoráveis? Mas às vezes algumas há tão precisas, que não conseguimos dirimir as contradições desse modo: tanto assim, que Você poderia crer que tais contradições existissem realmente. Por exemplo, três Papas decidiram que os religiosos que são obrigados, por voto especial, à vida quadragesimal não sejam dispensados dela, mesmo que se tornem bispos; e, no entanto, diz Diana que *não obstante sua decisão, eles são dispensados*. E como concilia ele as duas coisas? perguntei-lhe. Pelo mais sutil dos novos métodos, replicou ele, e pelo mais fino da probabilidade. Vou explicar. É que, como vimos outro dia, a afirmação e a negação da maior parte das opiniões têm cada qual certa probabilidade, segundo os nossos doutores, suficiente para serem seguidas com segurança de consciência. Não que o pró e o contra sejam ambos verdadeiros no mesmo sentido; isso é impossível; mas só que são ambos prováveis e, por conseguinte, seguros.

Com base neste princípio, Diana, o nosso bom amigo, assim fala na part. 5, tr. 13, R. 39: *Respondo à decisão desses três Papas, que é contrária à minha opinião, que assim falaram apegando-se à afirmativa, a qual é, com efeito, provável, admito; mas não se segue daí que a negativa não tenha também a sua probabilidade*. E, no mesmo tratado, R. 65, sobre outro assunto, no qual ele também tem um parecer contrário a um Papa, fala assim: *Que o Papa o tenha dito como chefe da Igreja, concordo. Mas só o fez na extensão da esfera de probabilidade de sua própria opinião*. Ora, Você vê que isso não contraria o parecer dos Papas: isso não seria tolerado em Roma, onde Diana goza de tamanho crédito, pois não diz que o que os Papas decidiram não seja provável; mas, deixando a opinião deles em toda a sua esfera de probabilidade, não deixa de dizer que o contrário é também provável. Isso é muito respeitoso, disse-lhe eu. E mais sutil, acrescentou ele, que a resposta dada pelo Padre Bauny quando censuraram seus livros em Roma. Pois chegou a escrever contra o Sr. Hallier, que então o perseguia furiosamente: *Que tem em comum a censura de Roma com a de França?* Você vê com isso que, quer pela interpretação dos termos, quer pela observação das circunstâncias favoráveis, quer, enfim, pela dupla probabilidade do pró e do contra, sempre se dirimem essas supostas contradições, que antes espantavam Você, sem jamais contradizer as decisões da Escritura, dos Concílios ou dos Papas, como pode ver. Caro Reverendo Padre, disse-lhe eu, como o mundo é feliz por tê-los como mestres! Como são úteis essas probabilidades! Eu não sabia por que Vocês se tinham empenhado tanto em estabelecer que um único doutor, *se for grave*, pode tornar provável uma opinião; que o contrário também pode sê-lo; e que, portanto, podemos escolher entre o pró e o contra aquele que mais nos agrada, embora não creiamos seja verdadeiro, e isso com tanta segurança de consciência, que se o confessor recusar a absolvição com base nesses casuístas, estará em estado de danação. Com isso compreendo que um único casuísta possa, à vontade, fazer novas regras de moral e dispor, segundo a sua fantasia, de tudo o que diz respeito ao governo dos costumes. Convém, disse-me o Padre, fazer alguns reparos no que Você diz. Entenda bem isto: eis o nosso método, onde Você verá o progresso de uma opinião nova, desde o nascimento até a maturidade.

Primeiro, o doutor *grave* que a inventou a expõe ao mundo e a lança como uma semente para lançar raízes. Nesse estado, ela é ainda débil; mas é preciso que o tempo a amadureça aos poucos. E por isso Diana, que introduz várias delas, diz em certo lugar: *Avento esta opinião; mas, por ser nova, deixo-a amadurecer com o tempo: relinquo tempori maturandam*. Assim, em poucos anos, vemo-las aos poucos se fortalecer; e, depois de um tempo considerável, ela ganha autoridade com a aprovação tácita da Igreja, segundo esta grande máxima do Padre Bauny: *sendo uma opinião aventada por alguns casuístas e não tendo a Igreja se oposto a ela, isso demonstra que foi aprovada*. E é, de fato, por esse princípio que ele autoriza uma de suas opiniões em seu tratado VI, p. 312. Como!, disse-lhe eu, Padre, a Igreja, com esse argumento, aprovaria, então, todos os abusos que ela sofre e todos os erros dos livros que não censura? Vá discutir com o Padre Bauny. Estou contando-lhe uma história, e Você quer discutir comigo. Nunca se deve discutir sobre um fato. Como eu lhe dizia, depois de o tempo ter assim amadurecido uma opinião, ela passa a ser totalmente provável e segura. E vem daí que o douto Caramuel, na Carta em que dedica a Diana sua Teologia Fundamental, diz que esse grande *Diana tornou prováveis muitas opiniões que antes não o eram, "quae antea non erant"*, e, assim, *já não se peca por segui-las, embora antes se pecasse: "jam non peccat, licet ante peccaverint"*.

Na verdade, caro Padre, disse-lhe eu, temos muito de que nos aproveitar junto aos seus doutores. Como! De duas pessoas que fazem a mesma coisa, aquele que não conhece a doutrina deles peca, aquele que a conhece não? Será ela, então, ao mesmo tempo instrutiva e justificante? A Lei de Deus fazia prevaricadores, segundo São Paulo; esta faz que praticamente só existam inocentes. Eu lhe peço, Padre, que me informe bem a este respeito; não vou embora antes que Você me diga as principais máximas estabelecidas por seus casuístas.

Infelizmente, disse-me o Padre, o nosso objetivo principal teria sido não estabelecer outras máximas senão as do Evangelho, com toda a sua severidade. E o regulamento dos nossos costumes mostra bem que, se suportamos certo laxismo nos outros, é mais por condescendência do que por opção. Somos forçados a isso. Hoje, os homens estão tão corrompidos, que, não podendo fazê-los virem a nós, temos de ir a eles; caso contrário, eles nos abandonariam; pior ainda, se abandonariam completamente. E é para retê-los que os nossos casuístas estudaram os vícios mais frequentes em todas as condições, para estabelecer máximas tão suaves, sem, porém, ferir a verdade, que seríamos de temperamento difícil se não ficássemos contentes com elas. Pois o objetivo capital que a nossa Sociedade adotou para o bem da religião é o de não repelir ninguém, para não desesperar o mundo.

Temos, portanto, máximas para todo tipo de gente, para os beneficiários,[3] para os sacerdotes, para os religiosos, para os fidalgos, para os domésticos, para os ricos, para os que se dedicam ao comércio, para os que vão mal nos negócios, para os que estão na miséria, para as mulheres devotas, para as que não são devotas, para os casados, para os libertinos. Nada, enfim, escapa à sua previdência. Ou seja, disse-lhe eu, têm para o clero, a nobreza e o Terceiro Estado. Eis-me bem disposto a escutá-los.

Comecemos, disse o Padre, pelos beneficiários. Você sabe como hoje se traficam os benefícios e que, se nos devêssemos cingir ao que

---

[3] DETENTORES DE UM BENEFÍCIO ECLESIÁSTICO.

escreveram Santo Tomás e os antigos, haveria muitos simoníacos na Igreja. Por isso, foi muito necessário que os nossos Padres moderassem as coisas com sua prudência, como lhe ensinarão estas palavras de Valentia, um dos quatro animais de Escobar. É a conclusão de um longo discurso, onde ele apresenta vários expedientes. Eis o que me parece o melhor deles. Está na p. 2039 do tomo III. *Se dermos um bem temporal por um bem espiritual,* isto é, dinheiro por um benefício, *se dermos o dinheiro como preço do benefício, trata-se claramente de simonia. Mas se o dermos como o motivo que leva a vontade do colator a conferi-lo, não se trata de simonia, ainda que o que o confere considere e aguarde o dinheiro como o fim principal.*[4] Tannerus,[5] também de nossa Sociedade, diz o mesmo em seu tomo III, p. 1519, embora confesse que *Santo Tomás é contrário a isso, pois ensina absolutamente que se trata sempre de simonia quando se dá um bem espiritual por um temporal, se o temporal for o seu fim.* Com isso, impedimos um sem número de simonias. Pois quem seria tão mau a ponto de recusar-se, ao dar dinheiro por um benefício, a fazer de sua intenção ao dá-lo como um *motivo* que leva o beneficiário a abrir mão dele, em vez de dá-lo como *o preço* do benefício? Ninguém foi tão abandonado por Deus. Concordo, disse-lhe eu, que todos têm graças suficientes para fazer tal negócio. Com certeza, anuiu o Padre.

Foi assim que abrandamos as coisas para os beneficiários. Quanto aos sacerdotes, temos diversas máximas que lhes são muito favoráveis. Por exemplo, esta de nossos vinte e quatro, tr. I, ex. II, n. 96: *Um sacerdote que tiver recebido dinheiro para dizer uma missa pode receber mais dinheiro pela mesma missa? Sim, diz Filiutius, aplicando a parte do sacrifício que lhe cabe como sacerdote ao que o paga de novo, contanto que não receba por isso o valor de uma missa completa, mas só uma parte dela, como um terço da missa.*

Sem dúvida, Padre, eis aí um desses casos em que o *pró* e o *contra* são muito prováveis. Pois o que Você diz não pode deixar de sê-lo, segundo a autoridade de Filiutius e de Escobar. Deixando-o, porém, em

---

[4] Teses condenadas pelo Papa Inocêncio XI (Denzinger, p. 2145-46).
[5] Adam Tanner (1572-1632), jesuíta austríaco.

sua *esfera de probabilidade*, seria possível, ao que parece, dizer também o contrário, e apoiá-lo nas seguintes razões. Quando a Igreja permite aos sacerdotes pobres receberem dinheiro pelas missas, pois é muito justo que os que servem o altar vivam do altar, não entende por isso que eles troquem o sacrifício por dinheiro, e muito menos que se privem eles de todas as graças que devem ser os primeiros a obter. Eu diria também *que os sacerdotes, segundo São Paulo, são obrigados a oferecer o sacrifício, primeiro para si mesmos, e depois para o povo*; e que, portanto, lhes é permitido, sim, associar outras pessoas ao fruto do sacrifício, mas não renunciar eles mesmos, voluntariamente, a todo o fruto do sacrifício e dá-lo a outrem por um terço da missa, ou seja, por quatro ou cinco tostões. Na verdade, Padre, por menos que eu fosse *grave*, tornaria provável esta opinião. Não teria muita dificuldade nisso, disse-me ele; ela claramente o é; o difícil era encontrar alguma probabilidade no contrário das opiniões que são manifestamente boas, e é isso que é reservado aos grandes personagens. O Padre Bauny é excelente nisso. É um prazer ver esse erudito casuísta penetrar no pró e no contra de uma mesma questão que também diz respeito aos sacerdotes, e encontrar razões em toda parte, de tão engenhoso e sutil que é.

Diz ele em certo trecho do Tratado X, à p. 474: *Não se pode fazer uma lei que obrigue os padres a rezar missa todos os dias, pois tal lei os exporia, sem dúvida, "haud dubie", ao perigo de rezá-la às vezes em pecado mortal*. E, no entanto, no mesmo tratado X, à p. 441, diz ele: *os padres que receberam dinheiro para rezar a missa todos os dias devem rezá-la todos os dias, e não podem desculpar-se por nem sempre estarem bem preparados para rezá-la, pois sempre se pode fazer o ato de contrição; e se não o fazem, é culpa deles e não de quem lhes mandou rezar a missa*. E para vencer as maiores dificuldades que poderiam servir-lhes de impedimento, resolveu assim esta questão no mesmo tratado, q. 32, p. 457: *Um sacerdote pode rezar a missa no mesmo dia em que cometeu um pecado mortal, e dos mais criminosos, ao se confessar antes? Não, diz Villalobos, por causa da impureza. Sancius, porém, diz que sim, e sem nenhum pecado; e tenho por segura a sua opinião e que ela deve ser seguida na prática: "et tuta et sequenda in praxi"*.

Como, Padre!, disse-lhe eu, devemos seguir essa opinião na prática? Um sacerdote que tiver caído em tal desordem ousaria aproximar-se no mesmo dia do altar, baseando-se na palavra do Padre Bauny? E não deveriam obedecer às antigas leis da Igreja, que excluíam para sempre do sacrifício, ou pelo menos por longo tempo, os sacerdotes que tivessem cometido pecados desse tipo, em vez de se fiar nas novas opiniões dos casuístas, que os admitem ao sacrifício no mesmo dia em que assim pecarem? Você é um desmemoriado, disse o Padre; não lhe ensinei, da outra vez, *que, segundo os nossos Padres Cellot e Reginaldus, não devemos seguir, na moral, os antigos Padres, mas sim os novos casuístas?* Lembro-me muito bem, respondi-lhe eu. Mas aqui há algo mais, há as leis da Igreja. Você tem razão, disse-me ele; mas é que Você ainda não conhece esta bela máxima dos nossos Padres: *as leis da Igreja perdem força quando não são mais observadas*, "*cum jam desuetudine abierunt*", como diz Filiutius, t. II, Tr. 25, n. 33. Nós vemos melhor que os antigos as necessidades presentes da Igreja. Se fôssemos tão severos ao excluirmos os sacerdotes do altar, Você há de compreender que não haveria muitas missas. Ora, a pluralidade das missas traz tanta glória a Deus e é de tanta utilidade para as almas, que eu ousaria dizer, com o nosso Padre Cellot, em seu livro *Da Hierarquia*, p. 611 da edição de Rouen, que não haveria Padres demais, *mesmo que todos os homens e todas as mulheres, se fosse possível, mas também os corpos insensíveis e até as bestas brutas,* "*bruta animalia*", *se transformassem em sacerdotes para celebrarem a missa.* Fiquei abismado com a esquisitice dessa imaginação, e não consegui dizer mais nada. Ele, então, prosseguiu:

Isso basta quanto aos sacerdotes; eu me estenderia demais; passemos aos religiosos. Como a maior dificuldade deles é a obediência que devem aos superiores, ouça como os nossos Padres a amenizam. O autor é Castrus Palaüs, de nossa Sociedade, P. Mor., p. I, disp. 2, p. 6: É fora de discussão, "*non est controversia*", *que o religioso que tem para si uma opinião provável não é obrigado a obedecer ao superior, embora a opinião do superior seja a mais provável; pois, então, é permitido ao religioso adotar a que lhe seja mais agradável,* "*qui sibi gratior fuerit*", *como diz Sánchez.*

E ainda que a ordem do superior seja justa, isso não vos obriga a obedecer; pois ela não é justa sob todos os aspectos e de todas as maneiras, "non undequaque juste praecipit", mas só provavelmente; e, assim, sois obrigados apenas provavelmente a lhe obedecer e provavelmente desobrigados disso; "probabiliter obligatus, et probabiliter deobligatus". Por certo, Padre, disse-lhe eu, nunca se apreciará demais um tão belo fruto da dupla probabilidade. Ela é utilíssima, disse-me ele; mas resumamos. Direi a Você apenas mais este trecho do célebre Molina em favor dos religiosos que são expulsos dos conventos por desordem. O nosso Padre Escobar a cita, tr. 6, ex. 7, n. 111, nestes termos: *Garante Molina que um religioso expulso do mosteiro não é obrigado a se corrigir para a ele voltar e que não está mais ligado pelo voto de obediência.*

Vejo, Padre, que os eclesiásticos estão bem à vontade e que os seus casuístas os trataram muito bem. Agiram como para si mesmos. Receio que as pessoas de outras condições não tenham sido tão bem tratadas. Cada um por si. Elas mesmas não teriam feito melhor, replicou-me o Padre. Agimos para com todos com igual caridade, desde os maiores até os menores. E Você me obriga, para mostrar-lhe que assim é, a lhe falar de nossas máximas acerca dos criados.

Consideramos, quanto a eles, o pesar que têm, quando são pessoas de consciência, em servir a senhores libertinos. Pois se não fizerem tudo o que lhes mandam, perdem o emprego; e se obedecerem, têm escrúpulos: é para confortá-los que os nossos vinte e quatro Padres, tr. 7, ex. 4, n. 223, indicaram os serviços que eles podem prestar sem problemas de consciência. Aqui vão alguns deles: *levar cartas e presentes; abrir as portas e as janelas; ajudar o patrão a subir até a janela, segurando a escada enquanto ele sobe: tudo isso é permitido e indiferente. É verdade que para segurar a escada é preciso que eles sejam mais ameaçados do que de costume, se deixarem da fazê-lo; pois é ofensivo ao dono da casa nela entrar pela janela.*

Veja como tudo isso é judicioso! Não esperava menos de um livro tirado de vinte e quatro jesuítas. Mas, acrescentou o Padre, o nosso Padre Bauny também ensinou aos criados como prestar inocentemente todos esses serviços aos patrões, fazendo que eles dirijam suas intenções, não aos pecados de que são os mediadores, mas só ao ganho que lhes cabe. É o que explica muito bem em sua *Suma dos pecados*, à p. 710 da primeira edição: *notem bem os confessores,* diz ele, *que não podemos absolver os criados que prestam serviços desonestos, se consentirem nos pecados dos patrões; mas convém dizer o contrário, se o fizerem por comodidade temporal.* E isso é muito fácil, pois por que teimariam eles em consentir em pecados de que só têm os problemas?

E o mesmo Padre Bauny estabeleceu também esta grande máxima em favor dos que não estão contentes com seus salários. Está em sua *Suma*, p. 213 e 214 da sexta edição: *podem os criados que se queixam de seus salários elevá-los por si mesmos, tomando para si todos os bens pertencentes aos patrões, o quanto julgam necessário para igualar tais salários aos seus trabalhos? Podem-no em algumas ocasiões, como quando são pobres em busca de emprego e tiverem sido obrigados a aceitar a oferta que lhes foi feita e quando os outros criados de sua categoria ganhem mais em outros lugares.*[6]

É essa, justamente, Padre, disse-lhe eu, a história de Jean d'Alba.

Que Jean d'Alba? disse o Padre; o que Você quer dizer? Como, Padre? Não se lembra mais do que aconteceu nesta cidade no ano de 1647? Onde Você estava na época? Estava lecionando casos de consciência num dos nossos colégios, bem longe de Paris. Vejo, então, Padre, que não conhece a história; vou contá-la. Era uma pessoa muito séria que a contava outro dia, num lugar onde eu estava. Dizia-nos ela que o tal Jean d'Alba, criado dos Padres jesuítas do colégio de Clermont, da rua Saint-Jacques, e insatisfeito com o salário, roubou alguma coisa para se recompensar; os Padres, percebendo isso, o mandaram prender, acusando-o de roubo doméstico; e foi levado o processo ao Châtelet, no sexto dia de abril de 1647, se não me falha a memória. Pois ele nos deu todos estes pormenores, sem os quais ninguém teria acreditado no que dizia. Esse infeliz, ao ser interrogado, confessou ter tomado alguns pratos de estanho dos Padres; mas afirmou que nem por isso os tinha roubado, oferecendo como justificação essa doutrina do Padre

---

[6] Tese condenada pelo Papa Inocêncio XI (Denzinger, p. 2137).

Bauny, que apresentou aos juízes com um escrito de um dos seus Padres, com o qual estudara os casos de consciência, que lhe ensinara a mesma coisa. Sobre o que o Sr. de Montrouge, um dos mais respeitados dessa companhia, disse, opinando: *que não era de parecer que, com base em escritos desses Padres, que continham doutrina ilícita, perniciosa e contrária a todas as leis naturais, divinas e humanas, capaz de dilacerar todas as famílias e autorizar todos os roubos domésticos, se devesse absolver o acusado. Mas julgava que esse discípulo excessivamente fiel fosse chicoteado diante da porta do colégio, pelas mãos do carrasco, o qual, ao mesmo tempo, queimaria os escritos desses Padres que versam sobre o furto, com proibição de ensinarem tal doutrina, sob pena de morte.*

Aguardavam-se as consequências desse parecer, que foi muito aprovado, quando aconteceu um incidente que fez postergarem o julgamento desse processo. E enquanto isso o prisioneiro desapareceu, não se sabe como, sem que se falasse mais desse caso; e assim, Jean d'Alba saiu sem devolver a louça. Foi isso o que ele nos contou; e acrescentava que o parecer do Sr. de Montrouge consta dos arquivos do Châtelet, onde todos podem vê-lo. Divertimo-nos com a história.

O que o divertiu? disse o Padre; o que quer dizer isso? Eu lhe falo das máximas dos meus casuístas; estava pronto para lhe falar das que se referem aos fidalgos, e Você me interrompe com histórias sem cabimento. Só a contei de passagem, disse-lhe eu, e também para lhe advertir sobre algo importante a este respeito, que acho que Você esqueceu ao estabelecer a sua doutrina da probabilidade. Como assim? disse o Padre. O que poderia faltar, depois que tanta gente competente a examinou? É que, respondi-lhe eu, Vocês puseram os que seguem as suas opiniões prováveis em segurança com relação a Deus e à consciência; pois, pelo que Você diz, as pessoas estão em segurança desse lado, ao seguirem um doutor grave. Vocês também as colocaram em segurança no que se refere aos confessores; pois obrigaram os Padres a absolver com base numa opinião provável, sob pena de pecado mortal. Mas não as colocaram em segurança no que se refere aos juízes, de modo que elas se veem expostas ao chicote e à forca, ao seguirem as suas probabilidades: e este é um defeito capital. Você tem razão, disse o Padre, fico feliz que Você tenha mencionado isso; mas é que não temos tanto poder sobre os magistrados quanto sobre os confessores, que são obrigados a nos consultar acerca dos casos de consciência; pois somos nós que os julgamos soberanamente. Compreendo, disse eu; mas se, por um lado, Vocês são os juízes dos confessores, não são também, por outro, os confessores dos juízes? É vasto o poder de Vocês: obriguem-nos a absolver os criminosos que têm uma opinião provável, sob pena de serem excluídos dos sacramentos; para que não aconteça, para grande escárnio e escândalo da probabilidade, que aqueles que Vocês tornam inocentes na teoria sejam vergastados ou enforcados na prática: sem isso, aonde iriam para os seus discípulos? Precisamos examinar isso, disse-me ele, isso não deve ser negligenciado; vou propô-lo ao nosso Padre Provincial. Você podia, porém, deixar essa opinião para outra hora, sem interromper o que eu tinha para lhe dizer sobre as máximas que estabelecemos em favor dos fidalgos, e eu lhas ensinarei, se Você se me garantir que não me contará mais histórias.

Isso é tudo o que Você terá hoje; pois é preciso mais de uma carta para vos escrever tudo o que aprendi numa única conversa. Enquanto isso, sou, etc.

Sétima Carta[1]

ESCRITA A UM PROVINCIAL POR UM DE SEUS AMIGOS

Paris, 25 de abril de 1656.

Meu Senhor,

Depois de acalmar o bom Padre, cujo discurso eu havia atrapalhado um pouco pela história de Jean d'Alba, ele o retomou, com a garantia dada por mim de que não lhe pregar outras peças do mesmo tipo; e ele me falou das máximas dos seus casuístas acerca dos fidalgos, mais ou menos nestes termos:

Você sabe, disse-me ele, que a paixão dominante das pessoas desta condição é o pundonor, que as leva toda hora a violências que parecem muito contrárias à piedade cristã; assim, seria preciso excluí-los de quase todos os nossos confessionários, se os nossos Padres não tivessem afrouxado um pouco a severidade da religião, para se acomodarem à fraqueza dos homens. Mas como queriam permanecer

---
[1] CARTA REVISTA POR PIERRE NICOLE.

ligados ao Evangelho, por seu dever para com Deus, e às pessoas da alta Sociedade, pela caridade para com o próximo, precisaram de todas as suas luzes para descobrirem expedientes que moderassem as coisas com tanta precisão, que se pudesse conservar e reparar a própria honra pelos meios de que se servem normalmente no mundo, sem, porém, ferir a consciência; para conservar ao mesmo tempo duas coisas tão opostas, aparentemente, como a piedade e a honra.

Mas tais planos eram tão úteis como de difícil execução; pois creio que Você pode bem ver a grandeza e a dificuldade da coisa. Muito me admiro com ela, disse-lhe eu, com muita frieza. Admira-se? disse ele: acredito; ela faria admirar-se muitos outros mais. Ignora Você que, por um lado, a lei do Evangelho ordena *não retribuir o mal com o mal e entregar a vingança a Deus*, e que, por outro lado, as leis do mundo proíbem sofrer as injúrias sem tirar satisfação por elas e, muitas vezes, com a morte dos inimigos? Já viu duas coisas que lhe parecessem mais contrárias? E, no entanto, quando lhe digo que os nossos Padres conciliaram essas coisas, Você me diz simplesmente que isso o deixa admirado. Não me expliquei o suficiente, Padre. Consideraria a coisa impossível, se, depois do que vi de seus Padres, não soubesse que podem fazer com facilidade o que é impossível para os demais homens. É o que me leva a crer que eles conseguiram encontrar algum jeito, que admiro sem conhecer, e que lhe peço me descreva.

Já que toma a coisa por esse ângulo, disse-me ele, não posso recusá-lo. Saiba, portanto, que esse maravilhoso princípio é o nosso grande método de *dirigir a intenção*, cuja importância é tal em nossa moral, que quase ousaria compará-lo à doutrina da probabilidade. Você viu, de passagem, algumas de suas características, em certas máximas que lhe expus. Pois, quando lhe mostrei como os criados podem fazer de consciência limpa certos serviços duvidosos, não reparou que o fazíamos desviando sua intenção do mal de que são os intermediários, para guiá-la para o lucro que lhes cabe? Isso é *dirigir a intenção*. E Você também viu que aqueles que dão dinheiro em troca de benefícios seriam autênticos simoníacos sem tal desvio. Mas quero, agora, mostrar-lhe esse grande método em todo o seu esplendor, em relação ao homicídio, que ele justifica em mil circunstâncias, para que Você possa, assim, avaliar tudo o que ele é capaz de produzir. Já vejo, disse-lhe eu, que assim tudo será permitido, nada escapará. Você vai sempre de um extremo a outro, respondeu o Padre: precisa corrigir esse defeito. Pois, para lhe mostrar que nem tudo permitimos, saiba que, por exemplo, nunca toleramos que se tenha a intenção formal de pecar só por pecar; e se alguém teimar em ter como única meta no mal o próprio mal, rompemos com ele; isso é diabólico; isso sem exceção de idade, de sexo ou de qualidade. Quando, porém, não se está nessa infeliz disposição, tentamos, então, pôr em prática o nosso método de *dirigir a intenção*, que consiste em propor como fim das próprias ações um objeto permitido. Não que, na medida do possível, não afastemos os homens das coisas proibidas; mas, quando não podemos impedir a ação, purificamos, pelo menos, a intenção; e assim corrigimos o vício do meio pela pureza do fim.

Eis aí como os nossos Padres conseguiram permitir as violências praticadas em defesa da própria honra, pois basta desviar a intenção do desejo de vingança, que é criminoso, para levá-lo ao desejo de defender a própria honra, que, segundo os nossos Padres, é lícito. E, assim, cumprem todos os deveres para com Deus e os homens, pois contentam o mundo ao permitirem as ações; e satisfazem ao Evangelho, purificando as intenções. Eis aí o que os nossos antigos não conheciam, o que devemos aos nossos Padres. Entendeu agora? Perfeitamente, disse-lhe eu. Vocês concedem aos homens o efeito exterior e material da ação, e dão a Deus esse movimento interior e espiritual da intenção; e com essa divisão equitativa, aliam as leis humanas às divinas. Mas, Padre, para lhe dizer a verdade, desconfio um pouco das suas promessas; e duvido que os seus autores digam tanto quanto Você a este respeito. Está sendo injusto comigo, disse o Padre; nada afirmo que não prove, e com tantos textos, que seu número, autoridade e razões encherão Você de admiração.

Pois, para lhe mostrar a aliança que os nossos Padres estabeleceram entre as máximas do Evangelho e as do mundo, com essa direção de intenção, ouça o nosso Padre Reginaldus, *in Praxi*, livro XXI, n. 62, p. 260: É proibido aos particulares a vingança, *pois diz São Paulo aos Romanos,* 12: Não retribuais a ninguém o mal pelo mal; e o Ecl. 28: Quem quiser vingar-se atrairá sobre si mesmo a vingança de Deus, e seus pecados não serão esquecidos. Além de tudo o que é dito no Evangelho acerca do perdão das ofensas, como nos capítulos 6 e 18 de São Mateus. Sem dúvida, Padre, se depois disso ele disser algo diferente do que está na Escritura, não será por falta de conhecimento. Que conclui ele, enfim? Aqui vai, disse ele: *De todas essas coisas, fica claro que um militar pode, de imediato, perseguir aquele que o feriu; não, na verdade, com a intenção de retribuir o mal com o mal; mas com a de conservar a honra:* "Non ut malum pro malo reddat, sed ut conservet honorem".

Vê como eles se preocupam em proibir que se tenha a intenção de retribuir o mal com o mal, porque a Escritura o condena? Isso eles nunca toleraram. Vide Lessius,[2] *de Just.*, livro II, c. IX, d. 12, n. 79: *aquele que recebeu um tapa não pode ter a intenção de vingar-se disso; mas pode ter a de evitar a infâmia e, com isso, repelir de imediato essa injúria, e até mesmo com a espada:* "etiam cum gladio". Estamos tão longe de permitir que se tenha a intenção de se vingar dos inimigos, que os nossos Padres não querem nem mesmo que desejem a morte deles por uma reação de raiva. Vide o nosso Padre Escobar, tr. 5, ex. 5, n. 145: *Se o vosso inimigo estiver disposto a vos prejudicar, não deveis desejar-lhe a morte com uma reação de ódio, mas podeis fazê-lo para evitar ser prejudicado.* Pois isso é tão legítimo, com tal intenção, que diz o nosso grande Hurtado de Mendoza:[3] *podemos pedir a Deus que faça morrer logo os que se dispõem a nos perseguir, se não houver outro jeito de evitá-lo.* Está no livro *de Spe*, vol. II, di. 15, 3 seção 4, § 48.

Meu Reverendo Padre, disse-lhe eu, a Igreja se esqueceu de inserir essa intenção em suas orações. Não colocaram nelas, disse-me ele,

---

[2] Leonardus Lessius (1554-1623), teólogo jesuíta holandês.
[3] Pedro Hurtado de Mendoza (1578-1641), filósofo e teólogo jesuíta espanhol.

tudo o que se pode pedir a Deus. Além do mais, isso não era possível: pois tal opinião é mais nova que o Breviário: Você não é bom cronologista. Mas, sem mudar de assunto, ouça mais este trecho do nosso Padre Gaspar Hurtado, *de Sub. Pecc.* diff. 9, citado por Diana, p. 5, tr. 14, R. 99. É um dos vinte e quatro Padres de Escobar. *Um beneficiário pode, sem pecado mortal, desejar a morte daquele que recebe uma pensão em seu benefício; e um filho a de seu pai, e alegrar-se quando ela acontece, contanto que seja só pelo bem que recebe, e não por ódio pessoal.*[4]

Ah, Padre!, disse-lhe eu, eis um belo fruto da direção de intenção! Vejo que ela é bastante ampla. Há, porém, certos casos cuja solução ainda seria difícil, embora muito necessária aos fidalgos. Diga lá quais são, disse o Padre. Mostre-me, disse-lhe eu, com toda essa direção de intenção, que seja permitido duelar. O nosso grande Hurtado de Mendoza, disse o Padre, deixará Você imediatamente satisfeito, neste trecho citado por Diana, p. 5, tr. 14, R. 99. *Se um fidalgo desafiado a um duelo for reconhecidamente não devoto, e os pecados que o veem cometer a toda hora, sem escrúpulos, indicarem claramente que, se recusar o duelo, não será por temor a Deus, mas por medo; e assim se dirá dele que é uma galinha, não um homem (gallina et non vir); ele poderá, para conservar a honra, encontrar-se no lugar marcado, não com a intenção expressa de duelar, mas só com a de se defender, se aquele que o desafiou atacá-lo injustamente. E sua ação será completamente indiferente, por si só. Pois que mal há em ir a um campo, por ele passear enquanto espera alguém e se defender se vierem atacá-lo? Assim, ele não peca de modo algum, pois isso não equivale a aceitar um duelo, tendo a intenção dirigida para outras circunstâncias. Pois a aceitação do duelo consiste na intenção de combater, a qual falta aqui.*

Você não cumpriu a promessa, Padre. Isso não é propriamente permitir o duelo. Pelo contrário, julga que é tão proibido, que, para torná-lo lícito, evita dizer que é um duelo. Ah! Ah!, disse o Padre, Você começa a compreender! Maravilha! Eu poderia dizer, porém, que ele permite com isso tudo o que exigem os que duelam. Mas,

---

[4] DOUTRINA CONDENADA POR INOCÊNCIO XI (DENZINGER, P. 2113-15).

para responder-lhe justamente, o nosso Padre Layman fará isso por mim, permitindo os duelos com palavras claras, contanto que a intenção seja dirigida a aceitá-lo só para conservar a honra ou os bens. Está no l. III, p. 3, c. III, n. 2 e 3: *Se um soldado do exército ou um fidalgo da corte estiver a pique de perder a honra ou a fortuna se não aceitar um duelo, não vejo como condenar aquele que o aceita para se defender.* Diz Petrus Hurtado a mesma coisa, segundo o nosso célebre Escobar, no tr. I, ex. 7, n. 96 e n. 98; acrescenta estas palavras de Hurtado: *pode-se duelar para defender seus bens, se não houver outra maneira de conservá-los; pois todos têm o direito de defender seus bens, mesmo com a morte dos inimigos.* Admirei nessas passagens ver que a piedade do rei empenha o seu poder na proibição e na abolição do duelo em seus Estados, e a piedade dos jesuítas ocupa a sua sutileza em permiti-lo e autorizá-lo na Igreja. O bom Padre, porém, estava tão animado, que seria uma pena detê-lo; e prosseguiu ele assim: Por fim, diz ele, Sánchez (veja só quem eu lhe cito!) vai mais além; pois permite não só aceitar, mas também desafiar para o duelo, dirigindo bem a intenção. E o nosso Escobar o acompanha nisso, no mesmo lugar, n. 97. Padre, disse-lhe eu, se isso for verdade, eu me despeço; mas jamais acreditarei que ele tenha escrito isso, se não o vir. Leia, então, Você mesmo, disse-me ele; e, com efeito, li estas palavras na *Teologia Moral* de Sánchez, liv. II, c. XXXIX, n. 7. É muito razoável dizer que um homem pode duelar para salvar a própria vida, honra ou bens em quantidade considerável, quando estiver claro que lhe queiram tirar essas coisas por processos e trapaças e que ele só tem esse meio de conservá-las. *E diz muito bem Navarrus que em tal situação é permitido aceitar e oferecer o duelo:* LICET ACCEPTARE ET OFFERE DUELLUM. *E também que se pode matar à socapa o inimigo. E até, nessas circunstâncias, não se deve usar do duelo, se se puder matar à socapa o homem e com isso resolver o problema; pois, com isso, se evitará ao mesmo tempo expor a vida num combate e participar do pecado que o nosso inimigo cometeria com o duelo.*

Aí está, caro Padre, disse-lhe eu, uma piedosa cilada; mas, embora piedosa, continua sendo uma cilada, pois é permitido matar o inimigo à traição. Será que eu lhe disse, replicou o Padre, que se pode matar à traição? Deus me livre! Digo-lhe que se pode matar à socapa; e daí Você conclui que se pode matar à traição, como se fosse a mesma coisa. Aprenda com Escobar, tr. 6, ex. 4, n. 26, o que é matar à traição e depois conversamos. *Chama-se matar à traição quando se mata aquele que não desconfia disso de nenhuma maneira. E é por isso que não se diz que aquele que mata o inimigo o mate à traição, ainda que seja pelas costas ou numa emboscada: "licet per insidias, aut a tergo percutiat".* E, no mesmo Tratado, n. 56: Não se diz absolutamente que aquele que mata o inimigo com o qual se reconciliou, com a promessa de não atentar contra a sua vida, *o mate à traição, a menos que haja entre eles uma amizade muito estreita: "arctior amicitia".*

Fica claro, assim, que Você não sabe sequer o significado das palavras e, no entanto, fala como doutor. Confesso, disse-lhe eu, que para mim isso é novidade; e aprendo com essa definição que talvez nunca se tenha matado ninguém à traição, pois só se assassinam os inimigos. Mas, seja como for, pode-se então, segundo Sánchez, matar audaciosamente, não digo à traição, mas só pelas costas ou numa emboscada, um caluniador que nos persegue na justiça? Sim, disse o Padre, mas dirigindo bem a intenção; Você sempre se esquece do principal. E é o que também Molina sustenta, tomo IV, tr. 3, disp. 12. E até, segundo o nosso erudito Reginaldus, l. XXI, c.V, n. 57: *podem-se matar também as falsas testemunhas que ele apresenta contra nós.* E, por fim, segundo os grandes e célebres Padres Tannerus e Emmanuel Sa, podemos também matar tanto as falsas testemunhas como o juiz, se estiver mancomunado com elas. São estas as suas palavras, tr. 3, disp. 4, q. 8, n. 83: *Dizem Sotus e Lessius que não é permitido matar as falsas testemunhas e o juiz que conspiram para matar um inocente; Emmanuel Sa, porém, e outros autores têm razão em reprovar tal opinião, pelo menos no que diz respeito à consciência.* E confirma ainda, no mesmo lugar, que se pode matar tanto a testemunha como o juiz.

Padre, disse-lhe eu, compreendo agora muito bem o seu princípio da direção de intenção; mas gostaria de entender também as consequências disso, e todos os casos em que tal método dá o poder de matar. Retomemos, pois, os que Você me contou, para não haver equívoco, pois isso seria aqui algo perigoso. Deve-se matar convenientemente, e só com base numa boa opinião provável. Você, então, me garantiu que, se dirigirmos bem a intenção, podemos, segundo os seus Padres, para conservar a honra e até mesmo os bens, aceitar um duelo, oferecê-lo, às vezes, matar à socapa um falso acusador e, com ele, suas testemunhas, mais o juiz corrupto que os favoreça; e me disse também que quem tiver levado um tapa pode, sem se vingar, repará-lo às espadadas. Mas, Padre, Você não me disse com que medida. Não é possível enganar-se sobre isso, disse o Padre; pois se pode chegar a matá-lo. É o que prova muito bem Henriquez, l. XIV, c. X, n. 3 e outros Padres citados por Escobar, tr. 1, ex. 7, n. 48, com estas palavras: *pode-se matar aquele que desferiu um tapa, embora fuja, contanto que evitem fazê-lo por ódio ou vingança e com isso não se provoquem mortes demais, em prejuízo do Estado. E isso porque podemos correr atrás da honra, como de um bem roubado, pois ainda que a vossa honra não esteja entre as mãos do inimigo, como estariam as roupas que vos tivesse roubado, pode-se, porém, recuperá-la da mesma maneira, dando sinais de grandeza e de autoridade e, com isso, granjeando a estima dos homens. E, de fato, não é verdade que aquele que recebe um tapa é considerado desonrado até matar o inimigo?* Isso me pareceu tão horrível, que quase não consegui conter-me; mas, para saber o resto, deixei-o prosseguir assim: E até, disse ele, *se pode, para evitar o tapa, matar aquele que o queira desferir, se só assim for possível evitá-lo.* Isso é comum em nossos Padres. Por exemplo, Azor, *Inst. mor.*, part. 3, p. 105 (este também é um dos vinte e quatro Anciãos): *É permitido a um homem honrado matar aquele que lhe quer desferir um tapa ou uma paulada? Uns dizem que não; e a razão é que a vida do próximo é mais preciosa do que a nossa honra: ademais, há crueldade em matar um homem só para evitar um tapa. Mas outros dizem que é permitido; e, sem dúvida, o considero provável, quando não houver outro jeito de evitá-lo; pois, sem isso, a honra dos inocentes estaria continuamente exposta à malícia dos insolentes.* O nosso grande Filiutius, também, t. II, tr. 29, c. III, n. 50; e o Padre

Héreau, em seus escritos sobre o Homicídio; Hurtado de Mendoza, in. 2, disp. 170, seção 16, § 137; e Bécan, Som. t. I, q. 64, *de Homicid*., e os nossos Padres Flahaut e Le Court, em seus escritos que a Universidade, em seu terceiro requerimento, citou por completo, para desacreditá-los, mas em vão; e Escobar, no mesmo lugar, n. 48, dizem todos as mesmas coisas. Enfim, isso é tão geralmente defendido, que Lessius o decide como algo que não é contestado por nenhum casuísta, l. II, c. 9, n. 76. Pois cita grande número deles que partilham dessa opinião, e nenhum que seja contrário a ela; e menciona, até, n. 77, Pierre Navarre, que, falando das afrontas em geral, de que o tapa é a mais ostensiva, declara que, segundo a unanimidade dos casuístas, *ex sententia omnium licet contumeliosum occidere, si aliter ea injuria arceri nequit*. Quer mais?

Eu lhe agradeci, pois já tinha ouvido até demais. Mas para ver até onde iria tão condenável doutrina, disse-lhe: Mas, Padre, não será permitido matar por um pouco menos? Não seria possível dirigir a intenção de modo que se possa matar por um desmentido? Sim, disse o Padre, e, segundo o nosso Padre Baldelle, l. III, disp. 24, n. 24, citado por Escobar no mesmo lugar, n. 49: é permitido matar aquele que vos diz: *mentistes, se não puderdes reprimi-lo de outra maneira*. E se pode matar do mesmo modo por maledicências, segundo os nossos Padres. Pois Lessius, que o Padre Héreau, entre outros, segue ao pé da letra, diz, no lugar já citado: *Se procurais arruinar a minha reputação com calúnias diante de gente honrada e eu não possa evitá-lo senão matando-vos, posso fazê-lo? Sim, segundo alguns autores modernos, e mesmo que o crime que publicais seja verdadeiro, se, porém, for secreto, de modo que não possais revelá-lo segundo as vias da justiça. E eis aqui a prova. Se quiserdes tirar-me a honra dando-me um tapa, posso impedir-vos pela força das armas: portanto, a minha defesa é lícita quando quiserdes me afrontar: portanto se pode impedir a maledicência. Enfim, a honra é mais cara que a vida. Ora, pode-se matar para defender a própria vida: pode-se, portanto, matar para defender a honra.*[5]

---

[5] DOUTRINA CONDENADA POR INOCÊNCIO XI (DENZINGER, P. 2130).

São argumentos formais. Isso não é discorrer, é provar. E, por fim, o grande Lessius mostra, no mesmo lugar, n. 78, que se pode matar até por um simples gesto ou um sinal de desprezo. *Pode-se*, diz ele, *atacar e destruir a honra de vários modos, nas quais a defesa parece muito justa; como se quiserem dar uma paulada ou um tapa ou se quiserem fazer-nos uma afronta com palavras ou sinais; "sive per signa"*.

Ah, Padre!, disse-lhe eu, isso é tudo o que se pode desejar para proteger a honra; mas a vida fica exposta, se, por meras maledicências ou gestos desaforados pudermos matar as pessoas sem perder a boa consciência. Isso é verdade, disse-me ele; mas como os nossos Padres são muito circunspectos, julgaram conveniente proibir que se faça uso dessa doutrina nessas pequenas ocasiões. Pois dizem eles, pelo menos, *que raramente deve ser praticada: "practice vix probari potest"*. E não foi sem razão; ei-la. Sei muito bem, disse-lhe eu; é porque a lei de Deus proíbe matar. Não é bem assim que eles veem a coisa; eles a acham lícita, em consciência, e considerando-se só a verdade em si mesma. E por que a proíbem, então? Ouça, disse ele. É porque se despovoaria o Estado num piscar de olhos, se se matassem todos os maledicentes. Aprenda com o nosso Reginaldus, liv. XXI, n. 63, p. 260: *Ainda que essa opinião de que se possa matar por uma injúria não deixe de ter sua probabilidade, teoricamente, convém adotar a contrária na prática. Pois sempre se deve evitar o prejuízo do Estado na maneira de se defender. Ora, é claro que, matando-se as pessoas desse modo, haveria um número excessivo de mortos.* Lessius diz o mesmo no lugar já citado: *Convém tomar cuidado para que o uso dessa máxima não seja nocivo ao Estado; pois então não deve ser permitida; "tunc enim non est permittendus"*.

Como, Padre! Essa é só uma proibição política, e não de religião? Pouca gente a levará a sério, principalmente na hora da raiva. Pois poderia ser bastante provável que não se prejudique o Estado ao livrá-lo de um homem mau. Por isso, disse ele, o nosso Padre Filiutius soma a essa razão outra muito considerável, tr. 29, cap. III, n. 51. É que seríamos punidos pela justiça se matássemos as pessoas por esse motivo. Eu bem que lhe disse, Padre, que Vocês não farão nada que preste enquanto não tiverem os juízes do seu lado. Os juízes, disse o Padre, não penetram nas consciências, só julgam pelo exterior da ação, enquanto nós consideramos sobretudo a intenção. Por isso as nossas máximas são, às vezes, um pouco diferentes das deles. Seja como for, Padre, conclui-se muito bem das suas máximas que, evitando prejudicar o Estado, podemos matar os maledicentes com segura e boa consciência, contanto que nossa pessoa esteja em segurança.

Mas, Padre, depois de terem tão bem servido a honra, Vocês nada fizeram em favor dos bens? Sei que são menos consideráveis, mas não importa. Parece-me que podemos dirigir a nossa intenção para conservá-los. Sim, disse o Padre, e eu lhe sugeri algo que lhe pode ter servido de pista. Todos os nossos casuístas concordam com isso, e até o permitem, *ainda que não se tema mais nenhuma violência daqueles que nos tiram os nossos bens, como quando fogem.* Azor, de nossa Sociedade, prova-o à pg. 3, l. II, c. 1, q. 20.

Mas, Padre, quanto deve valer o bem para nos levar a esses extremos? É preciso, segundo Reginaldus, l. XXI, c.V, n. 66, e Tannerus, in 2, 2, disp. 4, q. 8, d. 4, n. 69, *que o bem seja de grande valor, segundo um homem prudente.* E Layman e Filiutius dizem o mesmo. Isso não quer dizer nada, Padre. Onde se vai buscar um homem prudente, tão raro de se encontrar, para fazer essa avaliação? Por que não determinam exatamente a quantia? Como!, disse o Padre. É tão fácil, para Você, comparar a vida de um homem e de um cristão ao dinheiro? É aqui que quero que Você perceba a necessidade dos nossos casuístas. Procure, em todos os Padres antigos, por quanto dinheiro é lícito matar um homem. Que lhe dirão, a não ser *Non occides, Não matarás.* E quem, então, ousou determinar essa soma? respondi. Foi, disse-me ele, o nosso grande e incomparável Molina, a glória de nossa Sociedade, que, pela prudência inimitável, avaliou-a em *seis ou sete ducados, pelos quais garante que é permitido matar, ainda que quem os leva fuja.* Está em seu t. IV, tr. 3, disp. 15, d. 6. E diz mais no mesmo lugar: *que não ousaria condenar por nenhum pecado um homem que mata aquele que lhe queira subtrair uma coisa com um valor de um escudo ou menos: "unius aurei, vel minoris adhuc valoris"*. O que levou Escobar a estabelecer a seguinte regra geral, n. 44, *que normalmente se pode matar um homem pelo valor de um escudo, segundo Molina.*

Ah! Padre! De onde recebeu Molina as luzes para determinar algo de tamanha importância, sem nenhum auxílio da Escritura, dos Concílios, nem dos Padres? Vejo que ele dispôs de luzes muito especiais, muito distantes de Santo Agostinho acerca do homicídio, como também sobre a graça. Acontece que tenho bons conhecimentos sobre este assunto; e sei perfeitamente que só os eclesiásticos se absterão de matar os que os prejudicarem quanto à honra e quanto aos bens. O que Você quer dizer? replicou o Padre. Seria razoável, segundo Você, que aqueles a que mais se deve respeitar no mundo fossem os únicos expostos à insolência dos maus? Nossos Padres previram esse problema, pois diz Tannerus, to. II, d. 4, q. 8, d. 4, n. 76: é permitido aos eclesiásticos e aos religiosos até matar*em para defenderem* não só sua vida, como também seus bens ou os de sua comunidade. Molina, citado por Escobar, n. 43; Bécan, in 2,2, t. II, q. 7, *de Hom.*, concl.2, n. 5; Reginaldus, l. XXI, c.V, n. 68; Layman, l. III, tr. 3, p. 3, C. III, n. 4; Lessius, liv. II, c. IX, d. 11, n. 72; e os demais se servem todos das mesmas palavras.

E até, segundo o nosso famoso Padre l'Amy,[6] é permitido aos sacerdotes e aos religiosos prevenirem quem os queira difamar com calúnias, matando-o para impedi-lo. Mas isso sempre dirigindo bem a intenção. Eis as suas palavras, t. V, disp. 36, n. 118: é permitido a um eclesiástico ou a um religioso matar um caluniador que ameace publicar crimes escandalosos de sua Comunidade ou dele mesmo, quando não houver outro recurso para impedi-lo, como se estiver pronto a difundir suas calúnias se não for morto rapidamente. Pois, neste caso, como seria permitido a esse religioso matar aquele que lhe quisesse tirar a vida, também lhe é permitido matar aquele que lhe queira tirar a honra ou a de sua Comunidade, do mesmo modo que a

---

[6] Francesco Amici (1578-1651), teólogo jesuíta calabrês.

gente do mundo. Não sabia disso, disse-lhe eu, e acreditava justamente o contrário, sem refletir, por ter ouvido falar que a Igreja abomina de tal modo o sangue, que não permite sequer aos juízes eclesiásticos assistirem aos julgamentos criminais. Não se detenha aí, disse ele; o nosso Padre l'Amy prova perfeitamente essa doutrina, ainda que, por um gesto de humildade que se coaduna perfeitamente com esse grande homem, ele a submeta aos leitores prudentes. E Caramouel,[7] nosso ilustre defensor, que a cita na *Teologia Fundamental*, p. 543, julga que ela seja tão certa, que afirma que o *contrário não é provável*; e tira daí conclusões admiráveis, como esta, por ele chamada de *a conclusão das conclusões, "conclusionum conclusio": um padre não só pode, em certas situações, matar um caluniador, mas ainda em algumas delas deve fazê-lo: "etiam aliquando debet occidere"*. Ele examina várias questões novas acerca desse princípio; por exemplo, esta: SABER SE OS JESUÍTAS PODEM MATAR OS JANSENISTAS? Eis aí, Padre, um ponto de teologia bem surpreendente! E considero os jansenistas já mortos pela doutrina do Padre L'Amy. Peguei Você, disse o Padre: Caramouel conclui o contrário a partir dos mesmos princípios. E como é isso, Padre? Porque, disse-me ele, eles não prejudicam a nossa reputação. Eis aqui as suas palavras, n. 1146 e 1147, p. 547 e 548: *Os jansenistas chamam os jesuítas de pelagianos; podemos matá-los por isso? Não, na medida em que os jansenistas obscurecem tanto o brilho da Sociedade quanto um mocho o do sol; ao contrário, eles a realçaram, embora contra a sua intenção: "occidi non possunt, quia nocere non potuerunt"*.[8]

Como assim, Padre! Então a vida dos jansenistas depende só de saber se eles prejudicam a reputação de Vocês? Se for assim, eles não gozam de muita segurança. Pois se passar a ser um pouco provável que eles prejudiquem Vocês, se tornarão matáveis sem problemas. Vocês articularão um argumento formal; e não é preciso mais do que

---

[7] JUAN CARAMUEL Y LOBKOWITZ (1606-1682), CISTERCIENSE ESPANHOL, AUTOR DE 262 OBRAS SOBRE OS MAIS VARIADOS ASSUNTOS, DA METAFÍSICA À ASTRONOMIA, DO DIREITO CANÔNICO À MATEMÁTICA E À POESIA.

[8] NÃO PODEM SER MORTOS, POIS NÃO CONSEGUIRAM PREJUDICAR. (N. T.)

isso, com uma direção de intenção, para despachar um homem com toda boa consciência. Ah! Como são felizes aqueles que não querem sofrer injúrias por serem instruídos nessa doutrina! Mas como são infelizes os que ofendem Vocês! Na verdade, Padre, seria o mesmo lidar com gente sem religião que com os que são instruídos nessa direção. Pois, enfim, a intenção do que fere não consola o ferido. Ele não se dá conta dessa direção secreta, e só sente a do golpe que lhe desferem. E nem sequer sei se não seria melhor ver-se assassinar brutalmente por gente fora de si do que se sentir apunhalado conscienciosamente por gente devota.

Para ser sincero, Padre, estou um pouco surpreso com tudo isso; e essas questões do Padre l'Amy e de Caramouel não me agradam nem um pouco. Por quê? tornou o Padre; Você é jansenista? Tenho outra razão, disse-lhe eu. É que escrevo de vez em quando a um de meus amigos do interior o que fico sabendo das máximas dos Padres jesuítas. E embora me limite a relatar simplesmente e citar fielmente as suas palavras, não sei, porém, se não poderia acontecer de topar com alguma mente esquisita que, imaginando que aquilo prejudique a Vocês, tire daí más conclusões. Vá, disse o Padre, não lhe acontecerá nenhum mal, eu lhe garanto. Saiba que o que os nossos mesmos Padres imprimiram, e com a aprovação de nossos superiores, não é nem mau, nem perigoso de se publicar.

Escrevo a Você, portanto, fiando-me da palavra do bom Padre; mas sempre me falta o papel, e não as citações. Pois outras há, e tão fortes, que seriam necessários muitos volumes para dizer tudo.

Sou, etc.

Oitava Carta[1]

Escrita a um Provincial
por um de seus amigos

Paris, 28 de maio de 1656.

Meu Senhor,

Não pense que ninguém tenha tido a curiosidade de saber quem somos; há, no entanto, gente que tenta adivinhar, mas se dá mal. Uns me tomam por um doutor da Sorbonne; outros atribuem as minhas cartas a quatro ou cinco pessoas que, como eu, não são nem sacerdotes, nem eclesiásticos. Todas essas falsas suspeitas me mostram que não fui tão malsucedido em meu plano de só ser conhecido de Você e do bom Padre que sempre suporta as minhas visitas e cujos discursos sempre suporto, embora com muita dificuldade. Mas sou obrigado a me conter, pois ele não daria a sequência a eles se se desse conta de que fico tão chocado; e, com isso, eu não poderia cumprir a promessa de instruir Você sobre a moral deles. Garanto-lhe que não deve subestimar

---
[1] Carta revista por Pierre Nicole.

a violência que faço a mim mesmo. É duro ver inverterem toda a moral cristã por desvios tão estranhos, sem ousar contradizê-los abertamente. Mas, depois de ter tanto suportado para sua satisfação, acho que por fim vou explodir para minha satisfação, quando ele não tiver mais nada que dizer. No entanto, vou conter-me o máximo possível; pois quanto mais me calo, mais coisas ele me diz. Ensinou-me tantas da última vez, que terei dificuldade em dizer tudo. Você verá princípios muito cômodos para não se restituir. Pois, seja como for que ele atenue as suas máximas, estas que lhe vou contar só vão, de fato, favorecer os juízes corruptos, os usurários, os falidos, os ladrões, as mulheres perdidas e os feiticeiros, todos eles amplamente dispensados de restituir o que ganharam, cada qual em seu ofício. Foi o que o bom Padre me contou com estas palavras.

Desde o começo das nossas conversas, disse-me ele, comprometi-me a lhe explicar as máximas dos nossos autores para todo tipo de condições. Você já conhece as que dizem respeito aos beneficiários de bens eclesiásticos, aos sacerdotes, aos religiosos, aos domésticos e aos fidalgos: examinemos agora as outras, começando pelos juízes.

Direi, para começar, uma das mais importantes e vantajosas máximas que os nossos Padres têm ensinado em favor deles. É de nosso erudito Castro Palao,[2] um de nossos vinte e quatro Anciãos. São estas as suas palavras: *Pode um juiz, numa questão de direito, julgar segundo uma opinião provável, deixando de lado a opinião mais provável? Sim, e até contra seu próprio juízo: "imo contra propriam opinionem"*. É também o que relata o nosso Padre Escobar no tr. 6, ex. 6, n. 45. Ah, Padre!, disse-lhe eu, que bom começo! Os juízes devem estar muito agradecidos a Vocês: e acho muito estranho que se oponham às suas probabilidades, como temos observado às vezes, já que Vocês lhe são tão favoráveis. Pois com isso lhes concedem o mesmo poder sobre a fortuna dos homens que Vocês conseguiram obter sobre as consciências. Veja, disse-me ele, que o que nos faz agir não é o nosso interesse; só tivemos em mente o repouso de suas consciências, e foi nisso que o nosso grande Molina

---

[2] Fernando Castro Palao (1581-1633), jesuíta espanhol.

trabalhou com tanto proveito, acerca dos presentes que lhes dão. Pois, para inibir os escrúpulos que poderiam ter de recebê-los em certas circunstâncias, ele teve o cuidado de estabelecer uma lista de todos os casos em que podem recebê-los em boa consciência, a menos que haja alguma lei particular que o proíba. Está em seu t. I, tr. 2, d. 88, n. 6. Aqui vai: *Os juízes podem receber presentes das partes, quando eles lhes são dados ou por amizade, ou por reconhecimento da justiça que renderam, ou para levá-los a rendê-la no futuro, ou para obrigá-los a ter uma atenção especial com seu caso, ou para levá-los a resolvê-lo rapidamente.* O nosso douto Escobar fala também a este respeito no tr. 6, ex. 6, n. 43, do seguinte modo: *Se houver várias pessoas que não tenham uns mais que os outros direito a ver seus casos resolvidos prontamente, pecará o juiz que receber algo de um, com a condição,* EX PACTO, *de julgá-lo em primeiro lugar? Não, por certo, segundo Layman: pois em nada prejudica os outros segundo o direito natural, quando concede a um, em consideração ao presente recebido, o que poderia conceder a quem quisesse: e até, estando igualmente comprometido com todos pela igualdade de seus direitos, ele se torna ainda mais comprometido com aquele que lhe faz esse dom que o leva a preferi-lo aos outros: e tal preferência parece poder ser estimulada pelo dinheiro: "Qua obligatio videtur pretio aestimabilis".*

Meu Reverendo Padre, disse-lhe eu, muito me surpreende essa permissão, que os primeiros magistrados do reino ainda não conhecem. Pois o Senhor Primeiro Presidente expediu uma ordem ao Parlamento para impedir que certos escrivães recebessem dinheiro por esse tipo de preferência: o que mostra que ele está muito longe de crer que isso seja permitido aos juízes; e todos elogiaram uma reforma tão útil para todas as partes. Surpreso com estas palavras, respondeu-me o bom Padre: É verdade isso? Não sabia de nada. A nossa opinião é apenas provável. O contrário também o é. Na verdade, Padre, disse-lhe eu, considera-se que o Senhor Primeiro Presidente agiu mais do que só provavelmente bem e que com isso deteve o curso de uma corrupção pública tolerada já por tempo demais. Concordo, disse o Padre; mas vamos em frente, deixemos os juízes de lado. Você tem razão, disse-lhe eu; ainda mais que não se mostram reconhecidos pelo que Vocês fazem por eles. Não é isso, disse o Padre; mas há tanta coisa que dizer sobre todos, que temos de ser breves quanto a cada um.

Falemos, agora, dos homens de negócios. Você sabe que a maior dificuldade que temos com eles é afastá-los da usura; foi a isso que os nossos Padres dedicaram uma atenção especial; pois detestam tanto esse vício, que, como diz Escobar no tr. 3, ex. 5, n. 1, *dizer que a usura não é pecado seria heresia*. E o nosso Padre Bauny, em sua *Suma dos Pecados*, capítulo XIV, preenche muitas páginas com as penas devidas aos usurários. Declara-os *infames durante a vida e indignos de sepultura depois da morte*. Ah, Padre! Não o julgava tão severo. Ele o é quando preciso, disse-me ele: mas também, tendo esse erudito casuísta reparado que só somos atraídos para a usura pelo desejo de lucro, diz ele no mesmo lugar: não prestaríamos um pequeno serviço ao mundo se, protegendo-o dos maus efeitos da usura e, ao mesmo tempo, do pecado que é a sua causa, lhe déssemos os meios de tirar tanto ou mais lucro de seu dinheiro, *com algum emprego bom e legítimo, do que tirariam com a usura*. Sem dúvida, Padre, não haveria mais usurários depois disso. E é por isso, disse o Padre, que ele articulou um *método geral para todo tipo de pessoa; fidalgos, presidentes, conselheiros, etc.*, tão fácil, que consiste apenas no uso de certas palavras que é preciso pronunciar ao emprestar o dinheiro; depois disso, podemos auferir o nosso lucro, sem temer que ele seja usurário, como sem dúvida o seria se assim não fosse. E quais são, então, essas misteriosas palavras, Padre? São as seguintes, disse-me ele, e com suas próprias palavras, pois Você sabe que ele escreveu seu livro da *Suma dos Pecados* em francês, *para ser compreendido por todos*, como diz no prefácio: *Aquele a quem pedimos dinheiro responderá assim: não tenho dinheiro para emprestar, mas tenho um pouco para aplicar de modo honesto e lícito. Se Você desejar a quantia que me pede para aumentá-la com seu esforço, dividindo os lucros e perdas entre nós, talvez eu me decida a tanto. É bem verdade que, sendo muito difícil entrar em acordo sobre o lucro, se Você quiser me garantir um lucro mínimo e o mesmo quanto ao principal, de modo que ele não corra riscos, entraremos logo em acordo e eu lhe darei de imediato o dinheiro. Não é esse um meio bem cômodo de ganhar dinheiro sem* pecar? E não tem razão o Padre Bauny de dizer estas palavras, com as quais conclui tal método: *Eis aí, a meu ver, o modo pelo qual muita gente no mundo, que, com a usura, extorsões e contratos ilícitos, provoca para si a justa indignação de Deus, pode salvar-se obtendo belos, honestos e lícitos lucros?*

Ah, Padre!, disse-lhe eu. Que poderosas palavras! Sem dúvida, têm alguma virtude oculta para expulsar a usura, que não entendo, pois sempre pensei que esse pecado consistisse em retirar mais dinheiro do que se emprestou. Você entende muito pouco do assunto, disse-me ele. A usura consiste quase exclusivamente, segundo os nossos Padres, na intenção de embolsar esse lucro como usurário. E é por isso que o nosso Padre Escobar evita a usura com um simples desvio da intenção. Está no tr. 3, ex. 5, n. 4, 33, 44. *Seria usura,* diz ele, *auferir lucro daqueles a quem se empresta, se o exigíssemos como devido por justiça: mas se o exigirmos como devido por reconhecimento, não é usura.* E n. 3: *Não é permitido ter a intenção de lucrar com o dinheiro emprestado imediatamente; mas pretendê-lo por intermédio da benevolência daquele a quem o emprestamos, mediâ benevolentiâ, não é usura.*[3]

São métodos sutis; mas um dos melhores, a meu ver, pois temos muitos entre os quais escolher, é o contrato Mohatra. Contrato Mohatra, Padre? Vejo, disse ele, que Você não sabe o que é. Só o nome é estranho. Escobar o explica no tr. 3, ex. 3, n. 36: *O contrato Mohatra é aquele pelo qual tecidos são comprados caro e a crédito, para revendê-los de imediato à mesmas pessoas por dinheiro vivo e barato.*[4] É isso o contrato Mohatra: com o qual Você vê que se recebe certa soma em dinheiro vivo, permanecendo comprometido a pagar mais. Mas, Padre, creio que só mesmo Escobar se tenha servido dessa palavra: há outros livros que falam disso? Como Você conhece poucas coisas!, disse-me o Padre. O último livro de Teologia Moral, impresso este ano mesmo em Paris, fala do Mohatra, e com erudição. Chama-se *Epilogus Summarum*. É um *compêndio de todas as sumas de teologia, extraído de nossos Padres Suarez, Sánchez, Lessius, Fagundez,*[5] *Hurtado e outros casuístas célebres,* como diz o

---

[3] DOUTRINAS CONDENADAS POR INOCÊNCIO XI (DENZINGER, P. 2142).
[4] O CONTRATO MOHATRA FOI CONDENADO POR INOCÊNCIO XI (DENZINGER, P. 2140).
[5] ESTEVÃO FAGUNDES (1577-1645), JESUÍTA PORTUGUÊS.

título. Lá encontramos, à p. 54: *O Mohatra é quando um homem com capital de vinte pistolas compra de um comerciante tecidos por trinta pistolas, pagáveis em um ano, e os revende no mesmo instante ao mesmo comerciante por vinte pistolas em dinheiro vivo.* Você vê com isso que o Mohatra não é uma palavra inaudita. Pois bem, Padre, é permitido esse contrato? Diz Escobar, respondeu o Padre, no mesmo lugar, *que há leis que o proíbem com penas rigorosíssimas.* É, então, inútil, Padre? De modo algum, disse ele: pois Escobar, nesse mesmo lugar, apresenta expedientes que o tornam lícito, *mesmo que,* diz ele, *aquele que vende e torna a comprar tenha como intenção principal o lucro; contanto apenas que, ao vender,* não exceda o mais alto preço dos tecidos daquele tipo e, ao recomprar, não fique abaixo do menor; e que não se acerte isso de antemão em termos expressos ou de outra maneira. Mas Lessius, *de Just.*, liv. II, c. XXI, d. 16, diz ainda que *ainda que se tenha vendido com a intenção de recomprar por um preço menor, nunca se é obrigado a restituir esse lucro, a não ser, talvez, por caridade, no caso de aquele de quem ele é exigido estar na miséria, e ainda contanto que seja possível devolvê-lo sem incômodo: "Si commode potest".* É isso tudo o que se pode dizer a respeito. Realmente, Padre, creio que indulgência maior seria perniciosa. Os nossos Padres, disse ele, sabem tão bem deter-se no devido lugar! Com isso Você pode ver a utilidade do Mohatra.

Eu teria ainda muitos outros métodos para lhe ensinar, mas esses já bastam, e tenho ainda de lhe falar sobre aqueles cujos negócios vão mal. Os nossos Padres pensaram em aliviá-los, segundo o estado em que se encontram; pois se não tiverem bens suficientes para subsistir honestamente e, ao mesmo tempo, para pagar suas dívidas, é-lhes permitido proteger parte deles dos credores, pedindo falência. É o que decidiu o nosso Padre Lessius, e Escobar confirmou no tr. 3, ex. 2, n. 163. *Aquele que pede falência pode, em boa consciência, conservar seus bens na medida do necessário para fazer a sua família subsistir com honra,* ne indecore vivat? *Afirmo que sim, com Lessius; e mesmo que ele os tenha adquirido por injustiças e crimes conhecidos por todos,* ex injustitia, et notorio delicto, *ainda que, nesse caso, não possa reter tantos bens como em outros casos.* Como, Padre! Por que estranha caridade pretende que esses bens permaneçam de preferência entre as mãos de quem os ganhou com roubalheiras, para fazê-lo subsistir com honra, em vez de voltarem aos credores, a quem pertencem legitimamente? Não se pode, disse o Padre, contentar a todos, e os nossos Padres tiveram em mente aliviar em especial esses miseráveis. E é também em favor dos indigentes que o nosso grande Vásquez, citado por Castro Palao, t. I, tr. 6, d. 6, p. 6, n. 12, diz que, *quando vemos um ladrão decidido e prestes a roubar uma pessoa pobre, podemos, para impedi-lo de fazer isso, indicar-lhe em particular alguma pessoa rica, para que ele a roube no lugar da outra.* Se Você não tiver nem Vásquez, nem Castro Palao, encontrará o mesmo no seu Escobar. Pois, como Você sabe, quase tudo o que ele disse foi tomado dos vinte e quatro entre os mais célebres de nossos Padres: está no tr. 5, cx. 5, n. 120: *A prática da nossa Sociedade quanto à caridade para com o próximo.*

Essa caridade é, de fato, extraordinária, Padre: salvar a perda de um pela ruína do outro. Mas creio fosse preciso fazê-la por inteiro, e que quem deu esse conselho fosse em seguida obrigado, em consciência, a devolver a esse rico o bem que ele o teria feito perder. Nada disso, disse-me ele, pois não foi ele mesmo que o roubou, mas só aconselhou o roubo a outro. Ora, ouça esta sábia resolução do nosso Padre Bauny acerca de um caso que talvez o deixe ainda mais admirado e no qual há de crer que seríamos muito mais obrigados a restituir. Está no cap. XIII da sua Suma. Aqui vão suas palavras mesmas em francês: *Alguém pede a um soldado que surre o vizinho ou queime o celeiro de um homem que o ofendeu. Pergunta-se se, na ausência do soldado, o outro que lhe pediu para fazer todos esses ultrajes deve reparar com seus bens o mal que isso tiver provocado. Minha opinião é que não. Pois ninguém é obrigado a restituir se não tiver violado a justiça. É violada a justiça quando se pede a alguém um favor? Seja qual for o pedido, ele permanece sempre livre de aceitá-lo ou negá-lo. Seja qual for o lado para que se incline, é a própria vontade que o guia; nada o obriga a isso senão a bondade, a doçura e a docilidade de seu espírito. Se, portanto, esse soldado não reparar o mal que tiver feito, não se deve obrigar a isso aquele a pedido do qual ele tiver ofendido o inocente.* Este trecho quase interrompeu a nossa conversa: pois quase estourei de rir da *bondade* e da *doçura* de um incendiário de celeiros e desses raciocínios esquisitos que isentam da restituição o primeiro e verdadeiro autor de um incêndio, que os juízes não livrariam da morte: mas se eu não me tivesse contido, o bom Padre se teria ofendido, pois falava sério, e me disse em seguida com o mesmo ar:

Você deveria reconhecer, com tantas provas, como são vãs as suas objeções; no entanto, Você nos faz sair do nosso assunto. Voltemos, então, às pessoas em situação difícil, para alívio das quais os nossos Padres, como, entre outros, Lessius, L. II, cap. XII, n. 12, garantem *que é permitido roubar não só em caso de extrema necessidade, mas também numa necessidade grave, embora não extrema.*[6] Escobar também o cita no tr. I, ex. p, n. 29. Isso é surpreendente, Padre! Pouca gente há no mundo que não ache grave a sua própria necessidade e às quais nem por isso Vocês dão o poder de roubar com a consciência tranquila. E se Vocês limitarem a permissão apenas às pessoas que estão efetivamente nesse estado, isso abre a porta a uma infinidade de furtos que os juízes puniriam, não obstante essa necessidade grave, e que Vocês deveriam reprimir com bem mais forte razão, pois devem manter entre os homens não só a justiça, mas também a caridade, que é destruída por esse princípio. Pois, afinal, não é violentá-la e prejudicar o próximo fazê-lo perder os seus bens para proveito próprio? Foi o que me ensinaram até hoje. Isso nem sempre é verdade, disse o Padre; pois o nosso grande Molina nos ensinou, tomo II, tr. 2, disp. 328, n. 8: *que a ordem da caridade não exige que nos privemos de um lucro para salvar com isso o nosso próximo de uma perda semelhante.* É o que ele diz para mostrar o que tratara de provar naquele lugar: *que não somos obrigados, em consciência, a devolver os bens que outrem nos tenha dado para frustrar os seus credores.* E Lessius, que defende a mesma opinião, a confirma com esse mesmo princípio, no l. II, c. XX, d. 19, n. 168.

Você não tem bastante compaixão pelos que estão em situação difícil; os nossos Padres tiveram mais caridade. Fazem justiça tanto aos pobres como aos ricos. Digo mais: fazem justiça até mesmo aos pecadores. Pois ainda que se oponham energicamente aos que cometem

---
[6] TESE CONDENADA PELO PAPA INOCÊNCIO XI (DENZINGER, P. 2136).

crimes, não deixam de ensinar que os bens ganhos por meio do crime podem ser legitimamente conservados. É o que ensina Lessius em geral, l. II, c. XIV, d. 8: *ninguém é*, diz ele, *obrigado, nem pela lei natural, nem pelas positivas,* isto é, por nenhuma lei, *a devolver o que recebeu por ter cometido ação criminosa, como por adultério, ainda que tal ação seja contrária à justiça.* Pois, como diz ainda Escobar citando Lessius, tr. I, ex. 8, n. 59: *os bens que a mulher adquire pelo adultério são verdadeiramente ganhos de modo ilegítimo; no entanto, a posse deles é legítima: "Quamvis mulier illicite acquirat, licite tamen retinet acquisita."* Eis porque os nossos mais célebres Padres decidem formalmente que pode ser conservado o que um juiz receber de uma das partes que não tenha o direito do seu lado, para dar a favor dela uma sentença injusta, e o que um soldado recebe por ter matado um homem, e o que se ganha com crimes infames. É o que Escobar recolhe dos nossos autores e reúne no tr. 3, ex. I, n. 23, onde formula esta regra geral: *os bens adquiridos por meios vergonhosos, como por assassínio, sentença injusta, ato desonesto, etc. são possuídos legitimamente e ninguém é obrigado a restituí-los.* E também no tr. 5, ex. 5, n. 53: *Podemos dispor do que recebemos por homicídios, sentenças injustas, pecados infames, etc., porque a posse é justa e adquirimos o domínio e a propriedade das coisas que assim ganhamos.* Ah, Padre!, disse-lhe eu, nunca tinha ouvido falar desse meio de adquirir; e duvido que a justiça o autorize e tome como um título justo o assassínio, a injustiça e o adultério. Não sei, disse o Padre, o que dizem os livros de direito sobre isso; mas sei muito bem que os nossos, que são as verdadeiras regras das consciências, falam como eu a este respeito. É verdade que eles excetuam um caso, em que obrigam à restituição. É *quando se recebe dinheiro daqueles que não têm o poder de dispor de seus bens, como os filhos de família e os religiosos.* Pois o nosso grande Molina os excetua no t. I, *de Just.*, tr. 2, disp. 94. *Nisi mulier accepisset ab eo qui alienare non potest, ut a religioso et filio familias.*[7] Pois então é preciso devolver o dinheiro deles. Cita Escobar esse trecho no tr. I, ex. 8, n. 59, e confirma a mesma coisa no tr. 3, ex. 1, n. 23.

---

[7] A NÃO SER QUE A MULHER RECEBA DE QUEM NÃO PODE CEDER, COMO DE UM RELIGIOSO E DE UM FILHO DE FAMÍLIA. (N.T.)

Meu Reverendo Padre, disse-lhe eu, vejo que nisso os religiosos são mais bem tratados que os outros. Nada disso, disse o Padre; não fazemos o mesmo em favor de todos os menores em geral, entre os quais os religiosos passam toda a vida? É justo excetuá-los. Mas em relação a todos os demais, não somos obrigados a lhes devolver o que recebemos deles por uma ação má. E Lessius o prova amplamente no l. II *de Just.*, c. XIV, d. 8, n. 52. *Pois,* diz ele, *uma ação má pode ser avaliada em dinheiro, considerando-se a vantagem que dela recebe aquele que a manda perpetrar e o trabalho daquele que a executa: e é por isso que não se é obrigado a restituir o que se recebe para cometê-la, seja qual for a sua natureza, homicídio, sentença injusta e ação imunda* (pois são estes os exemplos de que ele se serve em toda esta matéria), *a não ser que seja recebido dos que não têm o poder de dispor de seus bens. Direis, talvez, que aquele que recebe dinheiro para um ato mau peca e, assim, não pode tomá-lo nem guardá-lo. Respondo, porém, que, executada a ação, não há mais nenhum pecado em pagar, nem em receber o pagamento.* O nosso grande Filiutius vai mais adiante no pormenor da prática. Pois assinala *que somos obrigados, em consciência, a pagar diferentemente as ações desse tipo, segundo as diferentes condições das pessoas que as cometem, valendo umas mais que as outras.* É o que ele estabelece com sólidas razões no tr. 31, c. IX, n. 231: *Occulte fornicarie debetur pretium in conscientia, et multo majore ratione, quam publicae. Copia enim quam occulta facit mulier sui corporis, multo plus valet quamea quam publica facit meretrix; nec ulla est lex positiva quae reddat eam incapacem pretii. Idem dicendum de pretio promisso virgini, conjugatae, Moniali, et cuicunque alii. Est enim omnium eadem ratio.*[8]

Em seguida, ele me mostrou em seus autores coisas tão infames do mesmo gênero, que eu não ousaria citar e das quais ele mesmo teria horror (pois é bom homem), se não fosse o respeito que tem pelos Padres, que o faz aceitar com veneração tudo o que lhe vem

---

[8] À FORNICADORA OCULTA, DEVE-SE UM PREÇO EM CONSCIÊNCIA MUITO MAIOR DO QUE À PÚBLICA. POIS A ENTREGA OCULTA QUE A MULHER FAZ DE SEU CORPO VALE MUITO MAIS QUE A QUE FAZ PUBLICAMENTE A PROSTITUTA; E NÃO HÁ NENHUMA LEI POSITIVA QUE A TORNE INCAPAZ DE PREÇO. O MESMO SE DEVE DIZER DO PREÇO PROMETIDO ÀS VIRGENS, ÀS CASADAS, ÀS MONJAS E QUALQUER OUTRA. POIS TODAS TÊM A MESMA RAZÃO. (N.T.)

da parte deles. Eu me calava, no entanto, menos com o objetivo de incentivá-lo a prosseguir na matéria, do que pela surpresa de ver livros de religiosos repletos de decisões tão horríveis, tão injustas e tão extravagantes ao mesmo tempo. Prosseguiu ele, pois, em liberdade o seu discurso, cuja conclusão foi a seguinte. É por isso, disse ele, que o nosso ilustre Molina (creio que depois disso Você ficará contente) assim decide esta questão: *Quando recebemos dinheiro para fazer uma ação má, somos obrigados a devolvê-lo? Convém distinguir*, disse aquele grande homem, *se não tivermos cometido a ação que nos foi paga, temos de devolver o dinheiro; mas se a tivermos cometido, não somos obrigados a devolvê-lo:* "*Si non fecit hoc malum, tenetur restituere; secus, si fecit.*" É o que cita Escobar no tr. 3, ex. 2, n. 138.

Eis alguns dos nossos princípios acerca da restituição. Você os aprendeu bem hoje; quero ver, agora, como vai tirar proveito deles. Responda, então. *Um juiz que recebeu dinheiro de uma das partes para dar uma sentença favorável é obrigado a devolvê-lo?* Você acaba de me dizer que não, Padre. Bem que eu desconfiava, disse ele; eu lhe disse isso em geral? Disse-lhe que ele não é obrigado a devolver se fez ganhar o processo aquele que não tinha o direito de seu lado. Mas quando se tem o direito, Você quer ainda que se ganhe o ganho da causa, que lhe é devido legitimamente? Você não tem razão. Não entende que o juiz deve a justiça e, assim, não pode vendê-la; mas não deve a injustiça, e assim pode receber dinheiro por ela? Por isso todos os nossos principais autores, como Molina, disp. 94 e 99; Reginaldus, l. X, n. 184, 185 e 187; Filiutius, tr. 31, n. 220 e 228; Escobar, tr. 3, ex. 1, n. 21 e 23; Lessius, lib. II, c. XIV, d. 8, n. 52, ensinam unanimemente: *que um juiz é obrigado a devolver o que recebeu para fazer justiça, a não ser que lho tenham dado por generosidade: mas jamais é obrigado a devolver o que recebeu de um homem em favor do qual deu uma sentença injusta.*

Fiquei pasmo com tão estapafúrdia decisão; e enquanto examinava suas perniciosas consequências, o Padre já me preparava outra pergunta: Responda, então, mais uma vez, com mais circunspeção. A pergunta agora é: É obrigado um *homem que se envolve em adivinhações a devolver o dinheiro ganho nessa atividade?* O que Você quiser, Reverendo Padre, disse-lhe eu. Como assim, o que eu quiser! Realmente, Você é admirável! Até parece, pelo modo como Você fala, que a verdade depende da nossa vontade. Bem vejo que Você jamais a encontrará por si mesmo. Observe, então, como Sánchez resolve essa dificuldade; mas, é claro, ele é Sánchez! Primeiro, distingue em sua Suma l. II, c. XXXVIII, n. 94, 95 e 96: *se esse adivinho se serviu da astrologia e dos outros meios naturais ou se usou da arte diabólica. Pois diz que ele é obrigado a devolver num caso e não no outro.* Sabe qual deles? Não é difícil, disse-lhe eu. Bem vejo, replicou ele, o que Você quer dizer. Acha que ele deve restituir no caso de ter-se servido da mediação dos demônios? Mas Você não entende nada disso; é o contrário! Eis aqui a solução de Sánchez, no mesmo lugar: *Se esse adivinho não se tiver dado o trabalho de saber, por meio do diabo, o que não se poderia saber de outra maneira,* si nullam operam apposuit ut arte diaboli id sciret, *ele é obrigado a restituir; mas se se deu esse trabalho, não é obrigado a devolver.* E por que isso, Padre? Você não entendeu? disse ele. É porque se pode realmente adivinhar pela arte do diabo, ao passo que a astrologia é um recurso falso. Mas, Padre, se o diabo não responder a verdade, pois ele não é mais verídico que a astrologia, será preciso, então, que o adivinho restitua pela mesma razão? Nem sempre, disse-me ele. *Distinguo,* diz Sánchez a este respeito. *Pois se o adivinho for ignorante na arte diabólica,* si sit artis diabolicae ignarus, *é obrigado a restituir; mas se for um bruxo competente e fez o que lhe cabia para saber a verdade, não é obrigado; pois então o empenho de tal bruxo pode ser avaliado em dinheiro: "diligentia a mago apposita est pretio aestimabilis".* Isso tem bom senso, Padre, disse-lhe eu; pois eis aí um meio de incentivar os bruxos a se tornarem eruditos e competentes em sua arte, com a esperança de ganhar dinheiro legitimamente, seguindo as máximas dos Padres e servindo fielmente ao público. Acho que Você está caçoando, disse o Padre; isso não fica bem, pois se Você falar assim em lugares em que não seja conhecido, pode haver gente que leve a mal as suas palavras e o acusem de zombar das coisas da religião. Eu me defenderia facilmente de tal acusação, Padre; pois creio que se se derem o trabalho de examinar o verdadeiro sentido das minhas palavras, não encontrarão nenhuma que não mostre exatamente o contrário, e, talvez, um dia apareça em nossas conversas uma oportunidade de mostrar-lhe isso com clareza. Ah! Ah!, disse o Padre, Você parou de rir. Confesso, disse-lhe eu, que essa suspeita de que eu quisesse caçoar das coisas santas me seria muito dolorosa, além de muito injusta. Não falei para valer, replicou o Padre; mas vamos falar sério. Estou muito disposto a isso, se quiser, Padre; depende de Você. Mas confesso que fiquei surpreso de ver que os Padres estenderam de tal maneira seus bons serviços a toda espécie de condição, e chegaram a querer regular até mesmo o ganho legítimo dos bruxos. Nunca se pode escrever para gente demais, disse o Padre, nem particularizar demais os casos, nem repetir demasiadas vezes as mesmas coisas em diferentes livros. Você verá isso neste trecho de um dos nossos mais graves Padres, e poderá julgá-lo, já que ele é hoje o nosso Padre Provincial: é o Reverendo Padre Cellot, em seu l. VIII *Da Hierarquia*, c. XVI, § 2. *Sabemos*, disse ele, *que uma pessoa que carregava grande soma de dinheiro para restituí-la por ordem do confessor, tendo-se detido no caminho numa livraria e perguntado se não havia nenhuma novidade*, num quid novi?, *o livreiro lhe mostrou um novo livro de Teologia Moral, e ele, folheando-o despreocupadamente e sem pensar em nada, topou com o seu caso e ficou sabendo que não estava obrigado a restituir: assim, tendo-se livrado do fardo dos escrúpulos, mas ainda com o peso do seu dinheiro, voltou muito mais leve para casa: "abjecta scrupuli sarcina, retento auri pondere, levior domum repetiit"*.

Pois bem, diga-me, depois disso, se é útil conhecer as nossas máximas. Vai rir delas agora? Ou não vai fazer, com o Padre Cellot, esta piedosa reflexão acerca da felicidade desse encontro? *Os encontros desse tipo são, em Deus, o efeito da sua Providência; no anjo da guarda, o efeito de sua guia; e, naqueles a quem acontecem, o efeito de sua predestinação. Quis Deus, desde toda eternidade, que a cadeia de ouro da salvação deles dependesse de tal autor, e não de cem outros que dizem a mesma coisa, porque não aconteceu de se encontrarem. Se aquele não o tivesse escrito, este não seria salvo. Conjuremos, pois, pelas entranhas de Jesus Cristo, aqueles que repudiam a multidão dos nossos autores, que não lhes invejem os livros que a eleição eterna de Deus e o sangue de Jesus Cristo adquiriram para eles.* Belas palavras, com as quais esse homem erudito prova tão solidamente esta Proposição que havia aventado: *Como é útil haver grande número de autores que escrevem sobre teologia moral!* "*Quam utile sit de theologia morali multos scribere!*"

Padre, disse-lhe eu, deixarei para outra ocasião a minha opinião sobre esse texto, e lhe direi agora apenas que, uma vez que as suas máximas são tão úteis e é tão importante publicá-las, Você deve continuar a me instruir sobre elas. Pois lhe garanto que aquele a quem as envio as mostra a muita gente. Não que tenhamos a intenção de nos servir delas, mas, de fato, achamos que será útil para o mundo estar bem informado sobre elas. Por isso, disse-me ele, Você bem vê que não as escondo; e, para prosseguirmos, eu poderia falar-lhe, primeiro, das doçuras e das comodidades da vida que os nossos Padres permitem, para tornar fáceis a salvação e a devoção; para que, depois de ter aprendido até agora o que diz respeito às condições particulares, saiba Você agora o que é geral para todas elas e, assim, nada lhe falte para uma perfeita instrução. Depois de ter-me dirigido estas palavras, o Padre despediu-se.

Sou, etc.

Esqueci-me de lhe dizer que há Escobares de diversas edições. Se comprar um deles, prefira os de Lyon, nos quais há no princípio a imagem de um cordeiro sobre um livro lacrado com sete selos, ou as de Bruxelas, de 1651. Como estas são as últimas, são melhores e mais amplas que as das edições anteriores de Lyon, de 1644 e 1646.

Depois disso, imprimiram uma nova edição em Paris, por Piget, mais exata que todas as demais. Mas ainda podemos aprender bem melhor as opiniões de Escobar na grande Teologia Moral, de que já há dois volumes in fólios impressos em Lyon. Merecem ser vistos, para se conhecer a horrível inversão da moral da Igreja cometida pelos jesuítas.

Nona Carta[1]

Escrita a um Provincial por um de seus amigos

Paris, 3 de julho de 1656.

Meu Senhor,

Não o saudarei melhor do que o bom Padre a última vez que o vi. Assim que me viu, veio até mim e me disse, com os olhos cravados num livro que trazia nas mãos: *Quem vos abrisse o paraíso não vos prestaria um grande serviço? Não daríeis milhões em ouro para ter uma chave que vos permitisse nele entrar quando bem quisésseis? Não é preciso gastar tanto; eis aqui uma chave, ou até cem, bem mais baratas.* Não sabia se o bom Padre estava lendo ou falando por si mesmo. Mas logo me esclareceu a dúvida, dizendo: estas são as primeiras palavras de um belo livro do Padre Barry, da nossa Sociedade, pois nunca digo nada de minha própria cabeça. Qual livro, Padre? digo eu. O título é: *O Paraíso aberto a Philagie, por cem devoções à Mãe de Deus, fáceis de praticar.* Como, Padre!

---
[1] O plano desta carta foi fornecido a Pascal por Pierre Nicole.

Cada uma dessas devoções fáceis basta para abrir o céu? Sim, disse ele. Veja-o ainda na continuação das palavras que ouviu: *Todas as devoções à Mãe de Deus que encontrardes neste livro são cada qual uma chave do céu que vos abrirá o paraíso inteiro, contanto que a pratiqueis*: por isso diz ele, na conclusão, *que ficará contente se se praticar uma só delas.*

Ensine-me, então, alguma das mais fáceis, Padre. Todas elas o são, respondeu ele: por exemplo, *saudar a Santa Virgem ao dar com uma de suas imagens; dizer o pequeno terço dos dez prazeres da Virgem; pronunciar com frequência o nome de Maria; recomendar aos Anjos que lhe façam reverência de nossa parte; desejar construir-lhe mais igrejas do que todos os monarcas juntos; dar-lhe bom dia todas as manhãs e, ao anoitecer, boa noite; dizer todos os dias a* Ave Maria, *em honra do coração de Maria*. E diz que essa devoção garante, ademais, obter o coração da Virgem. Mas, Padre, disse-lhe eu, não é com a condição de também lhe darmos o nosso coração? Isso não será necessário, disse ele, quando houver muito apegado ao mundo. Ouça o que ele diz: *Coração por coração, seria o mais certo; mas o vosso está um pouco apegado e afeiçoado demais às criaturas: o que faz que não vos ouse convidar a oferecer hoje esse pequeno escravo que chamais vosso coração*. Assim, ele se contenta com a *Ave Maria* que havia solicitado. São as devoções das p. 33, 59, 145, 156, 172, 258 e 420 da primeira edição. Isso é muito cômodo, disse-lhe eu, e creio que não haverá mais ninguém condenado ao inferno depois disso. Infelizmente, disse o Padre, vejo que Você não sabe até onde vai a dureza do coração de certas pessoas! Algumas há que jamais se comprometeriam a dizer todos os dias estas palavrinhas, *bom dia, boa noite*, porque isso não pode ser feito sem algum esforço da memória. E, por isso, foi preciso que o Padre Barry lhes oferecesse práticas ainda mais fáceis, *como ter de dia e de noite o terço no braço em forma de pulseira ou trazer consigo um rosário ou uma imagem da Virgem*. São as devoções das p. 14, 326 e 447. *E depois não vão dizer que eu não lhes ofereci devoções fáceis para conquistar as boas graças de Maria*, como diz o Padre Barry, p. 106. Eis aí, Padre, disse-lhe eu, a facilidade extrema. Mas isso, disse ele, é tudo o que se pôde fazer. E creio que será o bastante. Pois seria preciso ser muito miserável para não querer perder um minuto em toda a vida para passar um terço ao redor do pulso ou um rosário no bolso e com isso garantir a própria salvação com tanta certeza, que aqueles que o experimentaram jamais foram iludidos, seja qual for o modo como viveram, embora aconselhemos a não deixarem de levar uma boa vida. Mostrarei a Você apenas o exemplo da p. 34, de uma mulher que, praticando todos os dias a devoção de saudar as imagens da Virgem, viveu a vida inteira em pecado mortal e morreu, por fim, nesse estado, mas não deixou de ser salva por mérito dessa devoção. E como foi isso!, exclamei. É, disse ele, que Nosso Senhor a fez ressuscitar exatamente para isso. Tal a certeza de que não podemos perecer quando praticamos alguma dessas devoções.

Na verdade, caro Padre, sei que as devoções à Virgem são um potente meio de salvação e que as menores delas são de grande mérito, quando partem de um sentimento de fé e de caridade, como nos santos que as praticaram. Mas fazer aqueles que se servem delas, sem mudar sua má vida, crerem que se converterão na hora da morte ou que Deus os ressuscitará é algo que julgo bem mais adequado para conservar os pecadores em suas desordens, pela falsa paz que tal confiança temerária provoca, do que para tirá-los dessa vida, com uma verdadeira conversão, que só a graça pode produzir. *Que importa*, disse o Padre, *por onde entremos no paraíso, desde que entremos?* como diz sobre um assunto parecido o nosso famoso Padre Binet,[2] que foi nosso Provincial, em seu excelente livro *Da marca de predestinação*, n. 31, p. 130 da décima quinta edição. *Quer aos pulos, quer voando, que importa, desde que tomemos a cidade gloriosa?* como diz ainda esse Padre no mesmo lugar. Confesso, disse-lhe eu, que isso não importa; mas a questão é saber se entraremos. Garante-o a Virgem, disse ele: veja as últimas linhas do livro do Padre Barry: *se acontecer de, no momento da morte, o inimigo ter alguma pretensão sobre vós e houver agitação na pequena república de vossos pensamentos, basta-vos dizer que Maria responde por vós e que é a ela que devem dirigir-se.*

---
[2] Étienne Binet (1569-1639), jesuíta francês.

Mas, Padre, quem quiser levar isso mais a fundo o refutará. Pois, afinal, que garante que a Virgem responde por ele? O Padre Barry, disse ele, responde por ela, p. 465: *Quanto ao proveito e à felicidade que recebereis, respondo eu por isso, e me apresento como fiador da boa Mãe.* Mas, Padre, quem responderá pelo Padre Barry? Como!, disse o Padre; ele é da nossa Companhia. E Você ainda não sabe que a nossa Sociedade responde por todos os livros dos nossos Padres? Devo ensinar-lhe isso, é bom que Você o saiba. Há uma ordem em nossa Sociedade, pelo qual é proibido a qualquer livreiro imprimir qualquer obra dos nossos Padres sem a aprovação dos teólogos da nossa Companhia e sem a permissão dos nossos superiores. É um regulamento criado por Henrique III, no dia 10 de maio de 1583, e confirmado por Henrique IV, em 20 de dezembro de 1603, e por Luís XIII, em 14 de fevereiro de 1612. Assim, toda a nossa Sociedade é responsável pelos livros de cada um dos nossos Padres. Isso é uma particularidade da nossa Companhia. E é por isso que não é publicada nenhuma obra que não tenha o espírito da Sociedade. Eis o que convinha ensinar a Você. Padre, disse-lhe eu, foi um prazer; só estou aborrecido por não tê-lo sabido antes, pois tal conhecimento obriga a prestar uma atenção muito maior em seus autores. Eu o teria feito, disse ele, se tivesse aparecido ocasião; mas doravante aproveite esse conhecimento, e prossigamos com o nosso assunto.

Creio ter-lhe revelado muitos meios bastante cômodos e seguros de garantir a salvação, mas os nossos Padres gostariam que não permanecêssemos nesse primeiro degrau, onde só fazemos o que seja estritamente necessário para a salvação. Como aspiram sempre à maior glória de Deus, gostariam de elevar os homens a uma vida mais piedosa. E porque as pessoas do mundo costumam ser desviadas da devoção pela estranha ideia que lhes foi passada sobre ela, julgamos que seja de extrema importância destruir esse primeiro obstáculo; e é nisso que o Padre Le Moine conquistou grande reputação, com o livro da *Devoção fácil*, que fez expressamente para isso. Ali, pinta ele um retrato mais do que encantador da devoção. Jamais ninguém a conheceu como ele.

É possível constatá-lo pelas primeiras palavras do livro: *Não se mostrou a virtude ainda a ninguém; ninguém pintou um retrato que se pareça com ela. Nada há de estranho em ter havido tão pouca pressa em escalar o seu penedo. Retrataram-na com uma ranzinza que só ama a solidão; associaram-lhe a dor e o trabalho; e, enfim, fizeram-na inimiga da diversão e dos jogos, que são a flor da alegria e o tempero da vida.* É o que ele diz à p. 92.

Mas, Padre, sei muito bem, pelo menos, que há grandes santos cuja vida foi extremamente austera. É verdade, disse ele; mas também *sempre se viram santos polidos e devotos civilizados,* segundo esse Padre, p. 191; e *Você verá,* p. 86, *que a diferença de seus costumes vem dos humores.* Ouça-o. *Não nego que não se vejam devotos pálidos e melancólicos de compleição, que amam o silêncio e o retiro e que têm só fleuma nas veias e terra sobre o rosto. Mas há muitos outros de compleição mais feliz, com abundância desse humor doce e quente e desse sangue benigno e purificado que produz a alegria.*

Como pode ver, o amor do retiro e do silêncio não é comum a todos os devotos; e, como lhe ia dizendo, é mais efeito da compleição do que da piedade. Ao passo que esses costumes austeros de que Você fala são propriamente a característica de um selvagem e de um bruto. Por isso, Você os verá situados entre os costumes ridículos e brutais dos loucos melancólicos, na descrição que o Padre Le Moine deles fez no sétimo livro de suas *Pinturas Morais*. Aqui vão alguns trechos. *Não tem olhos para as belezas da arte e da natureza. Julgaria estar carregando um fardo incômodo se tivesse tomado para si alguma matéria de prazer. Nos dias de festa, retira-se entre os mortos. Prefere estar no tronco de uma árvore ou numa gruta do que num palácio ou sobre um trono. Quanto às afrontas e às injúrias, é tão insensível como se tivesse olhos e orelhas de estátua. A honra e a glória são ídolos que não conhece, e pelos quais não tem incenso que oferecer. Uma bela pessoa é, para ele, um espectro. E esses rostos imperiosos e soberanos, esses agradáveis tiranos que fazem por toda parte escravos voluntários e sem grilhões, têm o mesmo poder sobre seus olhos quanto o sol sobre os do mocho, etc.*

Caro Reverendo Padre, garanto-lhe que se não me houvesse dito que o Padre Le Moine é o autor dessa pintura, eu teria dito que foi algum ímpio que a tivesse feito, expressamente para ridicularizar os santos. Pois se não é essa a imagem de um homem completamente afastado dos sentimentos a que o Evangelho obriga a renunciar, confesso que não entendo mais nada. Veja, pois, disse ele, como Você sabe pouco sobre o assunto; pois esses são *traços de um espírito fraco e selvagem, que não tem os afetos honestos e naturais que deveria ter*, como diz o Padre Le Moine no fim dessa descrição. É assim que ele *ensina a virtude e a filosofia cristã*, segundo o plano que tinha nessa obra, como declara no prólogo. E, com efeito, não se pode negar que esse método de tratar da devoção agrada muito mais ao mundo do que o usado antes de nós. Sem comparação, disse-lhe eu, e começo a esperar que Você cumpra o que me prometeu. Você verá bem melhor no que vem a seguir, disse ele; até aqui, só lhe falei da piedade em geral. Mas, para lhe mostrar em pormenor quantas de suas dificuldades os nossos Padres suprimiram, não será algo de grande consolo para os ambiciosos saberem que podem conservar uma autêntica devoção juntamente com um amor desordenado pelas grandezas? Como, Padre, seja qual for o excesso com que as busquem? Sim, disse ele, pois isso nunca passará de pecado venial, a menos que se desejem as grandezas para ofender a Deus ou o Estado com maior comodidade. Ora, os pecados veniais não impedem de ser devoto, pois não faltam nos maiores santos. Ouça, pois, Escobar, tr. 2, ex. 2, n. 17: *A ambição, que é um apetite desordenado de cargos e grandezas, é por si mesma um pecado venial; mas quando se desejam essas grandezas para prejudicar o Estado ou para ter maior comodidade em ofender a Deus, tais circunstâncias exteriores o tornam mortal.*

Isso é muito cômodo, Padre. E não é, prosseguiu ele, uma doutrina bem agradável aos avaros dizer, como Escobar, no tr. 5, ex. 5, n. 154: *sei que os ricos não pecam mortalmente quando não dão esmola de seu supérfluo nas grandes necessidades dos pobres*: "Scio in gravi pauperum necessitate divites non dando superflua, non peccare mortaliter"? Na verdade, disse-lhe eu, se assim for, vejo bem que não entendo nada sobre pecados. Para lhe mostrar ainda melhor, disse ele, não acha Você que a boa opinião sobre si mesmo e a complacência que se tem pelas próprias obras são um pecado dos mais perigosos? E não ficaria muito surpreso se eu lhe mostrasse que, ainda que tal opinião não tenha fundamento, constitui um pecado tão ínfimo, que é, na verdade, um dom de Deus? Será possível, Padre? Sim, disse ele, foi o que nos ensinou o nosso grande Padre Garasse, em seu livro francês intitulado *Suma das verdades capitais da Religião*, parte II, p. 419. É efeito, diz ele, *de justiça cumulativa que todo trabalho honesto seja recompensado ou pelo louvor ou pela satisfação... Quando os bons espíritos produzem uma obra excelente, são justamente recompensados pelos elogios públicos. Mas quando um pobre espírito trabalha muito para nada produzir de valor e não pode, assim, obter o louvor público, para que o seu trabalho não fique sem recompensa, Deus lhe dá uma satisfação pessoal que não se lhe pode invejar sem injustiça mais do que bárbara. Assim é que Deus, que é justo, dá às rãs a satisfação de seu cantar.*

Eis aí, disse-lhe eu, belas decisões em favor da vaidade, da ambição e da avareza. E a inveja, caro Padre, será mais difícil de desculpar? Isto é delicado, disse o Padre. Convém lançar mão da distinção do Padre Bauny, em sua *Suma dos Pecados*. Pois a sua opinião, c.VII, p. 123, da quinta e da sexta edição, é que *a inveja do bem espiritual do próximo é mortal, mas a inveja do bem temporal é só venial*. E por que razão, Padre? Ouça isso, disse-me ele. *Pois o bem que se encontra nas coisas temporais é tão mirado e de tão pouca importância para o céu, que é de nula consideração diante de Deus e de seus santos*. Mas, Padre, se esse bem é tão mirado e de tão pouca importância, como Vocês permitem que os homens matem para conservá-los? Você interpreta errado as coisas, disse o Padre: dizemos que o bem é de importância nula diante de Deus, mas não diante dos homens. Não pensei nisso, disse-lhe eu, e espero que, com essas distinções, não sobrarão mais pecados mortais no mundo. Não creia nisso, disse o Padre, pois alguns há que são sempre mortais por natureza, como, por exemplo, a preguiça.

Ah, Padre!, disse-lhe eu, perdem-se, então, todas as comodidades da vida? Espere um pouco, disse o Padre; quando Você tiver visto a definição desse vício dada por Escobar, tr. 2, ex. 2, n. 81, talvez mude de opinião; ouça-a. *A preguiça é uma tristeza de que as coisas espirituais sejam espirituais, como seria afligir-se de que os sacramentos sejam a fonte da graça; e é um pecado mortal.* Ah, Padre!, disse-lhe eu, não creio que ninguém tenha alguma vez tido a ideia de ser preguiçoso desse jeito. Por isso, disse o Padre, diz Escobar em seguida, n. 105: *Confesso que é muito raro que alguém caia no pecado de preguiça.* Entendeu, agora, como é importante definir bem as coisas? Entendi, Padre, disse-lhe eu, e me lembro também de suas outras definições de assassínio, emboscada e bens supérfluos. E por quê, Padre, Vocês não estendem esse método a todo tipo de caso, para dar a todos os pecados definições à sua maneira, para que não mais se peque ao se satisfazerem os prazeres?

Nem sempre é necessário, disse-me ele, mudar assim as definições das coisas. Você pode constatá-lo a respeito da boa mesa, que passa por ser um dos maiores prazeres da vida, e que Escobar assim permite, n. 102, na Prática segundo a nossa Sociedade: É permitido beber e comer à vontade sem necessidade e só pela volúpia? Sim, *por certo, segundo Sánchez,* contanto que a saúde não seja prejudicada, *pois é permitido ao apetite natural gozar das ações que lhe são próprias: "an comedere, et bibere usque as satietatem absque necessitate ob solam voluptatem, sit peccatum? Cum sanctio negative respondeo, modo non obsit valetudini, quia licite potest appetitus naturalis suis actibus frui".*[3] Ah, Padre!, disse-lhe eu, eis aí o texto mais completo e o princípio mais bem acabado de toda a moral de Vocês, do qual podemos tirar conclusões tão cômodas! Como então, a gula não é mais sequer pecado venial? Não, disse ele, da maneira como acabo de dizer; mas seria pecado venial, segundo Escobar, n. 56, *se, sem necessidade, nos entupíssemos de comida até vomitar: "si quis se usque ad vomitum ingurgitet".*

Já basta quanto a este assunto; quero agora falar sobre as facilidades que introduzimos para evitar os pecados nas conversas e nas intrigas do mundo. Uma das coisas mais difíceis, sob este aspecto, é evitar a mentira e, sobretudo, quando se quer fazer crer algo falso. É para isso

---

[3] Doutrina condenada pelo Papa Inocêncio XI (Denzinger, p. 2108).

que serve admiravelmente a nossa doutrina dos equívocos, pela qual é permitido usar de termos ambíguos, fazendo que sejam entendidos em sentido diferente d*aquele pelo qual* nós mesmos os entendemos, como diz Sánchez, Op. mor., p. 2, liv. III, cap. VI, n. 13. Sei muito bem disso, Padre, disse-lhe eu. Fizemos tanta publicidade disso, prosseguiu ele, que, afinal, todos já o sabem. Mas Você sabe como devemos agir quando não encontramos palavras equívocas? Não, Padre. É o que eu desconfiava, disse ele; isto é novidade: é a doutrina das restrições mentais. Apresenta-a Sánchez no mesmo lugar: *podemos jurar*, diz ele, *que não fizemos uma coisa, embora a tenhamos feito na realidade, entendendo em nós mesmos que não a fizemos em determinado dia ou antes de termos nascido ou subentendendo alguma outra circunstância semelhante, sem que as palavras de que nos servimos tenham algum sentido que a possa revelar; e isso é muito cômodo em muitas situações e sempre justíssimo, quando for necessário ou útil para a saúde, a honra ou os bens.*

Como, Padre! E isso não é mentira e até perjúrio? Não, disse o Padre: Sánchez o prova no mesmo lugar, e o nosso Padre Filiutius também, tr. 25, cap. XI, n. 331; porque, diz ele, é a intenção que determina a qualidade da ação. E apresenta ainda, n. 328, outro meio mais seguro de evitar a mentira. Depois de dizer em voz alta: *juro que não fiz isso*, acrescenta-se bem baixinho: *hoje*, ou depois de ter dito em voz alta: *Eu juro*, se diga baixinho: *que eu digo*, e em seguida se continua em voz alta: *que não fiz isso*. Como se vê, isso é dizer a verdade. Concordo, disse-lhe eu; mas parece, talvez, que seja dizer baixinho a verdade e bem alto uma mentira: além disso, eu teria receio de que muita gente não tenha presença de espírito suficiente para se servir desses métodos. Os nossos Padres, disse ele, ensinaram, no mesmo lugar, em favor dos que não sejam capazes de se valer dessas restrições, que lhes basta, para não mentirem, dizer simplesmente *que não fizeram* o que fizeram, contanto *que tenham em geral a intenção de dar às suas palavras o sentido que um homem hábil lhes daria.*[4]

---

[4] Doutrinas condenadas por Inocêncio XI (Denzinger, p. 2125-27)

Seja sincero, já não lhe aconteceu muitas vezes de cair numa enrascada, por não ter tal conhecimento? Às vezes, disse-lhe eu. E não concorda também, prosseguiu ele, que muitas vezes seria bem cômodo dispensar-se, em boa consciência, de honrar a palavra dada? Padre, seria, disse-lhe eu, a maior comodidade do mundo! Ouça, então, Escobar no tr. 3, ex. 3, n. 48, onde ele apresenta esta regra geral: *As promessas não obrigam, quando não temos intenção de nos obrigar ao fazê--las. Ora, é raro que tenhamos tal intenção, a menos que a confirmemos por juramento ou por contrato: assim, quando dizemos simplesmente: vou fazer isso, entendemos que o faremos se nossa vontade não mudar; pois não queremos, com isso, nos privar de nossa liberdade.* Ele formula outras ainda, que Você mesmo pode ver; e diz, no fim, *que tudo isso foi tomado de Molina e dos nossos outros autores: "Omnia ex Molina et aliis".* E, assim, não podemos ter dúvidas a seu respeito.

Ah, Padre!, disse-lhe eu. Não sabia que a direção de intenção tivesse o poder de tornar nulas as promessas. Como Você vê, disse o Padre, esta é uma grande comodidade no comércio do mundo. Mas o que nos deu mais trabalho foi regrar as conversações entre os homens e as mulheres; pois os nossos Padres são mais reservados no que se refere à castidade. Não que eles não tratem de questões muito curiosas e indulgentes e, principalmente, para os casados ou noivos. Fiquei sabendo, a este respeito, das questões mais extraordinárias que se possam imaginar. Ele me apresentou o bastante para preencher muitas cartas: mas só não quero indicar as citações, porque Você mostra as minhas cartas a todo tipo de gente, e eu não gostaria de dar ocasião dessa leitura aos que nela busquem apenas diversão.

A única coisa a que posso aludir do que ele me mostrou em seus livros, até em francês, é o que Você pode encontrar na *Suma dos Pecados* do Padre Bauny, p. 165, de certas miúdas privacidades por ele explicadas, contanto que se dirija bem a intenção, *como para passar por galante*: e Você há de se surpreender ao encontrar, à p. 148, um princípio de moral referente ao poder que, segundo ele, as filhas têm de dispor da própria virgindade sem os pais. Eis as suas palavras: *quando isso acontece com o consentimento da filha, embora o pai tenha motivos para se lamentar, não é, porém, que a dita filha ou aquele a quem ela se prostituiu lhe tenham feito alguma afronta ou violado a seu respeito a justiça; pois a filha está de posse da própria virgindade tanto quanto do próprio corpo; ela pode fazer com eles o que bem quiser, com exceção da morte ou da mutilação dos membros.* A partir disso, julgue o resto. Lembro-me, a este respeito, de um trecho de um poeta pagão, que foi melhor casuísta que esses Padres, pois disse: *que a virgindade de uma filha não lhe pertence por inteiro; parte dela pertence ao pai e outra à mãe, sem as quais não pode dispor dela, nem mesmo para o casamento.* E duvido que haja algum juiz que não tome por lei o contrário dessa máxima do Padre Bauny.

Isso é tudo o que posso dizer de tudo o que ouvi. Aquilo durou tanto tempo, que fui obrigado a implorar, por fim, que o Padre mudasse de assunto. Ele concordou, e passou a falar de seus regulamentos acerca dos trajes femininos. Não vamos falar, disse ele, daquelas que tenham intenções impuras; mas, quanto às outras, diz Escobar no tr. 1, ex. 8, n. 5: *Se se enfeitam sem má intenção, mas só para satisfazer a inclinação natural à vaidade, "ob naturalem fastus inclinationem", ou é só pecado venial, ou não é pecado nenhum.* E diz o Padre Bauny, em sua *Suma dos Pecados,* c. XLVI, p. 1094: *ainda que a mulher tenha consciência do mau efeito que seu empenho em se enfeitar opere tanto no corpo como na alma dos que a contemplam ornada de ricos e preciosos trajes, ela não peca ao vesti-los.* E cita, entre outros, o nosso Padre Sánchez, que compartilha a mesma opinião.

Mas, Padre, que respondem os autores da Sociedade aos trechos da Escritura que falam com tanta veemência contra as menores coisas desse tipo? Lessius, disse o Padre, respondeu doutamente a essa pergunta em *De Just.,* l. IV, c. IV, d. 14, n. 114, dizendo *que essas passagens da Escritura* só valiam como preceito em relação às mulheres daquela época, para darem pela modéstia um exemplo de edificação aos pagãos. E de onde ele tirou isso, Padre? Não importa de onde; basta que as opiniões desses grandes homens sejam sempre prováveis por si mesmas. Mas o Padre Le Moine abrandou um pouco essa permissão geral; pois não quer, de modo algum, que ela se estenda às velhas. Está na *Devoção cômoda* e, entre outras, às p. 127, 157 e 163. *A juventude*, diz ele, *pode, por direito natural, enfeitar-se. Pode ser permitido enfeitar-se numa idade que é a flor e o verdor dos anos. Mas é preciso parar por aí: seria um estranho inconveniente procurar rosas sob a neve. É privilégio das estrelas estar sempre no baile, pois têm o dom da juventude perpétua. O melhor, portanto, neste ponto seria tomar conselhos da razão e de um bom espelho; render-se à decência e à necessidade, e se retirar quando a noite se aproxima.* Isso é totalmente judicioso, disse-lhe eu. Mas, prosseguiu ele, para que Você veja como os nossos Padres cuidam de tudo, eu lhe direi que, dando às mulheres permissão de jogar e vendo que tal permissão lhes seria amiúde inútil se não lhes fosse dada também os meios de ter com que jogar, estabeleceram outra máxima em favor delas, que se pode encontrar em Escobar, no capítulo sobre o furto, tr. I, ex. 9, n. 13: *uma mulher*, diz ele, *pode jogar e tomar para isso dinheiro do marido.*

Na verdade, Padre, assim ficou perfeito. Há muitas outras coisas, porém, disse o Padre; mas convém deixá-las de lado para falarmos das máximas mais importantes, que facilitam o uso das coisas santas, como, por exemplo, a maneira de assistir à missa. Nossos grandes teólogos, Gaspar Hurtado, *De Sacr.*, t. II, d. 5, dis. 2 e Coninch, q. 83, a. 6, n. 197, ensinaram a este respeito, *que basta estar presente à missa de corpo, embora ausente de espírito, contanto que se permaneça numa postura respeitosa exteriormente.* E Vásquez vai mais longe, pois diz: *que se satisfaz o preceito de ouvir missa mesmo quando se tem a intenção de não ir.* Tudo isso está também em Escobar, tr. I, ex. II, n. 74 e 107; e também no tr. I, ex. I, n. 116, onde o explica pelo exemplo dos que são levados à missa pela força e que têm a intenção expressa de não ouvi-la. Realmente, disse-lhe eu, jamais acreditaria nisso se outra pessoa me dissesse. De fato, disse ele, isso requer um pouco da autoridade desses grandes homens; o mesmo acontece com o que diz Escobar, no tr. I, ex. II, n. 31: *que a má intenção, como olhar as mulheres com desejo impuro, unida à de ouvir a missa como devido, não impede que se satisfaça o preceito:* "Nec obest alia prava intentio, ut ospiciendi libidinose femina".

Mas nos deparamos com outra comodidade em nosso erudito Turrianus, *Select.*, p. 2, d. 16, dub. 7: *que se pode ouvir metade de uma missa de um padre e em seguida outra metade de outro e até mesmo se pode ouvir primeiro o fim e em seguida o começo da outra.* E eu lhe direi até que é permitido também *ouvir duas metades da missa ao mesmo tempo de dois padres diferentes, quando um começa a missa quando o outro estiver na elevação; pois se pode prestar atenção nos dois lados ao mesmo tempo e duas metades de missa fazem uma missa inteira: "Duae medietatis unam missam constituunt".* Foi o que decidiram os nossos Padres Bauny, tr. 6, q. 9, p. 312; Hurtado, *De Sacr.* t. II, *De Missa*, d. 5, diff. 4; Azorius, p. 1, liv. VII, cap. III, q. 3; Escobar, tr. I, ex. II, n. 73, no capítulo *Da prática para ouvir a missa segundo a nossa Sociedade*. E Você verá as consequências por ele extraídas nesse mesmo livro das edições de Lyon dos anos de 1644 e 1646, com estas palavras: *Concluo daí que podeis ouvir a missa em pouquíssimo tempo: se, por exemplo, encontrardes quatro missas ao mesmo tempo, que estejam distribuídas de tal modo que, quando uma começa, a outra esteja no Evangelho, outra na consagração e a última na comunhão.*[5] Sem dúvida, Padre, basta um instante para se ouvir missa em Notre Dame por este método. Como Você pode ver, disse ele, é impossível fazer mais para facilitar a maneira de ouvir missa.

Mas quero mostrar-lhe agora como tornamos flexível o uso dos sacramentos e, sobretudo, da penitência. Pois é ali que Você verá a extrema benignidade da conduta dos nossos Padres; e há de admirar como a devoção, que espantava a todos, tenha podido ser tratada pelos nossos Padres com tamanha prudência, *que, tendo derrubado esse espantalho que os demônios haviam colocado à sua porta, a tenham tornado mais fácil que o vício e mais cômoda que a volúpia;* de modo que *o simples viver é incomparavelmente mais árduo que o bem viver*, para usar as palavras do Padre Le Moyne, p. 244 e 291 da sua *Devoção cômoda*. Não é uma mudança maravilhosa? Na verdade, Padre, disse-lhe eu, não posso deixar de lhe dizer o que penso. Temo que Vocês tenham calculado mal

---

[5] Tese condenada por Inocêncio XI (Denzinger, p. 2153).

o golpe e que essa indulgência possa chocar mais gente do que atrair. Pois a missa, por exemplo, é algo tão grande e santo, que bastaria, para fazer os autores de sua Companhia perderem toda credibilidade na mente de muita gente, mostrar como falam sobre ela. Isso é verdade, disse o Padre, em relação a algumas pessoas: mas Você não sabe que nos acomodamos a todo tipo de gente? Parece que Você perdeu a memória do que lhe disse tantas vezes a este respeito. Quero, então, falar com Você à vontade sobre este assunto, da próxima vez, adiando por isso a nossa conversa sobre o abrandamento da confissão. Farei que Você o entenda tão bem, que jamais o venha a esquecer. Despedimo-nos, então, e assim imagino que a nossa próxima conversa será sobre a política deles. Sou, etc.

Décima Carta[1]

Escrita a um Provincial por um de seus amigos

Paris, 2 de agosto de 1656.

Meu Senhor,

Não se trata aqui da política da Sociedade, mas de um de seus maiores princípios. Nele verá os abrandamentos da confissão, que são por certo a melhor maneira encontrada por esses Padres para atrair a todos e não afastar a ninguém. Deve-se ter isso em mente antes de ir adiante. E é por isso que o Padre julgou conveniente instruir-me a este respeito da seguinte maneira.

Você viu, disse-me ele, por tudo o que lhe disse até agora, com que bom sucesso os nossos Padres têm trabalhado para descobrirem, com suas luzes, que há grande número de coisas permitidas que antes passavam por proibidas: mas porque ainda restam pecados que não conseguimos autorizar e para os quais o único remédio é a confissão,

---

[1] Carta escrita em colaboração com Antoine Arnauld.

foi necessário amenizar as dificuldades dela, como vou agora lhe descrever. E assim, depois de ter mostrado, em todas as nossas conversas anteriores, como se aliviaram os escrúpulos que perturbavam as consciências, mostrando que o que se julgava mau não o é, resta mostrar-lhe agora como expiar com facilidade o que é realmente pecado, tornando a confissão tão fácil como antes era difícil. E como é isso, Padre? É, disse ele, por estas admiráveis sutilezas, próprias da nossa Companhia, que os nossos Padres de Flandres chamam, na *Imagem do nosso primeiro século*, l. III, or. I, p. 401, e l. I, c. II, de *piedosas e santas finezas e um santo artifício de devoção:* "*piam et religiosam calliditatem, et pietatem solertiam*", no L. III, c. VIII. É por meio dessas invenções que *os crimes são hoje expiados "alacrius"*, com maior alegria e entusiasmo do que antes eram cometidos; assim, muitas pessoas lavam suas manchas tão rapidamente como as contraem "*plurimi vix citius maculas contrahunt, quam eluunt*", como se diz no mesmo lugar. Ensine-me, então, por favor, Padre, *essas finezas* tão salutares. Há muitas delas, disse-me ele; pois, como há muitas coisas penosas na confissão, apresentamos atenuações para cada uma delas. E porque as principais penas que nelas se encontram são a vergonha de confessar certos pecados, o cuidado de exprimir suas circunstâncias, a penitência que por eles se deve passar, a resolução de não mais tornar a praticá-los, a fuga das ocasiões próximas que levam a eles e o arrependimento por tê-los cometido; espero mostrar a Você, hoje, que não sobra mais quase nada de incômodo em tudo isso, tal o cuidado de que usaram para tirar todo o amargor e todo o azedume de remédio tão necessário.

Pois, para começarmos pela dificuldade que temos em confessar certos pecados, Você não ignora que amiúde é muito importante conservar a estima do confessor; assim, não será muito cômodo permitir, como fazem os nossos Padres, e entre outros Escobar, que cita também Suarez, tr. 7, a. 4, n. 135, *ter dois confessores, um para os pecados mortais, o outro para os veniais, para conservar a boa reputação junto ao confessor ordinário:* "*uti bonam famam apud ordinarium tueatur*", contanto que não se aproveite disso para permanecer no pecado mortal? E oferece, em seguida, outro modo sutil de se confessar de um pecado, mesmo ao confessor ordinário, sem que ele se dê conta de que tal pecado foi cometido depois da última confissão. *É*, disse ele, *fazer uma confissão geral e confundir este último pecado com os outros de que nos acusamos de um modo geral.* Diz ele a mesma coisa, princ. ex. 2, n. 73. E Você há de admitir, tenho certeza, de que esta decisão do Padre Bauny, *Théol. mor.*, tr. 4, q. 15, p. 137, também alivia muito a vergonha que temos de confessar as nossas recaídas: *que, a não ser em raras ocasiões, o confessor não tem o direito de perguntar se o pecado de que nos acusamos é um pecado habitual, e não somos obrigados a lhe responder sobre isso, porque ele não tem o direito de provocar no penitente a vergonha de declarar suas frequentes recaídas.*

Como assim, Padre! É o mesmo que dizer que um médico não tem o direito de perguntar ao paciente se faz tempo que está com febre. Não são diferentes os pecados segundo essas diferentes circunstâncias? E o objetivo do verdadeiro penitente não deve ser expor todo o estado da sua consciência ao confessor, com a mesma sinceridade e a mesma abertura de coração que se falasse a Jesus Cristo, cujo lugar é ocupado pelo sacerdote? Ora, não estamos distantes dessa disposição quando ocultamos as nossas recaídas frequentes, para ocultarmos a magnitude do nosso pecado? Vi que o bom Padre ficou embaraçado; por isso, pensou mais em contornar a dificuldade do que em resolvê-la, ensinando-me outra de suas regras, que só serve para estabelecer uma nova desordem, sem justificar, de modo algum, essa decisão do Padre Bauny, que é, a meu ver, uma de suas máximas mais perniciosas e mais propícias a manter os perversos em seus maus hábitos. Continuo de acordo, disse-me ele, que o hábito aumenta a malícia do pecado; não muda, porém, a sua natureza: e é por isso que não somos obrigados a confessá-lo, segundo a regra dos nossos Padres, citada por Escobar, princ. ex. n. 39: *que só somos obrigados a confessar as circunstâncias que mudam a espécie do pecado, e não as que o agravam.*

Foi com base nessa regra que o nosso Padre Granados disse, in 5, par., cont. 7, tr. IX, d. 9, n. 22, *que se se comer carne na Quaresma, basta acusar-se de ter rompido o jejum, sem dizer que foi comendo carne ou fazendo duas refeições magras.* E segundo o nosso Padre Reginaldus, tr. I, liv. VI, c. IV, n. 114: *um adivinho que se tenha valido da arte diabólica não é obrigado a declarar tais circunstâncias; mas basta dizer que se meteu em adivinhações, sem exprimir se foi por quiromancia ou por outro ato do demônio.* E Fagundez, da nossa Sociedade, p. 2, l. IV, c. III, n. 17, também diz: *o rapto não é circunstância de revelação obrigatória, quando a mulher tiver consentido.* O nosso Padre Escobar conta tudo isso no mesmo lugar, n. 41, 61, 62, com várias outras decisões curiosíssimas sobre as circunstâncias que não somos obrigados a confessar. Você mesmo pode conferi-las. São mesmo, disse-lhe eu, *artifícios de devoção* muito cômodos.

Tudo isso, no entanto, disse ele, não seria nada se, além disso, não tivéssemos abrandado a penitência, uma das coisas que mais afastava da confissão. Mas hoje nem os mais delicados podem temê-la, depois do que sustentamos em nossas teses do colégio de Clermont: *que se o confessor impuser uma penitência conveniente, "convenientem", e, no entanto, o penitente não quiser aceitá-la, ele pode retirar-se, renunciando à absolvição e à penitência imposta.* E diz Escobar ainda, na Prática da Penitência, segundo a nossa Sociedade, tr. 7, ex. 4, n. 188: *que se o penitente declarar que pretende adiar para o outro mundo a penitência e sofrer no purgatório todas as penas que lhe são devidas, deve, então, o confessor impor-lhe uma penitência bem leve, para a integridade do sacramento, principalmente se reconhecer que ele não aceitaria outra maior.* Creio, disse-lhe eu, que se assim fosse, já não deveríamos chamar a confissão de sacramento da penitência. Engano seu, disse ele, pois pelo menos sempre impomos alguma penitência formal. Mas, Padre, acha que um homem seja digno de receber a absolvição quando não quer fazer nada de penoso para expiar as ofensas? E quando as pessoas estão nesse estado, não deveriam Vocês antes reter seus pecados do que perdoá-los? Têm Vocês verdadeira ideia da extensão de seu ministério? E não sabem que exercem o poder de ligar e desligar? Creem que seja permitido dar a absolvição indiferentemente a todos os que a pedem, sem antes reconhecerem se Jesus Cristo desliga no céu os que Vocês desligam na terra? Como!, disse o Padre. Você pensa que ignoremos *que o confessor deve tornar-se juiz da disposição do penitente, tanto por ser obrigado a não dispensar os Sacramentos a quem seja indigno deles, tendo Jesus Cristo lhe ordenado ser dispensador fiel e não dar as coisas santas aos cães; como por ser juiz, e é dever do juiz julgar justamente, desligando os que são dignos disso, e ligando os indignos, e também porque não deve absolver os que Jesus Cristo condena?* De quem são essas palavras, Padre? Do nosso Padre Filiutius, replicou ele, to. I, tr. 7, n. 354. Você me surpreende, disse-lhe eu; pensei que fosse de algum Padre da Igreja. Mas, Padre, tal passagem deve surpreender os confessores e torná-los muito circunspectos na dispensação desse sacramento, para reconhecerem se o remorso dos penitentes é suficiente e se as promessas que dão de não mais pecar no futuro são aceitáveis. Isso não é de modo nenhum embaraçoso, disse o Padre: Filiutius não tinha a intenção de deixar os confessores nessa situação difícil; e é por isso que, em seguida, lhes apresenta este método fácil de dela escapar: *o confessor pode facilmente ficar descansado acerca da disposição do penitente; pois se ele não der sinais suficientes de dor, basta ao confessor perguntar-lhe se não detesta o pecado em sua alma; e se ele responder que sim, é obrigado a acreditar nele. E o mesmo se deve dizer da resolução quanto ao futuro, a menos que haja alguma obrigação de restituir ou de abandonar alguma ocasião próxima.* Bem vejo, Padre, que esse texto é de Filiutius. Engano seu, disse o Padre: pois ele tirou tudo isso, palavra por palavra, de Suarez, in 3 part., to. IV, disp. 32, sect. 2, n. 2. Mas, Padre, esse último texto de Filiutius destrói o que se estabelecera no primeiro; pois os confessores não terão mais o poder de se tornar juízes da disposição dos penitentes, já que são obrigados a crer nas palavras deles, mesmo quando não derem nenhuma mostra de dor. Será que há tanta certeza nas palavras dadas, que só esse sinal já seja convincente? Duvido que a experiência tenha mostrado aos Padres jesuítas que todos os que lhes fazem tais promessas as cumprem, e muito me engano se não constatam com frequência o contrário. Isso não importa, disse o Padre; nem por isso se deixa de obrigar sempre os confessores a crerem neles: pois o Padre Bauny, que tratou a fundo desta questão em sua *Suma dos Pecados*, c. XLVI, p. 1090, 1091 e 1092, conclui que *todas as vezes que os que reincidem com frequência, sem que neles se note nenhuma melhora, se apresentam ao confessor e lhe dizem que lamentam o passado e têm bons planos para o futuro, este deve crer no que dizem, embora seja presumível que tais resoluções sejam só da boca para fora. E embora reincidam em seguida com mais liberdade e excesso do que nunca nas mesmas culpas, pode-se, porém, dar-lhes a absolvição com base na minha opinião.*[2] Tenho certeza de que isso resolve todas as suas dúvidas.

Mas, Padre, disse-lhe eu, acho que Vocês impõem um pesado ônus aos confessores, obrigando-os a crerem no contrário do que veem. Você não entende nada disso, disse ele; queremos dizer com isso que eles são obrigados a agir e absolver, como se cressem que tal resolução fosse firme e constante, ainda que na realidade não acreditem nisso. E é o que os Padres Suarez e Filiutius explicam logo em seguida às passagens citadas há pouco. Pois depois de terem dito *que o padre é obrigado a crer na palavra do penitente*, acrescentam *não ser necessário que o confessor esteja persuadido de que a resolução do penitente será executada, nem que o julgue até mesmo provável; mas basta que pense que, naquele momento, ele tenha esse objetivo em geral, embora deva reincidir em pouco tempo. E é o que ensinam os nossos autores:* "Ita docent omnes auctores". Duvidará Você de algo que todos os nossos autores ensinam? Mas, Padre, que há de ser, então, do que o próprio Padre Pétau foi obrigado a reconhecer no prefácio da *Pén. publ.*, p. 4: que os SS. Padres, os Doutores e os Concílios estão de acordo, como de verdade certa, *que a penitência que prepara a Eucaristia deve ser verdadeira, constante, corajosa e não frouxa e lânguida, nem sujeita a recaídas e a recidivas?* Não vê, disse ele, que o Padre Pétau fala da *antiga Igreja?* Mas isso está agora tão *fora de* época, para usar o termo dos nossos Padres, que, segundo o Psadre Bauny, só o contrário é verdadeiro; está no tr. 4, q. 15, p. 95. *Autores há que dizem que se deva recusar a absolvição aos que reincidem com frequência nos mesmos pecados e, sobretudo, quando, depois de tê-los absolvidos muitas vezes, não aparece nenhuma melhora: e outros dizem que não. Mas a única opinião verdadeira é que*

---

[2] DOUTRINA CONDENADA POR INOCÊNCIO XI (DENZINGER, P. 2160).

não se lhes deve recusar a absolvição; e ainda que eles não tirem proveito de todos os conselhos que tantas vezes lhe foram dados, que não tenham cumprido as promessas feitas de mudar de vida; que não se tenham empenhado em se purificar, pouco importa, digam o que disserem os outros, a verdadeira opinião, à qual se deve seguir, é que, mesmo em todos esses casos, eles devem ser absolvidos. E tr. 4, q. 22, p. 100: que não se deve recusar nem adiar a absolvição daqueles que estão em pecados habituais contra a lei de Deus, da natureza e da Igreja, embora não se veja nenhuma esperança de melhora: "Etsi emendationes futurae nulla spes appareat."

Mas, Padre, disse-lhe eu, essa certeza de receber sempre a absolvição poderia muito bem levar os pecadores... Entendo o que Você quer dizer, disse ele, interrompendo-me; mas ouça o Padre Bauny, q. 15: *Pode-se absolver aquele que confessa que a esperança de ser absolvido o levou a pecar com mais facilidade do que o faria sem tal esperança.* E o Padre Caussin, defendendo essa Proposição, diz à p. 211 de sua Resp. à Teol. Mor., *que se ela não fosse verdadeira, o uso da confissão estaria vedado à maioria das pessoas; e não haveria outro remédio para os pecadores além de um galho de árvore e uma corda.* Ah, Padre! Quanta gente essas máximas vão atrair para os confessionários! Por isso, disse ele, Você não pode imaginar quanta gente nos procura: *ficamos esmagados e como oprimidos sob a multidão de nossos penitentes: "paenitentium numero obruimur",* como se diz na *Imagem do nosso primeiro século,* l. III, c. VIII. Conheço, disse-lhe eu, um jeito fácil de se livrarem dessa pressão. Bastaria, Padre, obrigar os pecadores a se afastarem das ocasiões próximas: seria um grande alívio para Vocês só com esta invenção. Não buscamos o alívio, disse ele; pelo contrário: como ficou dito no mesmo livro, l. III, c. VII, p. 374: *a nossa Sociedade tem como meta trabalhar para estabelecer as virtudes, travar guerra contra os vícios e servir a um grande número de almas.* E como há poucas almas que queiram afastar-se das ocasiões próximas, fomos obrigados a definir o que é ocasião próxima, como se vê em Escobar, na Prática de nossa Sociedade, tr. 7, ex. 4, n. 226. *Não chamamos ocasião próxima aquela onde só raramente se peca, como pecar por um ímpeto súbito com aquela com quem se mora, três ou quatro vezes por ano; ou, segundo o*

Padre Bauny, em seu livro francês, *uma ou duas vezes por mês*, p. 1082; e também à p. 1089, onde pergunta *o que se deve fazer entre os patrões e as criadas, primos e primas que moram juntos e são levados mutuamente a pecar por tal ocasião.* Convém separá-los, disse-lhe eu. É também o que ele diz, *se as recaídas forem frequentes e quase diárias; mas se só ofenderem raramente no total, por exemplo, uma ou duas vezes por mês, e não puderem separar-se sem grandes incômodos e dificuldades, poderão ser absolvidos, segundo esses autores, e entre outros Suarez, contanto que prometam não mais pecar e realmente se arrependam do passado.* Compreendi perfeitamente, pois ele já me havia ensinado com que o confessor deve contentar-se para julgar esse arrependimento. E o Padre Bauny, prosseguiu ele, permite, às p. 1083 e 1084, aos que estão comprometidos nas ocasiões próximas, *nelas permanecer, quando não puderem deixá-las sem se tornarem alvo de fofocas ou sem sofrerem muitos incômodos.* E diz o mesmo em sua *Teologia Moral*, tr. 4, De Poenit., q. 14, p. 94 e q. 13, p. 93: *deve-se e pode-se absolver uma mulher que tem em casa um homem com o qual peca com frequência, se ela não puder mandá-lo embora honestamente ou tenha alguma razão para retê-lo: "Si non potest honeste ejicere, aut habeat aliquam causam retinendi"; contanto que se proponha realmente a não mais pecar com ele.*

Ah, Padre!, disse-lhe eu, a obrigação de fugir das ocasiões foi bem amenizada, se dela somos dispensados quando nos for incômoda: mas creio, pelo menos, que sejamos obrigados a isso, segundo os Padres jesuítas, quando não houver incômodo? Sim, disse o Padre, embora nem sempre deixe de haver exceções; pois diz o Padre Bauny no mesmo lugar: é permitido a todo tipo de gente entrar em *bordéis para converter as mulheres perdidas, embora seja bem provável que se venha a pecar: como quando alguém já constatou muitas vezes que se deixa levar ao pecado pela visão e pelas carícias dessas mulheres. E embora haja doutores que não aprovem esta opinião e creiam que não seja permitido colocar voluntariamente a própria salvação em perigo para socorrer ao próximo, não deixo de abraçar de muito bom grado essa opinião por eles combatida.* Eis aí, Padre, um novo tipo de pregadores. Mas em que se baseia o Padre Bauny para lhes conferir esta missão? Baseia-se, disse-me ele, num dos seus princípios, que ele apresenta no mesmo lugar, depois de Basilio Ponce. Já lhe falei dele antes, e acho que Você se lembra. É que *podemos buscar uma ocasião diretamente e por si mesma, "primo et per se", para o bem temporal ou espiritual de si mesmo ou do próximo.* Tais textos me causaram tanto horror que pensei em pôr um ponto final na conversa; mas me contive, para deixá-lo ir até o fim, e me contentei em lhe dizer: que relação há, Padre, entre essa doutrina e a do Evangelho, que obriga a *arrancar os olhos e amputar as coisas mais necessárias quando elas prejudicam a salvação?* E como pode conceber que um homem que permanece voluntariamente nas ocasiões de pecado os deteste sinceramente? Não está claro, pelo contrário, que não é tocado por eles como convém, e não chegou ainda à verdadeira conversão de coração, que faz amarmos tanto a Deus como havíamos amado as criaturas?

Como?, disse ele, isso seria uma verdadeira contrição. Parece que Você não sabe que, como diz o Padre Pintereau[3] na 2ª. parte, p. 50 do abade de Boisic: *ensinam todos os nossos Padres, de comum acordo, que é erro e quase heresia dizer que a contrição seja necessária e que a mera atrição, até mesmo aquela que tem como* ÚNICO *motivo as penas do inferno, que exclui a vontade de ofender, não baste para o sacramento.* Como assim, Padre! É quase um artigo de fé que a atrição provocada pelo mero medo das penas baste para o sacramento? Creio que isso é exclusividade dos Padres jesuítas. Pois os demais que creem bastar a atrição para o sacramento exigem, pelo menos, que ela esteja misturada a certo amor de Deus. E, além disso, me parece que até os autores da Companhia antigamente não consideravam tão certa essa doutrina. Pois o Padre Suarez assim fala sobre ela, *De Poen.*, q. 90, ar. 4, disp. 15, sect. 4, n. 17. *Embora,* diz ele, *seja opinião provável que a atrição baste para o sacramento, ela não goza de certeza e pode ser falsa: "Non est certa, et potest esse falsa". E se for falsa, a atrição não basta para salvar um homem. Portanto, aquele que morre conscientemente nesse estado se expõe voluntariamente ao perigo moral da danação eterna. Pois essa opinião não é nem*

---

[3] FRANÇOIS PINTEREAU OU PINTHEREAU (1604-1664), JESUÍTA FRANCÊS.

muito antiga, nem muito comum: "Nec valde antiqua, nec multum communis". Tampouco Sánchez achava que ela fosse segura, pois diz em sua *Suma*, liv. I, c. IX, n. 34: *que o doente e seu confessor que se contentem, ante a morte, com a atrição para o sacramento, pecam mortalmente, por causa do grande perigo de danação a que o penitente se expõe, se a opinião que garante que baste a atrição para o sacramento* não se mostrar verdadeira. Comitolus tampouco, quando diz, *Resp. Mor.* lib. I, q. 32, n. 7, 8: *que não é muito certo que a atrição baste para o sacramento*.

O bom Padre deteve-me neste ponto. Como então!, disse ele. Você lê os nossos autores? Faz muito bem. Mas faria melhor ainda se os lesse com algum de nós. Não vê que, por tê-los lido sozinho, concluiu que essas passagens contradizem os que sustentam agora a nossa doutrina da atrição, enquanto lhe teríamos mostrado nada haver que mais as ressalte? Pois quanta glória cabe a nossos Padres de hoje terem, a partir do nada, difundido tão universalmente sua opinião por toda parte, que, afora os teólogos, quase ninguém imagine que o que dizemos agora sobre a atrição não fosse desde sempre a única crença dos fiéis! E assim, quando Você mostra, por nossos próprios Padres, que há poucos anos *essa opinião não era certa*, o que faz senão dar aos nossos mais recentes autores toda a honra dessa demonstração?

Por isso Diana, nosso íntimo amigo, julgou que apreciaríamos se assinalasse por quais degraus chegou até lá. *Antigamente, os velhos escolásticos sustentavam que a contrição era necessária tão logo se houvesse cometido um pecado mortal, mas depois se passou a crer que não se era obrigado a tanto nos dias de festa e, em seguida, quando alguma calamidade ameaçava todo o povo: segundo outros, era obrigatório não adiá-la por muito tempo quando a morte se aproximasse. Mas nossos Padres Hurtado e Vásquez refutaram excelentemente todas essas opiniões e demonstraram que só somos obrigados a isso quando não pudermos ser absolvidos de outra maneira ou no artigo da morte.* Mas para dar sequência ao maravilhoso progresso dessa doutrina, acrescentarei que os nossos Padres Fagundez, praec. 2, t. II, c. IV, n. 13; Granados, in 3 p. contr. 7, d. 4, sec. 4, n. 17; e Escobar, tr. 7, ex. 4, n. 88, na *Prática segundo a nossa Sociedade*, decidiram: *que a contrição não é necessária mesmo na morte: porque,* dizem eles, *se a atrição para o sacramento não bastasse na hora da morte, seguir-se-ia que a atrição não seria suficiente para o sacramento*. E o nosso erudito Hurtado, *de Sacr.*, d. 6, citado por Diana, p. 4, tr. 4, Miscel., r. 193 e por Escobar, tr. 7, ex. 4, n. 91, vai ainda mais longe. Ouça-o. É suficiente o remorso de ter pecado, que se concebe unicamente por causa do mal temporal que provoca, como a perda da saúde ou de dinheiro? Convém distinguir. Se não se pensar que esse mal seja enviado pela mão de Deus, esse remorso não basta; se se crer, porém, que esse mal é enviado por Deus, como, com efeito, todo mal, diz Diana, *exceto o pecado, vem dele, tal remorso é suficiente*. É o que diz Escobar na *Prática de nossa Sociedade*. O nosso Padre François Lamy também afirma o mesmo, Tr. 8, disp. 3, n. 13.

Você me surpreende, Padre, pois só vejo o natural em toda essa atrição; e, assim, um pecador poderia tornar-se digno da absolvição sem nenhuma graça sobrenatural. Ora, não há ninguém que não saiba que essa é uma heresia condenada pelo Concílio. Eu concordaria com Você, disse ele; e, no entanto, é necessário que não seja assim. Pois os nossos Padres do colégio de Clermont sustentaram em suas teses de 23 de maio e de 6 de junho de 1644, col. 4, n. 1 *que uma atrição pode ser santa e suficiente para o sacramento, embora não seja sobrenatural*. E na do mês de agosto de 1643, *que uma atrição apenas natural basta para o sacramento, contanto que seja honesta: "Ad sacramentum sufficit attritio naturalis, modo honesta"*. Isso é tudo o que se pode dizer, a não ser que se queira acrescentar uma consequência que se tira facilmente desses princípios: que a contrição é tão pouco necessária ao sacramento, que lhe seria, pelo contrário, nociva, pois apagando por si só os pecados, não sobraria nada para o sacramento fazer. É o que diz o nosso Padre Valentia, esse célebre jesuíta, Tom. IV, Disp. 7, q. 8, p. 4: *a contrição não é de modo algum necessária para se obter o efeito principal do sacramento; mas, ao contrário, é antes um obstáculo para isso: "Imo obstat potius quominus effectus sequatur"*. Em favor da atrição, nada mais podemos desejar do que isso. Também acho, Padre; mas deixe-me dizer o que sinto e lhe mostrar a que excesso leva tal doutrina. Quando Você diz que a *atrição concebida só pelo temor das penas* basta com o sacramento para justificar os pecadores, não se segue daí que poderemos a vida inteira expiar assim os nossos pecados e, portanto, sermos salvos sem jamais na vida ter amado a Deus? Ora, ousariam os Padres jesuítas afirmar isso?

Vejo, respondeu o Padre, pelo que me diz, que Você precisa conhecer a doutrina dos nossos Padres acerca do amor de Deus. É a última marca de sua moral, e a mais importante de todas. Você deveria tê-lo compreendido pelos textos que lhe citei sobre a contrição. Mas eis aqui outros mais precisos sobre o amor de Deus; não me interrompa, então, pois a sequência mesma deles é importante. Ouça Escobar, que cita as diversas opiniões dos nossos autores sobre o assunto, na *Prática do amor de Deus segundo a nossa Sociedade*, no tr. I, ex. 2, n. 21 e tr. 5, ex. 4, n. 8, com referência a esta questão: *quando somos obrigados a ter atualmente afeição por Deus? Diz Suarez que basta amá-lo antes do artigo da morte, sem determinar nenhum tempo. Vásquez, que basta no artigo da morte. Outros, quando se recebe o batismo. Outros, quando somos obrigados à contrição. Outros, nos dias de festas. Mas o nosso Padre Castro Palao combate todas essas opiniões, e com razão, "merito". Hurtado de Mendoza pretende que somos obrigados a isso todos os anos, e que somos tratados com muito favor por não nos obrigarem a uma afeição mais frequente. Mas o nosso Padre Coninch crê que só somos obrigados a isso uma vez a cada três ou quatro anos. Henriquez, a cada cinco anos. E Filiutius diz ser provável que, em rigor, não sejamos obrigados a tanto a cada cinco anos.*[4] *E quando, então? Ele remete o problema ao juízo dos sábios.* Deixei passar toda essa cantilena, em que o espírito do homem caçoa com insolência do amor de Deus. Mas, prosseguiu ele, o nosso Padre Antoine Sirmond, que resolve a questão em seu admirável livro – *Da Defesa da Virtude* –, onde fala *francês na França*, como diz ao leitor, assim a discute no 2 tr., seção I, p. 12, 13, 14, etc.: *Diz Santo Tomás que somos obrigados a amar a Deus assim que recebemos o uso da razão: é um pouco cedo demais. Scotus, a cada domingo. Em que se baseia? Outros, quando somos seriamente tentados. Sim, caso esta seja*

---

[4] Doutrina condenada pelo Papa Inocêncio XI (Denzinger, p. 2105-06).

a única forma de fugir à tentação. Sotus, quando recebemos um favor de Deus. Serve para lho agradecer. Outros, na hora da morte. É muito tarde. Tampouco creio que seja durante a recepção dos sacramentos: basta a atrição com a confissão, se nos for conveniente. Diz Suarez que somos obrigados a isso em algum tempo. Mas qual tempo? Ele vos remete a decisão, nada sabe a respeito. Ora, o que esse doutor não conseguiu saber, não sei quem o saiba. E conclui, enfim, que não somos obrigados a outra coisa, a rigor, senão à observação dos outros mandamentos, sem nenhum afeto por Deus e sem que o nosso coração lhe pertença, contanto que não o odiemos. É o que ele prova ao longo de todo o seu segundo tratado. Você o verá a cada página, entre outras a 16, 19, 24, 28, onde diz estas palavras: *ao nos mandar amá-Lo, Deus se contenta com a nossa obediência aos outros mandamentos. Se tivesse dito: Eu vos perderei, seja qual for a obediência que me prestais, se além disso o vosso coração não me pertencer: esse motivo, segundo vós, teria sido bem proporcionado ao fim que Deus deve e pode ter tido? Diz-se, pois, que amaremos a Deus fazendo a sua vontade, como se o amássemos afetuosamente, como se o motivo da caridade nos levasse a tanto. Se isso acontecer realmente, ótimo; senão, não deixaremos de obedecer em rigor o mandamento do amor, por meio das obras, de modo que (vede a bondade de Deus!) Ele não nos mande tanto amá-Lo como não odiá-Lo.*

Foi assim que os nossos Padres livraram o homem da *dura* obrigação de amar a Deus atualmente. E tal doutrina é tão vantajosa, que os nossos Padres Annat, Pintereau, Le Moine e até A. Sirmond a defenderam vigorosamente, quando alguns quiseram combatê-la. Basta ver as suas respostas na *Teologia Moral*: e a do Padre Pintereau, na 2a. parte do abade de Boisic, p. 53, lhe fará compreender o valor dessa dispensa pelo preço que ela custou, o sangue de Jesus Cristo. Esta é a coroação desta doutrina. Nela verá, portanto, que essa dispensa da obrigação *incômoda* de amar a Deus é o privilégio da lei evangélica sobre a lei judaica. *Foi razoável*, diz ele, *que, na lei da graça do Novo Testamento, Deus suspendesse a obrigação incômoda e difícil, que era, na lei, de rigor, de executar um ato de perfeita contrição para ser justificado; e que instituísse sacramentos para suprir essa falta, por meio de uma disposição mais fácil. Caso contrário, sem dúvida, os Cristãos, que são os filhos, não teriam agora mais facilidade para voltar às boas graças do Pai do que os judeus, que eram os escravos, para obterem a misericórdia do Senhor.*

Ah, Padre!, disse-lhe eu, não há paciência que Você não derrube, e não é possível ouvir sem horror as coisas que acabo de escutar. Não são minhas, disse ele. Sei disso, Padre, mas Você não sente aversão por elas; e, muito longe de detestar os autores dessas máximas, Você os estima. Não teme que o consentimento o transforme em cúmplice do crime deles? E pode Você ignorar que São Paulo julga *dignos de morte, não só os autores dos males, mas também os que neles consentem?* Não bastava ter permitido aos homens tantas coisas proibidas, por paliativos introduzidos por Vocês: era preciso ainda dar-lhes a oportunidade de cometerem os mesmos crimes que Vocês não conseguiram desculpar com a facilidade e a garantia da absolvição que Vocês lhes oferecem, destruindo com este objetivo o poder dos sacerdotes e obrigando-os a absolverem, mais como escravos que como juízes, os pecadores mais inveterados, sem mudança de vida, sem nenhum sinal de arrependimento, além de promessas cem vezes violadas; sem penitência, *se não quiserem aceitá-la*; e sem fugirem às ocasiões dos vícios, *se lhes for incômodo?*

Mas vão ainda além; e a licença que tomaram de abalar as mais santas regras da conduta cristã chega até a inverter inteiramente a lei de Deus! Violam *o grande mandamento que compreende a lei e os profetas;* atacam a piedade no coração; dele tiram o espírito que dá a vida; dizem que o amor de Deus não é necessário à salvação; e se chega a pretender que *tal dispensa de amar a Deus seja a vantagem trazida por Jesus Cristo ao mundo.* Isso é o cúmulo da impiedade. O preço do sangue de Jesus Cristo será obter-nos a dispensa de amá-Lo! Antes da Encarnação, éramos obrigados a amar a Deus; mas desde que *Deus tanto amou o mundo que lhe deu seu filho único,* o mundo, por ele resgatado, será dispensado de amá-Lo! Estranha teologia essa de hoje! Ousam suspender o anátema pronunciado por São Paulo *contra os que não amam ao Senhor Jesus!* Arruínam o que disse São João, que *quem não ama permanece na morte*; e o que o mesmo Jesus Cristo, que *quem não o ama, não guarda seus preceitos!* Tornam, assim, dignos de gozar de Deus na eternidade os que jamais amaram a Deus durante a vida inteira! Eis consumado o mistério de iniquidade. Abra os olhos, Padre; e se Você ainda não foi tocado pelos outros desvarios dos seus casuístas, que estes últimos os revelem por seus excessos. É o que desejo de coração para Você e para todos os seus Padres; e rogo a Deus que ele se digne a lhes mostrar como é falsa a luz que os levou até tais precipícios e encha com seu amor os que ousam dele dispensar os homens.

Depois de algumas palavras deste teor, despedi-me do Padre, e não me parece que volte a encontrá-lo. Mas não o lamente, pois se for necessário mantê-lo informado das máximas deles, possuo um número suficiente de seus livros para poder lhe dizer outro tanto sobre a sua moral e, talvez, mais ainda da sua política do que ele mesmo poderia dizer.

Sou, etc.

Décima Primeira Carta[1]

Escrita pelo autor das Cartas ao Provincial aos Reverendos Padres jesuítas

18 de agosto de 1656.

Meus Reverendos Padres,

Vi as cartas que Vocês publicaram contra as que escrevi a um dos meus amigos acerca da moral de Vocês, nas quais um dos principais pontos de sua defesa é que não falei de suas máximas com seriedade suficiente: é o que repetem em todos os seus escritos, e chegam mesmo a dizer *que caçoei das coisas santas*.

Tal crítica, Padres, é muito surpreendente e muito injusta. Pois onde encontram Você essas zombarias das coisas santas? Indicam,

---

[1] A matéria desta carta, a justificação da ironia em questões de religião, já havia sido tratado pelo grande Arnauld em sua *Resposta à Carta de uma pessoa de qualidade*.

principalmente, o *contrato Mohatra e a história de Jean d'Alba*. Mas é isso que Vocês chamam de coisas santas?

Acham que o Mohatra seja coisa tão venerável que seja blasfêmia não falar dele com respeito? E são tão sagradas as lições do Padre Bauny a favor do furto, que levaram Jean d'Alba a praticá-lo contra Vocês mesmos, que lhes dão o direito de chamar de ímpios os que delas zombam?

Como! Caros Padres, as imaginações dos autores de sua Companhia hão de ser tidas como verdades de fé? E não se poderá zombar dos textos de Escobar e das decisões tão estranhas e pouco cristãs dos seus outros autores, sem ser acusado de rir da religião? Será possível que Vocês tenham ousado repetir com tamanha frequência algo tão pouco razoável? E Vocês não temem, ao me acusarem de ter zombado de seus desvarios, dar-me novo motivo de zombar dessa acusação e fazê-la voltar-se contra Vocês mesmos, mostrando que o alvo de meu riso foi apenas o que há de ridículo em seus livros; e que assim, caçoando de sua moral, estava tão longe de caçoar das coisas santas, como a doutrina dos seus casuístas está longe da santa doutrina do Evangelho?

Na verdade, Padres, há grande diferença entre rir da religião e rir dos que a profanam com opiniões extravagantes. Seria impiedade faltar com o respeito pelas verdades que o espírito de Deus revelou: mas seria outra impiedade deixar de desprezar as falsidades que o espírito do homem a elas opõe.

Pois, Padres, já que Vocês me obrigam a falar assim, peço-lhes considerem que, como as verdades cristãs são dignas de amor e de respeito, os erros que lhes são contrários são dignos de desprezo e ódio, porque há duas coisas nas verdades da nossa religião, uma beleza divina que as torna amáveis, e uma santa majestade, que as torna veneráveis; e há também duas coisas nos erros: a impiedade, que os torna horríveis, e a impertinência, que os torna ridículos. É por esta razão que, como têm os santos sempre pela verdade esses dois sentimentos de amor e de temor, e sua sabedoria está toda compreendida entre o temor, que é o seu princípio, e o amor, que é o seu fim, os santos têm também pelo erro esses dois sentimentos de ódio e desprezo, e o seu zelo se empenha igualmente em rejeitar com energia a malícia dos ímpios e em refutar pelo riso os seus desvarios e loucuras.

Por isso, não pretendam, prezados Padres, convencer o mundo de que seja algo indigno de um cristão tratar os erros com zombaria, pois é fácil mostrar aos que o desconheçam que tal prática é justa, comum aos Padres da Igreja e autorizada pela Escritura, pelo exemplo dos maiores santos e do mesmo Deus.

Pois não veem Vocês que Deus ao mesmo tempo odeia e despreza os pecadores, e que até mesmo na hora de sua morte, que é o tempo em que o estado deles é mais deplorável e mais triste, a sabedoria unirá a zombaria e a risada à vingança e ao furor que os condenará a suplícios eternos: *In interitu vestro ridebo et subsannabo?* E os santos, agindo no mesmo espírito, farão o mesmo, pois, segundo Davi, quando virem a punição dos maus *vão tremer e rir ao mesmo tempo*: "*Videbunt justi et timebunt: et super eum ridebunt*".

É, porém, algo muito notável a este respeito que, nas primeiras palavras ditas por Deus ao homem depois da queda, nos deparamos com um discurso de zombaria e de *aguda ironia*, segundo os Padres. Pois, depois que Adão desobedeceu, na esperança que o demônio lhe houvesse dado tornar-se semelhante a Deus, fica claro pela Escritura que Deus, como castigo, o tornou sujeito à morte e, depois de tê-lo reduzido a essa miserável condição, devida ao pecado, zombou dele nesse estado com estas palavras irônicas: *Eis aí o homem que se tornou como um de nós*: "*Ecce Adamus quase unus ex nobis*". O que é *uma ironia contundente e sensível* com a qual Deus *o feria duramente*, segundo São Crisóstomo e os intérpretes. *Adão*, diz Rupert, *merecia ser ridicularizado com essa ironia, e a própria loucura era mostrada com maior clareza com essa expressão irônica do que com uma expressão séria.* E Hugo de São Vítor, tendo dito o mesmo, acrescenta que *essa ironia se devia à sua tola credulidade; e que essa espécie de zombaria é um ato de justiça, quando aquele contra o qual se dirige a tiver merecido.*

Veem Vocês, portanto, prezados Padres, que a zombaria é às vezes mais própria a fazer os homens despertarem de seus desvarios, e se trata, então, de um ato de justiça; pois, como diz Jeremias, *os atos dos que* erram são dignos de risada, por causa da vaidade: *"vana sunt et risu digna"*. E é tão pouco ímpio rir deles, que se trata do efeito de uma sabedoria divina, segundo estas palavras de Santo Agostinho: *Riem os sábios dos insensatos, porque são sábios, não de sua própria sabedoria, mas dessa sabedoria divina que rirá da morte dos maus.*

Por isso, os profetas, cheios do espírito de Deus, usaram da zombaria, como vemos pelos exemplos de Daniel e de Elias. Enfim, encontram-se exemplos disso até nas palavras de Jesus Cristo; e observa Santo Agostinho que, quando Ele quis humilhar Nicodemos, que se julgava competente no entendimento da lei: *Como o via inflado de orgulho por sua qualidade de doutor dos judeus, atiça e espanta a sua presunção pela elevação das perguntas e, tendo-o reduzido à incapacidade de responder: Como?, disse-lhe Ele, sois mestre em Israel e ignorais estas coisas? O que é o mesmo que se tivesse dito: Príncipe soberbo, reconhecei que nada sabeis.* E São Crisóstomo e São Cirilo dizem sobre ele *que merecia ser assim ridicularizado.*

Vejam, então, caros Padres, que se acontecesse hoje em dia que gente que posasse de mestres dos cristãos, como Nicodemos e os fariseus, de mestres dos judeus, ignorasse os princípios da religião e sustentasse, por exemplo, *que é possível salvar-se sem jamais ter amado a Deus durante a vida inteira,* seguiríamos nisso o exemplo de Jesus Cristo, zombando da vaidade e ignorância dela.

Tenho certeza, caros Padres, que estes exemplos sagrados bastam para lhes fazer compreender que não é comportamento contrário ao dos santos rir dos erros e dos desvarios dos homens: caso contrário, seria preciso repreender o dos maiores doutores da Igreja, que o praticaram, como São Jerônimo em suas cartas e em seus escritos contra Joviniano, Vigilâncio e os pelagianos; Tertuliano, em sua Apologética contra as loucuras dos idólatras; Santo Agostinho contra os religiosos da África, que chama de Cabeludos; Santo Irineu contra os gnósticos; São Bernardo e os outros Padres da Igreja que, imitadores dos Apóstolos, devem ser imitados pelos fiéis em toda a sequência dos tempos; pois são propostos, digam o que disserem, como verdadeiro modelo dos cristãos, mesmo os de hoje.

Não julguei, portanto, errar ao segui-los. E, como creio tê-lo mostrado, não direi mais sobre este assunto, senão estas excelentes palavras de Tertuliano, que justificam todo o meu procedimento. *O que fiz não é senão um treino antes do verdadeiro combate. Mais mostrei as feridas que vos podem infligir do que as infligi eu mesmo. Pois se há passagens onde somos levados a rir, é porque os assuntos mesmos conduzem a isso. Há muitas coisas que merecem ser alvo de caçoadas e zombarias, para não lhes dar peso combatendo-as seriamente. Nada mais merece a vaidade do que a risada; e cabe propriamente à verdade rir, por ser alegre, e caçoar dos inimigos, por ter certeza da vitória. É verdade que é preciso tomar cuidado para que as zombarias não sejam baixas e indignas da verdade. Mas, com esta ressalva, quando pudermos dela nos valer com distinção, é um dever fazê-lo.* Não acham, caros Padres, que esta passagem *cai como uma luva no nosso assunto? As cartas que escrevi até agora são só um treino antes do verdadeiro combate. Limitei-me até agora a me divertir, e mostrar antes a Vocês os ferimentos que podem lhes infligir e que eu não lhes infligi.* Simplesmente expus os seus textos, sem quase nenhuma reflexão de minha parte. *Pois se isso levou ao riso, é porque os assuntos a isso levavam por si sós.* Pois o que há de mais próprio a provocar o riso do que ver coisa tão grave como a moral cristã repleta de imaginações tão grotescas como as de Vocês? Tem-se tamanha expectativa quanto a tais máximas, que dizem que o próprio JESUS CRISTO *as revelou aos Padres da Sociedade*, que quando entre elas lemos *que um sacerdote que recebeu dinheiro para rezar uma missa pode, além disso, aceitá-lo de outras pessoas, cedendo-lhes toda a sua parte no sacrifício; que um religioso não é excomungado por livrar-se do hábito quando for para dançar, trapacear ou ir incógnito aos bordéis; e que se satisfaz o preceito de ouvir a missa ao assistir a quatro quartos de missa ao mesmo tempo, rezadas por diferentes padres*: então, digo, quando ouvimos tais decisões e outras semelhantes, é impossível que tal surpresa não leve ao riso, pois nada provoca mais a gargalhada do que a desproporção surpreendente entre o que se espera e o que se vê. E como poderíamos tratar de outro modo a maioria dessas matérias, já que *tratá-las com seriedade seria autorizá-las,* segundo Tertuliano?

Como? Será preciso usar da força da Escritura e da tradição para mostrar que é matar o inimigo à traição dar-lhe golpes de espada pelas costas e numa emboscada; e que é comprar um benefício dar dinheiro para que alguém abra mão dele? Há, portanto, matérias que convém desprezar e *merecem ser ridicularizadas e caçoadas*. Enfim, o que diz esse autor antigo, *que a vaidade nada mais merece do que a risada*; e o resto destas palavras se aplica aqui com tanta adequação e tamanha força de convicção, que não é mais possível duvidar de que podemos, sim, rir dos erros sem sermos inconveniente.

E lhes direi também, Padres, que podemos rir dos erros sem ferir a caridade, embora seja esta uma das coisas que Vocês ainda me reprovam em seus escritos. *Pois a caridade obriga, às vezes, a rir dos erros dos homens, para fazer que eles mesmos riam deles e os evitem*, segundo as palavras de Santo Agostinho: *Haec tu misericorditer irride, ut eis ridenda ac fugienda commendes*. E a mesma caridade também obriga, às vezes, a repeli-los com cólera, segundo estas outras palavras de São Gregório de Nazianzo: *O espírito de caridade e de doçura tem suas comoções e suas cóleras*. Com efeito, como diz Santo Agostinho, *quem ousaria dizer que a verdade deve permanecer desarmada contra a mentira e que será permitido aos inimigos da fé amedrontar os fiéis com palavras fortes e diverti-los com chistes espirituosos e agradáveis, ao passo que os católicos devem escrever só com uma frieza de estilo que leve os leitores ao sono?*

Não veem que, assim agindo, deixariam introduzir-se na Igreja os mais extravagantes e mais perniciosos erros, sem que fosse permitido deles zombar com desprezo, para não ser acusado de ferir as conveniências, nem de confundi-los com veemência, para não ser acusado de faltar com a caridade?

Como, Padres, terão Vocês permissão para dizer *que se pode matar para evitar um tapa e uma injúria*, e não será permitido refutar publicamente um erro público de tamanha importância? Terão a liberdade de dizer que *um juiz pode, em boa consciência, conservar o que recebeu para cometer uma injustiça*, sem que tenhamos a liberdade de contradizer a Vocês? Imprimirão Vocês, com privilégio e aprovação de seus doutores, *que se pode ser salvo sem jamais ter amado a Deus*, e taparão a boca dos que defenderem a verdade da fé, dizendo-lhes que feririam a caridade fraterna ao atacar Vocês e a modéstia dos cristãos ao rirem das máximas de Vocês? Duvido, Padres, que tenham conseguido convencer alguém dessas coisas; no entanto, se houver quem se deixe persuadir e julgue que eu tenha ferido a caridade que devo a Vocês, desacreditando a sua moral, gostaria que tal pessoa examinasse com atenção de onde vem tal opinião. Pois ainda que imagine que ela parta do zelo, que não pode tolerar sem escândalo ver ser acusado o seu próximo, eu lhe pediria que considerasse que não é impossível que ele venha de alhures, e é até bem provável que venha do desprazer secreto e muitas vezes oculto a nós mesmos que o infeliz fundo que está em nós não deixa jamais de excitar contra quem se oponha ao relaxamento dos costumes. E para lhes dar uma regra que lhes faça reconhecer seu verdadeiro princípio, eu lhes perguntaria se, ao mesmo tempo que se queixam de terem assim tratado os religiosos, também se queixam ainda mais de que tais religiosos tenham assim tratado a verdade. Pois se se irritaram não só contra as Cartas, mas ainda mais contra as máximas que a elas estão relacionadas, confessarei que pode ser que seu ressentimento tenha origem num zelo pouco esclarecido; e, então, estas palavras serão suficientes para esclarecê-los. Mas se se indignam só contra as repreensões e não contra as coisas repreendidas, na verdade, Padres, jamais me impedirei de lhes dizer que estão grosseiramente enganados e que seu zelo é cego.

Estranho zelo que se irrita contra os que acusam erros públicos, e não contra os que os cometem! Que nova caridade essa, que se ofende de ver refutados erros manifestos e não se ofende de ver a moral invertida por tais erros! Se tais pessoas corressem o risco de ser assassinadas, ofender-se-iam por lhes avisarem da emboscada que lhes armam; e, em vez de tomar outro caminho para evitá-la, se divertiriam em se queixar da falta de caridade demonstrada ao se revelar os planos criminosos dos assassinos? Irritam-se elas quando lhes dizem para não comerem de certa carne envenenada ou não irem a uma cidade, porque contaminada pela peste?

Por que, então, julgam que faltamos com a caridade quando revelamos máximas nocivas à religião e creem, ao contrário, que não faltaríamos com a caridade se lhes revelássemos as coisas nocivas à sua saúde e à sua vida; senão porque o amor que têm pela vida faz que recebam favoravelmente tudo o que contribui para a sua conservação; e a indiferença que têm pela verdade faz que, não só não se empenhem na defesa dela, mas até vejam com repulsa os que se esforçam por destruir a mentira?

Considerem, pois, diante de Deus, o quanto a moral que os casuístas jesuítas propagam por toda parte é vergonhosa e perniciosa à Igreja; o quanto a licença que introduzem nos costumes é escandalosa e desmedida: o quanto a ousadia com a qual Vocês os defendem é teimosa e violenta. E se não julgarem que chegou a hora de erguerem-se contra tais desordens, a cegueira deles será tão lamentável quanto a de Vocês, Padres, pois tanto Vocês como eles têm motivo semelhante de temer estas palavras de Santo Agostinho acerca das de Jesus Cristo no Evangelho: *Ai dos cegos que servem de guia! Ai dos cegos que são guiados! "Vae cacis ducentibus! Vae caecis sequentibus!"*.

Mas, para que Vocês não tenham oportunidade de passar essas impressões aos outros, nem as recebam Vocês mesmos, eu lhes direi, Padres (e tenho vergonha de que Vocês me obriguem a dizer o que eu deveria aprender com Vocês), eu lhes direi, pois, quais marcas os Padres da Igreja nos deram para julgarmos se as repreensões partem do espírito de piedade e de caridade ou do espírito de impiedade e de ódio.

A primeira dessas regras é que o espírito de piedade sempre leva a falar com veracidade e sinceridade; ao passo que a inveja e o ódio usam da mentira e da calúnia: *splendentia et vehementia, sed rebus veris*, diz Santo Agostinho. Aquele que se vale da mentira age pelo espírito do diabo. Não há direção de intenção que possa retificar a calúnia; e mesmo que se tratasse de converter a terra inteira, não seria permitido denegrir pessoas inocentes; pois não se deve fazer o menor mal para proporcionar o maior bem, e *a verdade de Deus não precisa da nossa mentira*, segundo a Escritura. É dever dos defensores da verdade, diz Santo

Hilário, *só propor coisas verdadeiras*. Por isso, Padres, posso dizer, diante de Deus, que nada há que eu mais deteste do que ferir a verdade, por pouco que seja; e que sempre tomei todo cuidado não só para não falsificar, o que seria horrível, mas para não alterar ou desviar minimamente o sentido de um texto. Assim, se ousar servir-me, nestas circunstâncias, das palavras do mesmo Santo Hilário, poderei dizer com ele: *se dissermos coisas falsas, que nossos discursos sejam considerados infames; mas se mostrarmos que as que aventamos são públicas e manifestas, não é sair da modéstia e da liberdade apostólicas censurá-las.*

Mas não basta, Padres, dizer coisas verdadeiras, é preciso também não dizer todas as que são verdadeiras, pois só devemos relatar as coisas que é útil revelar, e não as que só poderiam ferir, sem produzir nenhum fruto. E assim, como a primeira regra é falar com verdade, a segunda é falar com discrição. *Os maus*, diz Santo Agostinho, *perseguem os bons e seguem a cegueira da paixão que os anima; enquanto os bons perseguem os maus com sábia discrição, assim como os cirurgiões consideram o que cortam, enquanto os assassinos não olham para onde ferem.* Sabem Vocês muito bem, Padres, que não relatei as máximas de seus autores que lhes seriam mais sensíveis, embora pudesse tê-lo feito, e até mesmo sem pecar contra a discrição, do mesmo modo que homens doutos e catolicíssimos o fizeram antigamente. E todos os que leram os autores de sua Companhia sabem, tanto quanto Vocês, que eu os poupei; além disso, não falei de modo nenhum contra o que lhes diz respeito cada qual em particular; e não me perdoaria ter dito algo sobre os vícios secretos e pessoais, por maiores que fossem as provas que deles tivesse. Pois sei que isso é próprio do ódio e da animosidade e que jamais devemos fazê-lo, a menos que haja necessidade muito premente disso, para o bem da Igreja. É, pois, claro que não faltei de modo nenhum com a discrição no que fui obrigado a dizer acerca das máximas da sua moral, e que Vocês têm mais motivos de se regozijar com a minha moderação do que de se queixar de minha indiscrição.

A terceira regra, Padres, é que quando somos obrigados a usar de caçoada, o espírito de piedade leva a só nos servirmos dela contra os erros, e não contra as coisas santas; ao passo que o espírito de palhaçada, de impiedade e de heresia se ri do que há de mais sagrado. Já me justifiquei sobre este ponto; e estamos muito longe de nos expor a tal vício quando nos basta falar das opiniões de seus autores que relatei.

Enfim, caros Padres, para resumir estas regras, não lhes direi mais do que esta, que é o princípio e fim de todas as outras. É que o espírito de caridade leva ao coração o desejo da salvação daqueles contra os quais falamos e a dirigir nossas orações a Deus ao mesmo tempo que dirigimos tais censuras aos homens. *Devemos sempre*, diz Santo Agostinho, *conservar a caridade no coração, mesmo quando somos obrigados a fazer externamente coisas que parecem rudes aos homens, e golpeá-los com severidade dura, mas benévola, pois a utilidade deve ser preferida à satisfação*. Creio, Padres, nada haver em minhas Cartas que mostre que eu não tenha tido esse desejo por Vocês; e, assim, a caridade obriga Vocês a crerem que eu de fato o tive, quando nada veem de contrário a isso. Fica claro, portanto, com isso, que Vocês não podem mostrar que eu tenha pecado contra tal regra, nem contra nenhuma daquelas que a caridade obriga a seguir; e é por isso que Vocês não têm nenhum direito de dizer que eu a tenha ferido com o que fiz.

Mas se quiserem, Padres, ter agora o prazer de ver em poucas palavras um comportamento que peca contra cada uma dessas regras e traz realmente a marca do espírito de palhaçada, de inveja e de ódio, eu lhes darei alguns exemplos. E, para que eles lhes sejam mais conhecidos e familiares, eu os tomarei dos escritos de Vocês mesmos.

Pois, para começar pela maneira indigna como os seus autores falam das coisas santas, quer nas zombarias, quer nas galanterias, quer nos discursos sérios, acham Vocês que tantos contos ridículos do seu Padre Binet, em sua *Consolação dos doentes*, sejam muito apropriados ao objetivo que escolhera de consolar cristãmente aos que Deus aflige? Dirão Vocês que a maneira tão profana e leviana com que o Padre Le Moine falou da piedade em sua *Devoção cômoda* seja mais própria a provocar o respeito ou o desprezo pela ideia por ele formada da virtude cristã? Depreende-se outra coisa, em todo o seu livro das *Pinturas Morais*, tanto na prosa como nos versos, senão um espírito cheio das vaidades e loucuras do mundo? Será uma peça digna de um sacerdote esta ode do sétimo livro intitulada: *Elogio do pudor, onde se mostra que todas as belas coisas são vermelhas ou sujeitas a enrubescer?* Foi o que ele fez para consolar uma dama, por ele chamada de Delphine, que corava amiúde. Diz ele, portanto, em cada estância, que algumas das coisas mais apreciadas são vermelhas, como as rosas, as granadas, a boca, a língua; e é em meio a essas galanterias, vergonhosas para um religioso, que ele ousa mesclar insolentemente esses espíritos bem-aventurados que assistem diante de Deus e de quem os cristãos só devem falar com veneração.

> Os querubins gloriosos,
> Compostos de cabeça e pluma,
> Que Deus com seu espírito ilumina,
> E com os olhos aclara;
> Essas ilustres faces voadoras
> São sempre vermelhas e ardentes,
> Quer do fogo de Deus, quer do seu próprio,
> E em suas chamas mútuas
> Fazem com o movimento das asas
> Um leque para seu calor.
> Mas o rubor brilha em ti,
> Delphine, com maior vantagem
> Quando a honra está em teu rosto
> Vestida de púrpura como um rei etc.

Que dizem disso, Padres? Essa preferência pelo rubor de Delphine ao ardor desses espíritos, que é pura caridade; e parece-lhes muito cristã a comparação de um leque com essas asas misteriosas, numa boca que consagra o corpo adorável de Jesus Cristo? Sei que ele só falou assim para parecer galante e para rir: mas é isso que se chama rir das coisas santas. E não é verdade que, se lhe fizessem justiça, ele não escaparia da censura, ainda que, para se defender, se valesse desta razão, ela mesma não menos censurável, que cita no livro: *que a Sorbonne não tem jurisdição sobre o Parnaso, e os erros dessas paragens* não estão sujeitos nem às Censuras, nem à Inquisição, como se só fosse proibido ser blasfemo e ímpio em prosa? Mas pelo menos não se garantiria com isso esta outra passagem do prólogo do mesmo livro: *que a água do rio às margens do qual compôs seus versos é tão propícia a gerar poetas, que, se dela fizessem água benta, ela não expulsaria o demônio da poesia*, como tampouco esta do seu Padre Garasse, em sua *Suma das verdades capitais da Religião*, p. 649, onde une a blasfêmia à heresia, assim falando do mistério sagrado da Encarnação: *a personalidade humana foi como enxertada ou posta a cavalo sobre a personalidade do Verbo*. E este outro trecho do mesmo autor, p. 510, deixando de lados muitos outros, onde diz a respeito do Nome de Jesus, normalmente representado assim:

+

IHS

que alguns lhe subtraíram a cruz para conservarem só estes caracteres, IHS, que é um JESUS vítima de furto.

Assim é que Vocês tratam indignamente as verdades da religião, contra a regra inviolável que obriga a delas falar sempre com reverência. Mas Vocês não pecam menos contra a norma que obriga a só falar delas com verdade e discrição. O que há de mais frequente em seus escritos do que a calúnia? São sinceros os do Padre Brisacier?[2] E fala ele com veracidade quando diz, 4ª. parte, p. 24 e 25, que as religiosas de Port-Royal não rezam para os santos e não têm imagens em sua igreja? Não são muito audaciosas essas falsidades, pois o contrário está bem à vista de Paris inteira? E fala com discrição, quando dilacera a inocência dessas moças, cuja vida é tão pura e tão austera, quando as chama de *jovens impenitentes, assacramentadas, incomungantes, virgens insensatas, esquisitas, calaganes, desesperadas e tudo o que Você quiser, etc.* e as denigre com tantas outras maledicências, que mereceram a censura do falecido arcebispo de Paris? Quando calunia sacerdotes cujos costumes são irrepreensíveis, a ponto de dizer, 1a. parte, p. 22,

---

[2] JEAN DE BRISACIER (1603-1668), JESUÍTA FRANCÊS.

que praticam novidades nas confissões, para conquistar as belas e as inocentes; e quem não teria horror ao relatar os crimes abomináveis que cometem? Não será temeridade insuportável aventar imposturas tão tenebrosas, não só sem prova, mas sem a mínima sombra e sem a mínima verossimilhança? Não me deterei mais sobre este assunto, e me reservo falar sobre ele mais longamente em outra ocasião; pois lhes devo falar dessa matéria, e o que disse já basta para mostrar como Vocês pecam ao mesmo tempo contra a verdade e contra a discrição.

Mas dirão, talvez, que Vocês não pecam pelo menos contra a última regra, que obriga a ter o desejo da salvação de quem é denigrido, e que não poderíamos acusar Vocês disso sem violar o segredo de seu coração, que só Deus conhece. É estranho, porém, Padres, que possamos acusá-los disso; que tendo o seu ódio contra os adversários chegado ao extremo de lhes desejar a condenação eterna, a cegueira de Vocês tenha chegado ao ponto de revelar um desejo tão abominável: que, muito longe de formar em segredo o desejo da salvação, Vocês tenham feito em público votos pela condenação deles; e que depois de terem manifestado tal infeliz desejo na cidade de Caen, para escândalo de toda a Igreja, Vocês tenham em seguida ousado sustentar em Paris, em seus livros impressos, ação tão diabólica. Não é possível acrescentar mais nada a tais excessos contra a piedade. Zombar e falar indignamente das coisas mais sagradas: caluniar as virgens e os sacerdotes falsa e escandalosamente; e, por fim, formar desejos e votos de danação em relação a eles. Não sei, Padres, se Vocês não estão confusos; e como podem ter pensado em me acusar de ter faltado com a caridade, a mim, que só falei com tanta verdade e moderação, sem fazer reflexões acerca das horrorosas violações da caridade que Vocês mesmos cometem com tão deploráveis arroubos.

Enfim, Padres, para concluir com outra censura que me fazem, de que em meio ao grande número de suas máximas que cito, algumas há que já haviam sido alvo de objeções, e, assim, Vocês se queixam de que *repito contra Vocês o que já fora dito*, respondo que é, pelo contrário, porque Vocês não tiraram proveito do que já lhes foi dito que eu o repeti mais uma vez. Pois que frutos deu o fato de tantos eruditos doutores e a Universidade inteira terem repreendido Vocês em tantos livros? Que fizeram os Padres Annat, Caussin, Pintereau e Le Moine nas respostas que deram, senão cobrir de injúrias os que lhes haviam dado conselhos tão salutares? Suprimiram Vocês os livros em que essas máximas ruins são ensinadas? Reprimiram os autores delas? Tornaram-se mais circunspectos em relação a elas? E depois disso não foi Escobar impresso tantas vezes na França e nos Países Baixos e não pararam os Padres Cellot, Bagot, Bauny, L'Amy, Le Moine e os demais de publicar todos os dias as mesmas coisas e outras novas ainda mais licenciosas do que nunca? Não se queixem, portanto, Padres, nem de ter eu censurado máximas que Vocês não retiraram, nem de ter rido de todas elas. Basta examiná-las para nelas encontrar a refutação de Vocês e a minha defesa. Quem poderá ler sem rir a decisão do Padre Bauny para aquele que põe fogo num celeiro; a do Padre Cellot para a restituição; o regulamento de Sánchez em favor dos feiticeiros; a maneira como Hurtado pretende evitar o pecado do duelo passeando pelos campos, à espera de um homem: as fórmulas do Padre Bauny para se evitar a usura; o jeito de evitar a simonia por um desvio de intenção e de evitar a mentira falando ora alto, ora baixo, e as demais opiniões de seus mais graves doutores? Será preciso mais, Padres, para me justificar? E haverá algo melhor, *em razão da vaidade e da fraqueza dessas opiniões, do que a risada*, segundo Tertuliano? Mas, Padres, a corrupção dos costumes que suas máximas provocam é digna de outra consideração, e podemos fazer esta outra pergunta, com o mesmo Tertuliano: *Convém rir da loucura deles ou deplorar sua cegueira?* "Rideam vanitatem, an exprobrem caecitatem?". Creio, Padres, *que podemos rir e chorar delas, à escolha:* "Haec tolerabilius vel ridentur, vel flentur", diz Santo Agostinho. Reconheçam, portanto, *que há tempo para rir e tempo para chorar*, segundo a Escritura. E faço votos, meus caros Padres, que não se confirme em Vocês a verdade destas palavras dos Provérbios: *que há gente tão pouco razoável, que com ela não encontramos satisfação de nenhum jeito, nem rindo, nem nos encolerizando.*

Décima Segunda Carta

Escrita pelo autor das Cartas ao Provincial aos Reverendos Padres jesuítas

9 de setembro de 1656.

Reverendos Padres,

Estava pronto para lhes escrever acerca das injúrias que Vocês vêm lançando contra mim há muito tempo, em que me chamam de ímpio, palhaço, ignorante, farsante, impostor, caluniador, pilantra, *herege, calvinista disfarçado, discípulo de Du Moulin, possuído por uma legião de diabos, etc.* e mais tudo o que quiseram. Queria expor ao mundo por que Vocês me tratam assim, pois me aborreceria que acreditassem tudo isso de mim; e havia resolvido queixar-me de suas calúnias e de suas imposturas, quando vi as suas respostas, onde Vocês me acusam a mim mesmo disso tudo. Com isso, Vocês me obrigaram a mudar de planos, e, no entanto, não deixarei de dar sequência a eles de algum modo, pois espero, ao me defender, provar que Vocês são culpados de mais imposturas de verdade do que de quantas falsas imposturas me imputaram. Na verdade, Padres, Vocês são mais suspeitos de tudo isso do que eu. Pois não é provável que, estando sozinho como estou, sem força e sem nenhum apoio humano contra tão grande Corporação, e tendo como único esteio a verdade e a sinceridade, eu me tenha exposto a perder tudo, expondo-me a provarem a minha impostura. É fácil demais descobrir falsidades nas questões de fato, como esta. Não faltariam pessoas para me acusarem, e a justiça não lhes seria negada. Quanto a Vocês, meus caros Padres, não estão nesta situação, e podem dizer contra mim o que quiserem, sem que eu tenha a quem me queixar. Nesta diferença das nossas condições, eu não deveria ser pouco circunspecto, mesmo que outras considerações não me obrigassem a tanto. No entanto, Vocês me tratam como um insigne impostor, e assim me forçam a começar tudo de novo: mas sabem que isso não pode ser feito sem expor de novo e até mesmo sem revelar mais a fundo os pontos de sua moral; e nisso tenho minhas dúvidas de que Vocês sejam bons políticos. A guerra é travada na sua casa e a suas custas; e, embora tenham julgado que, tornando mais confusas as questões com termos escolásticos, as respostas seriam tão longas, tão obscuras e tão espinhosas, que as pessoas desistiriam do assunto, as coisas talvez não se passem exatamente assim; pois tentarei entediá-los o mínimo possível neste gênero de escrita. As suas máximas têm algo de engraçado que diverte a todos. Lembrem-se, pelo menos, de que são Vocês que me obrigam a prestar tais esclarecimentos, e veremos quem se defende melhor.

A primeira de suas imposturas é sobre a *opinião de Vásquez acerca da esmola*. Permitam-me, pois, explicá-la com clareza, para suprimir toda obscuridade de nossas disputas. É bem sabido, meus caros Padres, que, segundo o espírito da Igreja, há dois preceitos acerca da esmola: *um, dar de seu supérfluo nas necessidades ordinárias dos pobres; outro, dar mesmo o que é necessário, nas necessidades extremas*. É o que diz Caetano, na esteira de Santo Tomás: assim, para mostrar o espírito de Vásquez acerca da esmola, convém mostrar como ele regrou tanto a que se deve fazer com o supérfluo, como a que deve ser feita com o necessário.

A do supérfluo, que é o mais comum socorro dos pobres, é inteiramente abolida por esta única máxima, *De El.*, c. IV, n. 14, que citei em minhas cartas: *o que as pessoas da alta sociedade conservam para melhorar sua condição e a de seus parentes não é chamado de supérfluo. E por isso é raro encontrar algo de supérfluo nas pessoas da sociedade, e até mesmo nos reis.* Veem Vocês, meus caros Padres, que por essa definição todos os que tiverem ambição não terão nenhum supérfluo; e que, assim, a esmola deixa de existir no que se refere à maior parte das pessoas. Mas ainda que acontecesse de haver algum supérfluo, as pessoas seriam dispensadas de dá-lo nas necessidades comuns, segundo Vásquez, que se opõe aos que querem obrigar os ricos a isso. Eis as suas palavras, I, n. 32: *Corduba, diz ele, ensina que, quando temos algum supérfluo, somos obrigados a dar dele aos que estão numa necessidade ordinária, pelo menos uma parte, para cumprir o preceito de algum modo:* MAS ISSO NÃO ME AGRADA: *"sed hoc non placet"*, POIS DEMONSTRAMOS O CONTRÁRIO *contra Caetano e Navarro.* Assim, Padres, a obrigação dessa esmola é absolutamente arruinada, segundo o que agrada a Vásquez.

Quanto à esmola do necessário, que somos obrigados a dar nas necessidades extremas e urgentes, Vocês verão pelas condições por eles estabelecidas para formar essa obrigação, que os mais ricos de Paris podem não ser forçados a dá-la um vez sequer durante a vida inteira. Citarei apenas duas: uma, QUE SE SAIBA *que o pobre não será auxiliado por mais ninguém: "haec intelligo et caetera omnia, quando SCIO nullum alium opem laturum"*, C. 1, n. 28. Que me dizem disso, meus queridos Padres? Acontecerá com frequência em Paris, onde há tanta gente caridosa, que se possa saber que não haverá ninguém para socorrer um pobre que se apresenta a nós? E, no entanto, se não tivermos tal conhecimento, poderemos despedi-lo sem ajuda, segundo Vásquez. A outra condição é que a necessidade desse pobre seja tal, que ele *corra o risco de algum acidente mortal ou de perder a reputação*, n. 24 e 26, o que é muito pouco comum; mas o que assinala ainda mais a sua raridade é que ele diz, num. 45, que o pobre que está nesse estado em que, segundo ele, há obrigação de lhe dar a esmola, *pode roubar o rico em boa consciência*. E, assim, deve ser muito extraordinário isso, a não ser que pretenda ser comum a permissão para roubar. Assim, depois de ter destruído a obrigação de dar a esmola do supérfluo, que é a maior fonte das caridades, só obriga os ricos a auxiliarem os pobres com seu necessário quando permite aos pobres roubarem os ricos. Eis aí a doutrina de Vásquez, que Vocês oferecem aos leitores para edificação deles.

Vejamos agora as suas imposturas. Vocês tratam longamente, primeiro, da obrigação que Vásquez impõe aos eclesiásticos de dar esmola. Mas não falei sobre isso, e falarei quando Vocês quiserem. Não se trata disso aqui. Quanto aos leigos, os únicos em questão, parece que Vocês querem dar a entender que Vásquez só fale deles, no trecho por mim citado, no sentido de Caetano, e não segundo o seu próprio; como, porém, nada há de mais falso, e como Vocês não o disseram com clareza, quero crer, para honra de Vocês, que não quiseram dizer isso.

Em seguida, porém, Vocês se queixam energicamente de que eu, depois de ter citado esta máxima de Vásquez: é raro encontrar algo de supérfluo nas pessoas da alta Sociedade, e até mesmo nos reis, tenha concluído *que os ricos praticamente não* são, portanto, obrigados a dar esmola de seu supérfluo. Mas que querem dizer com isso, meus caros Padres? Se é verdade que os ricos quase nunca têm algum supérfluo, não é certo que não serão quase nunca obrigados a dar esmola de seu supérfluo? Eu lhe apresentaria um argumento formal a este respeito, se Diana, que estima tanto a Vásquez que o chama de *fênix dos espíritos*, não tivesse tirado a mesma consequência do mesmo princípio. Pois, depois de citar essa máxima de Vásquez, conclui ele: *que na questão de saber se os ricos são obrigados a dar esmola de seu supérfluo, ainda que a opinião que os obrigue a tal fosse verídica, não aconteceria nunca, ou quase nunca, de serem obrigados a tanto na prática*. Limitei-me a seguir, palavra por palavra, todo esse discurso. Que quer dizer isso, então, meus caros Padres? Quando Diana cita elogiosamente as opiniões de Vásquez, as considera prováveis *e muito cômodas para os ricos*, como ele mesmo diz no mesmo lugar, ele não é nem caluniador, nem falsário, e Vocês não se queixam de que as tenha imputado a ele; mas quando represento essas mesmas opiniões de Vásquez, sem, porém, chamá-lo de *fênix*, sou um impostor, um falsário e um corruptor de suas máximas. Por certo, Padres, Vocês têm motivos de temer que essa diferença de tratamento para com os que não diferem na citação, mas só na estima que têm pela doutrina de Vocês, revele o fundo do coração de Vocês e faça as pessoas julgarem que Vocês têm como principal objetivo defender o crédito e a glória de sua Companhia; pois, enquanto sua teologia conciliadora passa por uma sábia condescendência, Vocês não reprovam os que a publicam, e, ao contrário, os elogiam como auxiliares em seus planos. Mas quando ela é mostrada como perniciosa permissividade, então o mesmo interesse de sua Sociedade obriga Vocês a reprovarem máximas que os prejudicam no mundo: e, assim, Vocês os reconhecem ou renegam, não segundo a verdade, que não muda nunca, mas segundo as diversas mudanças dos tempos, de acordo com estas palavras de um antigo: "*omnia pro tempore, nihil pro veritate*". Prestem atenção, Padres; e para que não possam mais me acusar de ter tirado do princípio de Vásquez uma consequência que ele teria reprovado, saiba que ele mesmo a tirou, C. I, n. 27. *Raramente somos obrigados a dar esmola, quando só somos obrigados a dá-la de nosso supérfluo, segundo a opinião de Caetano E SEGUNDO A MINHA*, "*et secundum nostram*". Confessem, pois, meus caros Padres, pelo testemunho de Vásquez, que segui exatamente o seu pensamento; e considerem com que consciência Vocês ousaram dizer *que se formos à fonte, veremos com espanto que se ensina o exato contrário*.

Por fim, Vocês afirmam, além de tudo o que dizem, que se Vásquez não obriga os ricos a darem a esmola de seu supérfluo, os obriga, em compensação, a dar de seu necessário. Mas Vocês se esquecem de assinalar o conjunto de condições que ele declara serem necessárias para formar essa obrigação, as quais citei, e que a restringem de tal maneira, que a aniquilam quase por completo: e, em vez de explicar assim, sinceramente, a sua doutrina, Vocês dizem de modo genérico que ele obriga os ricos a darem até mesmo o que é necessário para a sua condição. É dizer demais, meus caros Padres: a regra do Evangelho não vai tão longe; seria outro erro, de que Vásquez está bem distante. Para encobrir o relaxamento dele, Vocês lhe atribuem um excesso de severidade que o tornaria repreensível e, com isso, perdem o crédito de tê-lo citado fielmente. Ele, porém, não é digno desta repreensão, depois de ter estabelecido, como mostrei, que os ricos não são obrigados, nem pela justiça, nem pela caridade, a dar de seu supérfluo e ainda menos do necessário em todas as necessidades ordinárias dos pobres, e que eles só são obrigados a dar do necessário em circunstâncias tão raras, que não acontecem praticamente nunca.

Vocês nada mais me objetam; assim, só me resta mostrar como é falso o que pretendem, que Vásquez seja mais severo que Caetano. E isso vai ser muito fácil, pois ensina esse cardeal *que somos obrigados por justiça a dar a esmola de nosso supérfluo, mesmo nas necessidades comuns dos pobres: porque, segundo os santos Padres, os ricos são só distribuidores de seu supérfluo, para dá-lo a quem quiserem entre aqueles que dele necessitam.* E assim, enquanto Diana diz das máximas de Vásquez *que elas serão muito cômodas e agradáveis aos ricos e a seus confessores,* esse cardeal, que não tem tal consolação a lhes dar, declara, *De Elem.,* c. 6, *que nada tem que dizer aos ricos, senão estas palavras de Jesus Cristo: é mais fácil um camelo passar pelo buraco de uma agulha, do que um rico entrar no céu; e a seus confessores, senão estas palavras do mesmo Salvador: se um cego guia outro, ambos caem no precipício;* tão indispensável julgou tal obrigação! É também o que os Padres e todos os santos estabeleceram como verdade certa. *Há dois casos,* diz Santo Tomás, 2, 2, q. 118, art. 4, *onde somos obrigados a dar a esmola por dever de justiça,* ex debito legali: *um, quando os pobres estão em perigo; o outro, quando possuímos bens supérfluos.* E q. 87, a. 1: *Os três décimos que os judeus são obrigados a comer com os pobres foram aumentados na lei nova, porque Jesus Cristo quer que demos aos pobres, não só a décima parte, mas todo o nosso supérfluo.* E, no entanto, não agrada a Vásquez que sejamos obrigados a dar mesmo uma só parte, tamanha a sua complacência para com os ricos, a sua dureza para com os pobres e a sua oposição a esses sentimentos de caridade que nos fazem achar doces estas palavras de São Gregório, que parecem tão rudes aos ricos do mundo: *Quando damos aos pobres o que lhes é necessário, nem tanto damos o que é nosso, mas lhes devolvemos o que é deles: e este é um dever de justiça, mais do que obra de misericórdia.*

Assim é que os santos recomendam aos ricos dividirem com os pobres os bens da terra, se quiserem possuir com eles os bens do céu. E enquanto Vocês se esforçam por conservar nos homens a ambição, que faz que jamais tenham nenhum supérfluo, e a avareza, que se recusa a dar o que tem, os santos empenharam-se, pelo contrário, em levar os homens a darem seu supérfluo e em lhes mostrar que tal supérfluo é grande, se o medirem, não pela cupidez, que não tem limites, mas pela piedade, que é engenhosa em se retrair para ter com que se prodigar no exercício da caridade. *Temos muito supérfluo*, diz Santo Agostinho, *se só conservarmos o necessário: mas se buscarmos as coisas vãs, nada nos bastará. Buscai, irmãos, o que basta à obra de Deus*, isto é, à natureza; *e não o que basta à vossa cupidez*, que é obra do demônio; *e lembrai-vos de que o supérfluo dos ricos é o necessário dos pobres.*

Eu gostaria, meus caros Padres, que o que lhes digo servisse não só para me justificar, o que seria pouco, mas também para fazer Vocês perceberem e odiarem o que há de corrupto nas máximas de seus casuístas, a fim de nos unirmos sinceramente nas santas regras do Evangelho, segundo as quais havemos todos de ser julgados.

Quanto ao segundo ponto, que diz respeito à simonia, antes de responder às acusações a mim dirigidas, começarei pela explicação da doutrina de Vocês sobre esta matéria. Como se viram enredados entre os cânones da Igreja, que impõem horríveis penas aos simoníacos, e a avareza de tantas pessoas que buscam esse infame tráfico, Vocês seguiram o método de sempre, que é o de conceder aos homens o que eles querem, e dar a Deus palavras e aparências. Pois o que pedem os simoníacos, senão conseguir dinheiro em troca de seus benefícios? E foi isso que Vocês eximiram de simonia. Mas já que é preciso que o nome de simonia continue existindo e tenha um sujeito a ele vinculado, Vocês escolheram para isso uma ideia imaginária, que jamais passa pela cabeça dos simoníacos e lhes seria inútil, que é estimar o dinheiro, considerado em si mesmo, tanto quanto o bem espiritual, considerado em si mesmo. Pois a quem ocorreria comparar coisas tão díspares e de gênero tão diferente? E, no entanto, contanto que não se faça essa comparação metafísica, é possível dar seu benefício a outro e receber por isso dinheiro, sem simonia, segundo os autores jesuítas.

É assim que Vocês brincam com a religião, para seguirem a paixão dos homens; e vejam, porém, com que gravidade o seu Padre Valentia expõe seus devaneios no lugar citado em minhas Cartas, t. III, disp. 16, p. 3, p. 2044: *Podemos*, diz ele, *dar um temporal por um espiritual de duas maneiras: uma, dando maior valor ao temporal que ao espiritual, e isso seria simonia; a outra, tomando o espiritual como o motivo e o fim que leva a dar o espiritual, sem, porém, que se dê maior valor ao temporal que ao espiritual; e então não é simonia. E a razão para isso é que a simonia consiste em receber um temporal como o preço justo de um espiritual. Portanto, se se pede o temporal,* si petatur temporale, *não como o preço, mas como o motivo que determina a conferi-lo, não é simonia de jeito nenhum, ainda que se tenha por fim e expectativa principal a posse do temporal:* "minime erit simonia, etiamsi temporale principaliter intendatur et expectetur". E não teve o seu grande Sánchez uma revelação parecida, segundo as palavras de Escobar, tr. 6, ex. 2, n. 40? Eis o que disse: *Se dermos um bem temporal por um bem espiritual, não como* PREÇO, *mas como* MOTIVO *que leva o colator a dá-lo ou como reconhecimento, se já o tivermos recebido, isso é simonia? Sánchez garante que não.* Eis as suas teses de Caen de 1644: É opinião provável, ensinada por vários católicos, que não é simonia dar um bem temporal por um espiritual, quando não o damos como preço. E quanto a Tannerus, eis aqui a sua doutrina, semelhante à de Valentia, que mostrará como Vocês estão errados em se queixarem de ter eu dito que ela não é conforme à de Santo Tomás; pois ele mesmo o confessa no lugar citado em minha Carta, t. III, d. 5, p. 1519: *Não há*, diz ele, *própria e verdadeiramente simonia, senão quando se toma um bem temporal como preço de um espiritual; mas quando ele é tomado como um motivo que leva a dar o espiritual ou como reconhecimento pelo que se deu, não é simonia, pelo menos em consciência.* E um pouco mais adiante: *Cumpre dizer a mesma coisa, ainda que se encare o temporal como fim principal, e até se ele for preferido ao espiritual: embora Santo Tomás e outros pareçam dizer o contrário, ao garantirem ser absolutamente simonia dar um bem espiritual por um temporal, quando o temporal for o fim disso.*

Aí está, meus caros Padres, a doutrina de Vocês sobre a simonia, tal como ensinada por seus melhores autores, que se seguem exatamente uns aos outros nesta matéria. Só me resta, portanto, responder às suas imposturas. Vocês nada disseram sobre a opinião de Valentia; e, assim, a doutrina dele subsiste depois da sua resposta. Mas se detêm na de Tannerus, e dizem que ele apenas decidiu que não se tratava de uma simonia de direito divino, e querem persuadir que suprimi dessa passagem as palavras *de direito divino*, e nisso Vocês não se mostram razoáveis, meus caros Padres: pois estas palavras, *de direito divino*, nunca estiveram nesse trecho. Acrescentam Vocês, em seguida, que Tannerus declara ser simonia *de direito positivo*. Enganam-se, Padres: ele não disse isso de um modo geral, mas em relação a casos particulares, *in casibus a jure expressis*, como diz ele nesse lugar. No que ele abre uma exceção em relação ao que havia estabelecido em geral nesta passagem, *que não é simonia em consciência*; o que implica que tampouco é simonia de direito positivo, a não ser que Vocês queiram tornar Tannerus ímpio o bastante para sustentar que uma simonia de direito positivo não é uma simonia em consciência. Mas Vocês buscam de propósito as palavras *direito divino, direito positivo, direito natural, tribunal interior e exterior, casos exprimidos no direito, presunção externa* e outras que não são muito conhecidas, para escaparem em meio a essa escuridão e fazerem perder de vista seus desvarios. Mas não vão escapar, Padres, com essas vãs sutilezas, pois eu lhes dirigirei perguntas tão simples, que não estarão sujeitas ao *distinguo*.

Pergunto a Vocês, então, sem falar de *direito positivo* nem de *presunção de tribunal exterior*, se um detentor de benefício eclesiástico será simoníaco, segundo os autores jesuítas, ao dar um benefício de quatro mil libras de renda e receber dez mil francos em dinheiro vivo, não como preço do benefício, mas como um motivo que o leva a dá-lo. Respondam-me com clareza, meus caros Padres: o que se deve concluir deste caso, segundo os autores jesuítas? Não dirá Tannerus, formalmente, *que não é simonia em consciência, pois o temporal não é o preço do benefício, mas só o motivo que o leva a dá-lo?* Não decidirão da mesma maneira Valentia, as teses dos jesuítas de Caen, Sánchez e Escobar, *que não é simonia*, pela mesma razão? Será preciso algo mais para desculpar esse beneficiário de simonia? E ousariam Vocês chamá-lo de simoníaco em seus confessionários, seja qual for a opinião que cada um de Vocês tenha individualmente, pois ele teria o direito de mandá-los calar a boca, já que agiram assim segundo o parecer de tantos graves doutores? Confessem, pois, que tal beneficiário é absolvido de simonia, segundo Vocês; e defendam agora tal doutrina, se forem capazes.

Eis aí, Padres, como se devem tratar as questões para desenredá-las, em vez de enredá-las, com termos escolásticos ou mudando o estado da questão, como fazem Vocês em sua última acusação, do seguinte modo. Tannerus, dizem Vocês, declara, pelo menos, que tal troca é um grande pecado; e Vocês me acusam de ter maldosamente suprimido essa circunstância, *que a justifica inteiramente*, segundo Vocês. Mas estão enganados, e de várias maneiras. Pois mesmo que o que dizem fosse verdade, não se tratava, no lugar onde eu falava disso, de saber se havia pecado nisso, mas só se havia simonia. Ora, são duas questões bem distintas: os pecados só obrigam a se confessar, segundo as máximas de Vocês; a simonia obriga a restituir; e pessoas há para as quais isso faria uma bela diferença. Pois Vocês descobriram expedientes para tornar suave a confissão; mas não descobriram nenhum para tornar agradável a restituição. Devo dizer-lhes, além disso, que o caso que Tannerus acusa de pecado não é simplesmente aquele em que se dá um bem espiritual por um bem temporal, que é o seu motivo, e até o principal; mas acrescenta ele ainda *que se valorize mais o temporal que o espiritual*, o que é esse caso imaginário de que falamos. E ele não está errado ao acusar aquele de pecado, pois seria preciso ser muito mau ou muito estúpido para não querer evitar um pecado de um jeito tão fácil, que é o de se abster de comparar os preços dessas duas coisas, quando é permitido dar uma pelo outra. Além disso, ao examinar, no lugar já citado, se há pecado em dar um bem espiritual por um bem temporal, Valentia cita as razões dos que dizem que sim, acrescentando: *Sed hoc non videtur mihi satis certum: Isso não me parece certo o bastante.*

Mas, em seguida, o Padre Érade Bille, jesuíta, professor dos casos de consciência em Caen, decidiu que não há nisso nenhum pecado: pois as opiniões prováveis vão sempre amadurecendo. Foi o que declarou em seus escritos de 1644, contra os quais o Sr. du Pré, doutor e professor em Caen, compôs essa bem conhecida arenga impressa. Pois, embora esse Padre Érade Bille reconheça que a doutrina de Valentia, seguida pelo Padre Milhard e condenada na Sorbonne, *seja contrária à opinião comum, suspeita de simonia em várias coisas, e punida em justiça quando a sua prática é descoberta*, ele não deixa de dizer que é uma opinião provável e, por conseguinte, segura em consciência, e que não há nisso nem simonia, nem pecado. *Trata-se*, diz ele, *de uma opinião provável e ensinada por muitos doutores católicos, a de que não há nenhuma simonia NEM PECADO NENHUM em dar dinheiro ou outra coisa temporal por um benefício, quer como reconhecimento, quer como um motivo sem o qual ele não seria dado, contanto que ele não seja dado como algo de preço igual ao do benefício.* Isso é tudo o que se pode desejar. E, segundo todas essas máximas, Vocês veem, caros Padres, que a simonia será tão rara, que dela teriam isentado até Simão, o Mago, que queria comprar o Espírito Santo, e por isso é a imagem dos simoníacos compradores; e Giezi, que recebeu dinheiro por um milagre, e por isso é a figura dos simoníacos vendedores. Pois não há dúvida de que, quando Simão, nos Atos, *ofereceu dinheiro aos apóstolos para ter o poder*, não se serviu nem da palavra comprar, nem vender, nem preço, e se limitou a oferecer dinheiro como um motivo para que lhe dessem esse bem espiritual. E como isso não é simonia, segundo os autores jesuítas, ele se teria garantido contra o anátema de São Pedro, se tivesse aprendido as máximas de Vocês. E essa ignorância também foi muito prejudicial a Giezi, quando atingido pela lepra por meio de Eliseu; pois, tendo recebido dinheiro desse príncipe curado milagrosamente apenas como reconhecimento, e não como um preço igual à virtude divina que havia operado o milagre, ele teria obrigado Eliseu a curá-lo, sob pena de pecado mortal, pois teria agido de acordo com tantos doutores graves e, em casos semelhantes, seus confessores são obrigados a absolver os penitentes e a lavá-los da lepra espiritual, de que a corporal é apenas a figura.

Falando sério, meus caros Padres, seria fácil ridicularizá-los por isso; não sei por que Vocês se expõem a tanto. Pois me bastaria citar suas outras máximas, como a de Escobar na *Prática da simonia segundo a Sociedade de Jesus*, n. 40: É simonia quando dois religiosos entram em acordo do seguinte modo: tu me dás *o teu voto para me eleger provincial, e eu te darei o meu para te eleger prior? De modo algum.* E esta outra, n. 14: *Não é simonia obter um benefício com a promessa de dinheiro, quando não se tem, de fato, a intenção de pagar; pois é apenas uma simonia fingida, que não é mais verdadeira do que o falso ouro não é ouro.* É com essa sutileza de consciência que ele descobriu um jeito, acrescentando a malandragem à simonia, de obter benefícios sem dinheiro e sem simonia. Mas não tenho tempo para falar mais sobre essas coisas; pois preciso tratar de me defender da terceira calúnia de Vocês, acerca dos que pedem falência.

Quanto a esta calúnia, meus caros Padres, nada há de mais grosseiro. Vocês me tratam de impostor a respeito de uma opinião de Lessius, que não citei, mas é alegada por Escobar numa passagem que dele cito; e assim, mesmo que fosse verdade que Lessius não compartilha a opinião que Escobar lhe atribui, o que há de mais injusto do que me acusar por tal opinião? Quando cito Lessius e seus outros autores por mim mesmo, consinto em responder por isso. Mas como Escobar reuniu as opiniões de vinte e quatro de seus Padres, pergunto-lhes se devo ser fiador de algo além do que cito dele; e se é preciso, além disso, que eu responda pelas citações que ele mesmo faz nos trechos que dele tomei. Isso não seria razoável. Ora, é disso que se trata nessa passagem. Citei em minha carta este trecho de Escobar, traduzido mui fielmente, e sobre o qual também Vocês nada dizem: *Aquele que pede falência pode em boa consciência reter de seus bens o necessário para viver com honra, "ne indecore vivat"?* RESPONDO QUE SIM COM LESSIUS, "CUM LESSIO ASSERO POSSE", etc. Aí Vocês me dizem que Lessius não é dessa opinião. Mas vejam bem em que Vocês se metem. Pois se for verdade que ele tem essa opinião, chamarão Vocês de impostores, por terem garantido o contrário; e se não tiver, Escobar será o impostor: e assim, agora, alguém da Sociedade deve necessariamente ser culpado de impostura. Vejam que escândalo! Assim, Vocês não sabem prever as consequências das coisas. Acham que basta lançar injúrias contra as pessoas, sem pensarem em quem elas vão recair. Por que não comunicaram o problema a Escobar, antes de publicá-lo? Ele lhes teria dado satisfação. Não é tão difícil ter notícias de Valladolid, onde ele goza de perfeita saúde e termina a sua grande *Teologia Moral* em seis volumes, sobre o primeiro dos quais eu poderei um dia dizer alguma coisa. Enviaram-lhe as dez primeiras cartas; Vocês podiam também ter-lhe enviado a sua objeção; e tenho certeza de que ele teria respondido: pois, sem dúvida, leu em Lessius essa passagem de onde tirou o *ne indecore vivat*. Leiam-no bem, meus caros Padres, e Vocês a encontrarão tanto como eu, lib. II, capítulo XVI, n. 45: *Idem colligitur aperte ex juribus citatis, maxime quoad ea bona quae post cessionem acquirit, de quibus is qui debitor est etiam ex delicto, potest retinere quantum necessarium est, ut pro sua conditione NON INDECORE VIVAT. Petes an leges id permittant de bonis quae tempore instantis cessionis habebat? Ita videtur colligi ex. DD.*[1]

Não me deterei para lhes mostrar que Lessius, para autorizar tal máxima, abusa da lei, que concede apenas o simples viver aos que pedem falência, e não aquilo com que subsistam com honra: basta ter justificado Escobar contra tal acusação. É mais do que eu deveria fazer. Mas Vocês, meus caros Padres, não fazem o que devem: pois se trata de responder ao trecho de Escobar cujas decisões são cômodas, porque, sendo independentes do que vem antes e do que vem depois, e todas elas contidas em pequenos artigos, elas não estão sujeitas às distinções de Vocês. Já lhes citei seu trecho inteiro, que permite *aos que abrem falência reter seus bens, ainda que adquiridos injustamente, para sustentar a família com honra.* A este respeito, exclamei em minhas cartas: *Como,*

---

[1] O MESMO SE DEDUZ CLARAMENTE DA LEI CITADA, SOBRETUDO ACERCA DOS BENS QUE O DEVEDOR OBTÉM DEPOIS DA CESSÃO, MESMO POR DELITO, QUE ELE PODE CONSERVAR DELES O QUE FOR NECESSÁRIO PARA PODER *VIVER COM HONRA*. PERGUNTAS SE AS LEIS O PERMITAM DOS BENS QUE TINHA NO MOMENTO DA CESSÃO? ISSO PARECE DEDUZIR-SE DO QUE VAI ACIMA.

meus caros Padres, por que estranha caridade Vocês querem que os bens pertençam de preferência aos que os adquiriram mal do que aos credores legítimos?

É a isso que convém responder: mas é o que joga Vocês numa grande enrascada, que tentam em vão contornar desviando a questão e citando outros trechos de Lessius, que nada têm que ver com o assunto. Eu lhes pergunto, então, se essa máxima de Escobar pode ser obedecida em consciência pelos que abrem falência; e tomem cuidado com o que disserem. Pois se responderem que não, que será desse doutor e da doutrina da probabilidade de Vocês? E se disserem que sim, denuncio Vocês ao Parlamento.

Despeço-me deixando-os nessa dificuldade, meus caros Padres; pois já não tenho espaço para tratar da impostura seguinte acerca da passagem de Lessius sobre o homicídio; fica para a próxima vez, e o resto para depois.

Nada lhes direi, no entanto, sobre os Avisos cheios de falsidades escandalosas com os quais Vocês terminam cada impostura: responderei a tudo isso na carta em que espero mostrar a Vocês a origem de suas calúnias. Tenho pena de Vocês, Padres, por recorrerem a tais remédios. As injúrias que me dirigem não vão esclarecer as nossas discordâncias, e as ameaças que me fazem de tantas maneiras não vão impedir-me de me defender. Creem Vocês ter a força e a impunidade, mas eu creio ter a verdade e a inocência. Esta guerra em que a violência tenta oprimir a verdade é estranha e longa. Todos os esforços da violência não podem debilitar a verdade e só servem para elevá-la ainda mais. Todas as luzes da verdade nada podem para deter a violência, e só a atiçam ainda mais. Quando a força combate a força, o mais potente destrói o menos potente: quando se opõem discursos a discursos, os que são verídicos e convincentes refutam e dispersam os que só têm vaidade e mentira: mas a violência e a verdade nada podem uma contra a outra. Não se pretenda concluir daí que as coisas sejam iguais: pois há esta extrema diferença, que a violência só tem um curso limitado pela ordem de Deus, que conduz seus efeitos para a glória da verdade que ela ataca: enquanto a verdade subsiste eternamente e vence, por fim, seus inimigos; porque é eterna e potente como Deus mesmo.

Décima Terceira Carta

ESCRITA PELO AUTOR DAS
CARTAS AO PROVINCIAL
AOS REVERENDOS PADRES
JESUÍTAS

30 de setembro de 1656.

Reverendos Padres,

Acabo de ler o último escrito de Vocês, onde dão prosseguimento a suas imposturas até a vigésima, declarando que param por ali esse tipo de acusação, que constituía sua primeira parte, para passar à segunda, em que devem adotar uma nova maneira de se defender, mostrando que há outros casuístas além dos da sua Companhia que se entregam à permissividade, tanto como Vocês. Vejo agora, pois, meus caros Padres, a quantas imposturas devo responder: e já que a quarta em que nos detivemos se refere ao homicídio, há de ser conveniente, ao responder a ela, satisfazer também à 11, 13, 14, 15, 16, 17 e 18, que tratam do mesmo assunto.

Justificarei, portanto, nesta carta, a verdade das minhas citações contra as aleivosias que Vocês me impõem. Mas já que ousaram afirmar em seus escritos *que as opiniões de seus autores sobre o assassínio estão em conformidade com as decisões dos Papas e com as leis eclesiásticas*, Vocês me obrigam a refutar, em minha carta seguinte, uma Proposição tão temerária e tão injuriosa à Igreja. Importa mostrar que ela está livre das corrupções de Vocês, para que os hereges não possam valer-se desses desvarios para deles tirarem conclusões que a desonrem. E assim, vendo-se, por um lado, as perniciosas máximas de Vocês e, por outro, os cânones da Igreja, que sempre as condenaram, se poderá encontrar, ao mesmo tempo, tanto o que se deve evitar, como o que se deve seguir.

A sua quarta impostura refere-se a uma máxima referente ao assassínio, que Vocês pretendem que eu tenha atribuído falsamente a Lessius. É a seguinte: *Aquele que recebeu um tapa pode perseguir de imediato o inimigo, e até com golpes de espada, não para vingar-se, mas para restaurar sua honra.* Vocês dizem, então, que tal opinião é do casuísta Victoria. E ainda não é esse o ponto em discussão, pois não há nenhuma repugnância em dizer que ela seja ao mesmo tempo de Victoria e de Lessius, já que o mesmo Lessius diz que ela é também de Navarra e do Padre Henriquez, que ensinam que *aquele que recebeu um tapa pode na mesma hora perseguir um homem e lhe desferir tantos golpes quantos julgar necessário para restaurar sua honra.* O problema, portanto, resume-se em saber se Lessius compartilha as opiniões desses autores, tanto quanto seu confrade. E é por isso que Vocês acrescentam: *que Lessius só citou tal opinião para refutá-la; e que, assim, eu lhe atribuo uma opinião que ele só alega para combatê-la, o que é a ação mais covarde e mais vergonhosa do mundo que um escritor possa cometer.* Ora, afirmo, meus caros Padres, que ele só a cita para concordar com ela. É uma questão de fato, muito fácil de resolver. Vejamos, pois, como Vocês provam o que dizem, e verão em seguida como provo o que digo.

Para mostrar que Lessius não tem essa opinião, dizem Vocês que ele condena a sua prática: e, para prová-lo, citam um dos seus textos, liv. II, c. IX, n. 82, onde diz as seguintes palavras: *eu condeno a sua prática*. Concordo que, se se procurarem essas palavras em Lessius, no número 82, onde Vocês as citam, lá elas serão encontradas. Mas que hão de dizer, meus caros Padres, quando virem, ao mesmo tempo, que ele trata nesse trecho de uma questão completamente diferente daquela sobre a qual falamos, e que a opinião, cuja prática diz naquele lugar condenar, não é de modo algum aquela de que aqui se trata, mas outra completamente diferente? No entanto, para esclarecer este ponto, basta abrir o próprio livro a que Vocês remetem; pois lá se encontrará a sequência inteira do seu discurso, desta maneira.

Trata ele da questão de *saber se se pode matar por um tapa*, no n. 79, e a conclui no n. 80, sem que haja nisso tudo uma única palavra de condenação. Terminada essa questão, ele dá início a outra no artigo 81, de *saber se se pode matar por maledicências*. E é sobre esta que ele diz, no n. 82, estas palavras citadas por Vocês: *eu condeno a sua prática*.

Não é vergonhoso, então, meus caros Padres, que Vocês ousem apresentar tais palavras para fazerem crer que Lessius condena a opinião de que se pode matar por um tapa? E que não tendo, no total, apresentado senão essa prova, Vocês se mostrem triunfantes, dizendo, como disseram: *várias pessoas honradas de Paris já reconheceram essa insigne aleivosia pela leitura de Lessius e assim ficaram sabendo que crédito se deve dar a esse caluniador*? Como, meus caros Padres! É assim que Vocês abusam do crédito que essas pessoas honradas depositam em Vocês? Para dar a entender que Lessius não tem certa opinião, Vocês abrem para elas seu livro num lugar em que ele condena outra opinião. E como tais pessoas não desconfiam da boa fé de Vocês e não pensam em examinar se se trata, naquele lugar, da opinião contestada, Vocês abusam da credulidade delas. Tenho certeza, meus caros Padres, que Vocês, para se defenderem de tão vergonhosa mentira, recorreram à doutrina dos equívocos que Vocês mesmos elaboraram, e, lendo essa passagem *em alta voz*, diziam *bem baixinho* que se tratava de outra matéria. Mas não sei se essa razão, que basta para satisfazer a consciência de Vocês, há de bastar para satisfazer a justa queixa que lhes dirigirão essas pessoas honradas, quando virem que Vocês assim as ludibriaram.

Impeçam-nos, então, meus caros Padres, de ver as minhas cartas, pois só assim podem conservar ainda por algum tempo a credibilidade. Não faço isso com as que Vocês me escrevem; eu as envio a todos os meus amigos; quero que todos as vejam; e creio que temos todos razão. Pois, afinal, depois de terem publicado com tanto estardalhaço essa quarta impostura, eis que Vocês serão criticados, se vierem a saber que trocaram uma passagem por outra. Facilmente julgarão que se Vocês tivessem encontrado o que escrevem no lugar mesmo em que Lessius trata dessa matéria, não teriam ido procurá-lo alhures; e que Vocês só recorreram a tal expediente porque lá não encontraram nada que fosse favorável a seus planos. Vocês queriam que se encontrasse em Lessius o que dizem em sua impostura, p. 10, l. 12, *que ele não concede que tal opinião seja provável na especulação*; e diz Lessius expressamente em sua conclusão, n. 80: *esta opinião, de que se pode matar por um tapa recebido, é provável na especulação*. Não vemos aí, palavra por palavra, o contrário do que Vocês dizem? E quem poderá admirar o bastante com que audácia Vocês apresentam, em termos próprios, o contrário de uma verdade de fato: assim, em vez de concluir, desse suposto trecho, que Lessius não tinha tal opinião, se conclui muito bem de seu texto verdadeiro que ele compartilha essa mesma opinião.

Vocês também queriam dar a entender que Lessius tivesse dito *que condena a sua prática*. E, como eu já disse, não se acha uma única palavra de condenação naquele lugar; mas ele diz o seguinte: *parece que não devemos permitir FACILMENTE a sua prática: "in praxi non videtur FACILE PERMITTENDA"*. Serão essas, meus caros Padres, as palavras de um homem que *condena* uma máxima? Diriam Vocês que não se devem *permitir facilmente* na prática os adultérios ou os incestos? Não devemos concluir, pelo contrário, que, uma vez que Lessius não diz outra coisa, senão que a sua prática não deve ser facilmente permitida, a sua opinião é de que tal prática pode, por vezes, ser permitida, embora raramente? E como se quisesse ensinar a todos quando ela deve ser permitida e tirar das pessoas ofendidas os escrúpulos que as pudessem erradamente perturbar, por não saberem em que ocasiões lhes é permitido matar na prática, ele teve o cuidado de lhes assinalar o que devem evitar para praticarem tal doutrina em consciência. Ouçam-no, meus caros Padres: *parece*, diz ele, *que não devamos permiti-lo facilmente, POR CAUSA do perigo de que assim se aja por ódio ou por vingança ou com excesso ou que haja demasiados assassínios*. Assim, fica claro que esse assassínio continuará totalmente permitido na prática, segundo Lessius, se evitarmos esses inconvenientes, ou seja, se se puder agir sem ódio, sem vingança e em circunstâncias que não provoquem muitas mortes. Querem um exemplo, meus caros Padres? Aqui vai um bem recente. É o do tapa de Compiègne.[1] Pois Vocês hão de admitir que quem o recebeu demonstrou, pela maneira como se comportou, estar em pleno domínio das reações de ódio e de vingança. Só lhe restava, portanto, evitar um número excessivo de assassínios; e Vocês sabem, meus caros Padres, que é tão raro que jesuítas deem tapas nos oficiais da casa do rei, que não era de se temer que uma morte nessa ocasião provocasse muitas outras como consequência. E, assim, Vocês não podem negar que esse jesuíta era assassinável em boa consciência e que o ofendido poderia, nessa circunstância, pôr em prática para com ele a doutrina de Lessius. E talvez, meus caros Padres, ele o tivesse feito, se tivesse estudado na escola de Vocês e aprendido de Escobar *que um homem que tiver recebido um tapa é considerado desonrado até que tenha matado aquele que o atacou*. Mas Vocês têm motivos para crer que as instruções totalmente contrárias que ele recebeu de um Padre que não lhes é muito simpático não contribuíram pouco, nessa ocasião, para salvar a vida de um jesuíta.

---

[1] No auge da crise entre jesuítas e jansenistas, a rainha Cristina da Suécia, em visita à França para conhecer o jovem Luís XIV, instalara-se no castelo de Compiègne. Como o castelo ainda estava em construção, a cozinha real foi montada no colégio dos jesuítas. Sendo Guille, mordomo do rei, fervoroso jansenista, logo o clima no colégio ficou pesado, o que acabou provocando um tapa do Padre jesuíta Borin no rosto do oficial do rei.

Não nos falem mais, portanto, desses inconvenientes que se podem evitar em tantas situações, e fora dos quais o assassínio é permitido, segundo Lessius, até na prática. Foi o que reconheceram os autores jesuítas citados por Escobar na *Prática do homicídio segundo a Sociedade de Vocês*. *Será permitido*, diz ele, *matar quem deu um tapa? Diz Lessius que isso é permitido na especulação, mas não deve ser aconselhado na prática,* "*non consulendum in praxi*", *por causa do perigo de ódio ou de assassinatos nocivos ao Estado que isso pode provocar. MAS OS DEMAIS JULGARAM QUE, EVITANDO-SE ESSES INCONVENIENTES, ISSO É PERMITIDO E SEGURO NA PRÁTICA:* "*in praxi probabilem et tutam judicarunt Henriquez, etc.*". Eis aí como as opiniões são pouco a pouco elevadas até o cúmulo da probabilidade. Pois Vocês levaram esta até lá, permitindo-a, por fim, sem nenhuma distinção de especulação nem de prática, nestes termos: É permitido, quando se tiver levado um tapa, dar de imediato um golpe de espada, não para se vingar, mas para conservar a honra. É o que ensinaram os Padres jesuítas em Caen, em 1644, em seus escritos públicos, que a Universidade apresentou ao Parlamento, ao encaminhar seu terceiro requerimento contra a doutrina jesuítica do homicídio, como se vê à p. 339 do livro que ela mandou, então, imprimir.

Observem, pois, meus caros Padres, que seus próprios autores arruínam essa vã distinção entre especulação e prática que a Universidade chamara de ridícula e cuja invenção é um segredo da política de Vocês que vale a pena explicar. Pois, além de ser o seu entendimento necessário às imposturas de número quinze, dezesseis, dezessete e dezoito, é sempre conveniente ir descobrindo aos poucos os princípios dessa política misteriosa.

Quando Vocês trataram de decidir os casos de consciência de maneira favorável e conciliadora, encontraram alguns onde só a religião está envolvida, como as questões da contrição, da penitência, do amor de Deus e todas as que se referem apenas ao interior das consciências. Mas também encontraram outras que interessam ao Estado tanto quanto à religião, como as da usura, das falências, do homicídio e outras que tais. E é coisa claríssima aos que têm verdadeiro amor pela Igreja ver que, em um sem-número de ocasiões em que só tinham a religião para combater, Vocês derrubaram suas leis sem reserva, sem distinção e sem temor, como se pode ver nas tão ousadas opiniões contra a penitência e o amor de Deus; porque sabiam que não é aqui o lugar em que Deus exerce visivelmente a sua justiça. Mas naquelas em que o Estado está interessado, tanto quanto a religião, a apreensão que Vocês tiveram da justiça dos homens fez que dividissem as suas decisões e formassem duas questões sobre essas matérias: uma, que Vocês chamam questão *de especulação*, em que, ao considerarem esses crimes em si mesmos, sem levar em conta o interesse do Estado, mas só a lei de Deus que os proíbe, Vocês os permitiram, sem hesitar, lançando por terra, assim, a lei de Deus que os condena; a outra, por Vocês chamada *de prática*, na qual, considerando o dano que o Estado com ela sofreria e a presença dos magistrados que mantêm a segurança pública, Vocês nem sempre aprovam na prática esses assassínios e esses crimes que consideram permissíveis na especulação, para se protegerem, com isso, dos juízes. Assim é, por exemplo, que, sobre a questão de se é permitido matar por maledicências, os autores jesuítas, Filiutius, tr. 29, cap. III, n. 52; Reginaldus, l. XXI, cap. V, n. 63 e os demais respondem: *Isso é permitido na especulação, "ex probabili opinione licet"; mas não aprovo a sua prática, por causa do grande número de assassínios que aconteceriam, prejudicando o Estado, se se assassinassem todos os maledicentes; e também porque seria punido na justiça o assassínio por esse motivo*. Eis aí como as opiniões de Vocês começam a se mostrar sob tal distinção, por meio da qual Vocês arruínam só a religião, sem ferir também sensivelmente o Estado. Com isso Vocês creem estar em segurança, pois imaginam que a credibilidade de que gozam na Igreja vá impedir que punam seus atentados contra a verdade; e que as precauções que Vocês tomam para não porem em prática facilmente essas permissões vão protegê-los do lado dos magistrados, que, não sendo juízes de casos de consciência, só têm propriamente interesse na prática exterior. Assim, uma opinião que seria condenada com o nome de prática, manifesta-se com segurança com o nome de especulação. Mas, assentada essa base, não é difícil elevar a ela o resto das máximas de Vocês. Havia uma distância infinita entre a proibição de matar determinada por Deus e a permissão especulativa que os autores jesuítas lhe deram. Mas é bem pequena a distância dessa permissão à prática. Só falta mostrar que o que é permitido na especulativa também o é na prática. Ora, não hão de faltar razões para isso. Vocês descobriram uma delas num dos casos mais difíceis. Querem ver, meus caros Padres, como se chega lá? Sigam este raciocínio de Escobar, que o decidiu com clareza no primeiro dos seis tomos de sua grande *Teologia Moral*, da qual já lhes falei, onde ele se mostra muito mais esclarecido do que nessa Coletânea que havia feito dos seus vinte e quatro anciãos; pois enquanto havia pensado, naquela época, que podia haver opiniões prováveis na especulação que não fossem seguras na prática, ele se deu conta do contrário mais tarde, e o estabeleceu muito bem nesta última obra: pois a doutrina da probabilidade em geral cresce com o tempo, assim como cada opinião provável em particular. Escutemo-lo, pois *in praeloq*. n. 15. *Não vejo*, diz ele, *como possa ser que o que se mostra permitido na especulação não o seja na prática, pois o que se pode fazer na prática depende do que se acha permitido na especulação, e essas coisas não diferem uma da outra senão como o efeito da causa. Pois a especulação é o que determina a ação.* DONDE SE SEGUE QUE PODEMOS EM BOA CONSCIÊNCIA SEGUIR NA PRÁTICA AS OPINIÕES PROVÁVEIS NA ESPECULAÇÃO; *e até com maior segurança do que aquelas que não foram tão bem examinadas especulativamente.*

Na verdade, meus caros Padres, Escobar às vezes raciocina muito bem. E, com efeito, há tanta ligação entre a especulação e a prática, que, quando uma vem a se arraigar, Vocês não criam dificuldades para permitir a outra, sem disfarces. Foi o que vimos na permissão de matar por um tapa, que, da mera especulação, foi ousadamente levada por Lessius a uma prática *que não se deve conceder facilmente*, e daí por Escobar *a uma prática fácil*; de onde os Padres de Caen a levaram a uma permissão plena, sem distinção de teoria e de prática, como Vocês já puderam ver.

É assim que Vocês fazem as suas opiniões crescerem aos poucos. Se elas aparecessem de uma vez em seu excesso extremo, causariam horror; mas esse progresso lento e imperceptível acostuma mansamente os homens a elas, retirando-lhes o escândalo. E, com isso, a permissão de matar, tão odiosa para o Estado e para a Igreja, se introduz, primeiro, na Igreja e, em seguida, passa da Igreja para o Estado.

Vimos um sucesso similar da opinião sobre matar por maledicências. Pois hoje ela chegou a uma permissão semelhante, sem nenhuma distinção. Não me deteria em lhes citar os textos dos Padres jesuítas, se tal não fosse necessário para confundir o topete que Vocês tiveram ao dizer por duas vezes, em sua décima quinta impostura, p. 26 e 30, *que não há um único jesuíta que permita matar por maledicência.* Ao dizerem isso, meus caros Padres, Vocês deveriam ter-me impedido de vê-lo, pois, para mim, é muito fácil responder. Pois, além de os Padres Reginaldus, Filiutius, etc. o terem permitido na especulação, como eu já disse, e que de lá o princípio de Escobar nos leva com segurança à prática, devo dizer-lhes, ademais, que Vocês contam com vários autores que o permitiram expressamente, entre outros o Padre Héreau, em suas lições públicas, depois das quais o rei o condenou à prisão domiciliar, por ter ensinado, além de vários erros, *que quando quem nos denigre diante das pessoas honradas prossegue com suas calúnias depois de ter sido avisado a parar, é-nos permitido matá-lo; não realmente em público, para evitar o escândalo, mas à socapa,* SED CLAM.

Já lhes falei do Padre L'Amy, e Vocês não ignoram que a sua doutrina a este respeito foi censurada em 1649 pela Universidade de Lovaina. E, no entanto, não faz dois meses que o Padre des Bois defendeu, em Rouen, essa censurada doutrina do Padre L'Amy e ensinou *que é permitido a um religioso defender a honra que adquiriu com sua virtude,* ATÉ MESMO MATANDO *aqueles que ataca a sua reputação,* ETIAM CUM MORTE INVASORIS. O que provocou tamanho escândalo naquela cidade, que todos os sacerdotes se uniram para que lhe impusessem silêncio e o obrigassem a retratar sua doutrina pelas vias canônicas. O caso está no tribunal episcopal.

O que querem Vocês dizer então, meus caros Padres? Como ousam afirmar, depois disso, *que nenhum jesuíta acha que se possa matar por maledicência?* E precisavam Vocês de algo mais que as próprias opiniões dos Padres jesuítas citados por Vocês, pois não proíbem especulativamente matar, mas só na prática, *por causa do mal que isso causaria ao Estado?* Pois eu lhes pergunto sobre isso, meus caros Padres, se se trata, em nossas discussões, de outra coisa, senão de examinar se Vocês lançaram por terra a lei de Deus, que proíbe o homicídio. Não se trata de saber se Vocês ofenderam o Estado, mas a religião. De que serve, então, neste tipo de disputa, mostrar que pouparam o Estado, quando mostram, ao mesmo tempo, terem destruído a religião, dizendo, como dizem, p. 28, l. III, *que o sentido de Reginaldus sobre a questão de matar por maledicências é que um particular tem o direito de usar desse tipo de defesa, considerando-a simplesmente em si mesma?* Não pretendo nada mais do que essa admissão para refutar Vocês. *Um particular*, dizem Vocês, *tem direito de usar dessa defesa*, isto é, de matar por maledicências, *considerando-se a coisa em si mesma;* e, por conseguinte, meus caros Padres, a lei de Deus que proíbe matar é arruinada por tal decisão.

De nada serve dizer, em seguida, como Vocês dizem, *que isso é ilegítimo e criminoso, mesmo segundo a lei de Deus, em razão dos assassínios e das desordens que provocaria no Estado, porque somos obrigados, segundo Deus, a ter consideração pelo bem do Estado.* Isso é mudar de assunto. Pois, meus caros Padres, há que observar duas leis: uma que proíbe matar, a outra que proíbe prejudicar o Estado. Reginaldus talvez não tenha violado a lei que proíbe prejudicar o Estado, mas por certo violou a que proíbe matar. Ora, estamos tratando aqui só desta última. Além disso, os outros Padres jesuítas que permitiram tais assassínios na prática arruinaram tanto uma como outra. Mas vamos em frente, caros Padres. Vemos que Vocês às vezes proíbem prejudicar o Estado, e dizem que nisso o seu objetivo é observar a lei de Deus, que obriga a defendê-lo. Isso pode ser verdade, embora não seja certo; pois Vocês poderiam fazer o mesmo por mero medo dos juízes. Examinemos, portanto, por favor, de que princípio parte tal movimento.

Não é verdade, meus caros Padres, que se Vocês tivessem em vista realmente a Deus e que a observação de Sua lei fosse o primeiro e principal objeto dos seus pensamentos, tal respeito reinaria uniformemente em todas as suas decisões importantes e forçaria Vocês a assumirem em todas essas ocasiões o interesse da religião? Mas se vemos, pelo contrário, que Vocês violam em tantas circunstâncias as ordens mais santas impostas por Deus aos homens, quando só têm a combater a Sua lei; e quando, até nas ocasiões de que aqui se trata, Vocês aniquilam a lei de Deus, que proíbe tais ações como criminosas em si mesmas, e só demonstram temer aprová-las na prática por medo dos juízes, não nos dão Vocês motivos para julgar que não é Deus que Vocês consideram nesse temor; e que, se aparentemente respeitam a Sua lei, no que tange à obrigação de não prejudicar o Estado, não é por causa da lei mesma, mas para chegarem a seus fins, como sempre fizeram os políticos menos religiosos!

Como, meus caros Padres! Vão dizer-me que, considerando apenas a lei de Deus que proíbe o homicídio, temos o direito de matar por maledicências? E depois de terem assim violado a lei eterna de Deus, Vocês creem suprimir o escândalo que provocaram e nos persuadir de seu respeito a Ele, acrescentando que proíbem a sua prática em consideração ao Estado e por medo dos juízes? Isso não é, pelo contrário, provocar novo escândalo? Não pelo respeito que nisso demonstram pelos juízes; pois não é isso que censuro em Vocês, que caçoam ridiculamente disso, à p. 29. Não acuso Vocês de temerem aos juízes, mas de só temerem aos juízes. É isso que condeno; porque equivale a tornar Deus menos inimigo dos crimes do que os homens. Se dissessem que se pode matar um maledicente segundo os homens, mas não segundo Deus, isso seria menos insuportável; mas quando pretendem que o que é criminoso demais para ser tolerado pelos homens seja inocente e justo aos olhos de Deus, que é a justiça mesma, o que fazem, senão mostrar a todos que, com essa horrível inversão, tão contrária ao espírito dos santos, Vocês são ousados diante de Deus e tímidos diante dos homens? Se tivessem querido condenar sinceramente esses homicídios, teriam deixado subsistir a ordem de Deus, que os proíbe; e se tivessem ousado permitir de saída esses homicídios, Vocês os teriam permitido abertamente, apesar das leis de Deus e dos homens. Mas como quiseram permiti-los aos poucos e surpreender os magistrados que zelam pela segurança pública, Vocês agiram com argúcia, separando as suas máximas e propondo, de um lado, *que é permitido, na especulativa, matar por maledicências* (pois deixam que Vocês examinem as coisas na especulação), e oferecendo, por outro lado, esta máxima separada, de *que o que é permitido na especulação também o é na prática*. Pois que interesse parece ter o Estado nessa Proposição geral e metafísica? E assim, tendo esses dois princípios pouco suspeitos sido admitidos separadamente, a vigilância dos magistrados é iludida; pois agora basta reunir essas máximas para delas tirar essa conclusão a que Vocês visam, de que se pode, portanto, matar na prática por meras maledicências.

Pois é também essa, meus caros Padres, uma das mais sutis habilidades da política de Vocês: separar em seus escritos as máximas que reúnem em seus pareceres. Assim é que Vocês estabeleceram à parte a sua doutrina da probabilidade, que expliquei muitas vezes. E, assentado esse princípio geral, aventam separadamente coisas que, embora possam ser inocentes por si mesmas, se tornam horríveis quando unidas a esse pernicioso princípio. Dou como exemplo o que Vocês disseram na p. II, em suas imposturas, e a que tenho de responder: *que vários teólogos célebres julgam que se pode matar por um tapa recebido*. É certo, Padres, que se alguém que não tem a probabilidade tivesse dito isso, nada haveria a observar, pois, então, não passaria de uma narrativa, sem nenhuma consequência. Mas Vocês, meus caros Padres, e todos os que defendem esta perigosa doutrina: *que tudo o que é aprovado por autores célebres é provável e seguro em consciência*, quando somam a isso *que vários autores célebres julgam que se pode matar por um tapa*, que significa isso, senão pôr na mão de todos os cristãos o punhal para matar aqueles que os tiverem ofendido, declarando-lhes que podem fazer isso em boa consciência, porque assim seguirão o parecer de tantos autores graves?

Que horrível linguagem essa, que, ao dizer que certos autores têm um opinião condenável, é ao mesmo tempo uma opinião favorável a essa opinião condenável, que autoriza em consciência tudo o que se limita a relatar! Compreendemos, Padres, essa linguagem da sua escola. É espantoso que Vocês tenham a petulância de falar tão alto, pois ela mostra a opinião de Vocês tão abertamente, e prova que têm como certa em consciência a opinião de *que se pode matar por um tapa*, assim que disseram que vários autores célebres a defendem.

Vocês não podem defender-se, caros Padres, nem tampouco se valer dos textos de Vásquez e de Suarez que me opõem, onde eles condenam esses assassínios que seus confrades aprovam. Tais testemunhos, separados do resto da doutrina jesuítica, poderiam deslumbrar os que não a compreendem suficientemente. Mas é preciso unir os seus princípios e as suas máximas. Dizem Vocês, portanto, aqui, que Vásquez não tolera os assassínios. Mas que dizem por outro lado, caros Padres? *Que a probabilidade de uma opinião não impede a probabilidade da opinião contrária.* E, em outro lugar, *que é permitido seguir a opinião menos provável e menos segura, deixando de lado a opinião mais provável e mais segura.*[2] O que se segue de tudo isso, senão que temos plena liberdade de consciência para seguir o que mais nos agradar de todos esses pareceres opostos? Qual será, então, meus caros Padres, o fruto que Vocês esperam de todas essas citações? Ele desaparece, pois basta para a condenação de Vocês reunir essas máximas que separam para se justificar. Por que apresentam, então, esses textos dos autores jesuítas que não citei, para desculpar os que citei, já que nada têm em comum? Que direito isso lhes dá de me chamar de *impostor*? Será que eu disse que todos os Padres jesuítas estão no mesmo desvario? E, pelo contrário, não mostrei que o principal interesse de Vocês é ter opiniões de todo tipo para servir a todas as suas necessidades? Aos que querem matar, apresenta-se Lessius; aos que não querem matar, apresenta-se Vásquez, para que

---

[2] DOUTRINA CONDENADA PELO PAPA INOCÊNCIO XI EM 1679 (DENZINGER, P. 2102).

ninguém saia descontente e sem ter para si um autor grave. Falará Lessius como pagão do homicídio, e talvez como cristão da esmola; Vásquez falará como pagão da esmola e como cristão do homicídio. Mas, por meio da probabilidade que Vásquez e Lessius possuem e que torna comuns todas as opiniões de Vocês, eles emprestarão suas opiniões uns aos outros, e serão obrigados a absolver os que tiverem agido segundo as opiniões que cada um deles condena. É, portanto, essa variedade que mais refuta Vocês. A uniformidade seria mais suportável: e nada há de mais contrário às ordens expressas de Santo Inácio e dos seus primeiros gerais do que essa mescla confusa de todo tipo de opinião. Falarei, talvez, algum dia sobre isso, meus caros Padres: e ficarão surpresos de ver como Vocês decaíram do primeiro espírito de sua instituição e como seus próprios gerais previram que o desregramento de sua doutrina na moral poderia ser funesto, não só à sua Sociedade, mas também à Igreja universal.

Direi a Vocês, porém, que não podem tirar nenhuma vantagem da opinião de Vásquez. Seria estranho que, entre tantos jesuítas que escreveram, não houvesse um ou dois que tivessem dito o que os cristãos confessam. Não há nenhuma glória em sustentar que não se pode matar por um tapa, segundo o Evangelho; mas é terrivelmente vergonhoso negá-lo. Assim, isso os justifica tão pouco, que nada há que mais os acabrunhe: pois, tendo entre Vocês doutores que lhes disseram a verdade, não permaneceram na verdade e preferiram as trevas à luz. Pois aprenderam de Vásquez *que é opinião pagã e não cristã dizer que se possa dar uma paulada em quem deu um tapa; é arruinar o Decálogo e o Evangelho dizer que se possa matar por esse motivo* e *que os mais celerados dos homens o reconhecem.* E, no entanto, Vocês toleraram que, contra tais verdades conhecidas, Lessius, Escobar e os demais decidissem que todas as proibições impostas por Deus ao homicídio não impedem que se possa matar por um tapa. De que serve, então, apresentar agora essa passagem de Vásquez contra a opinião de Lessius, senão para mostrar que Lessius é um *pagão e um celerado,* segundo Vásquez, e era isso o que eu não ousava dizer. O que se pode concluir daí, a não ser que Lessius *arruína o Decálogo e o Evangelho,* que no último dia Vásquez condenará Lessius sobre este ponto, como Lessius condenará Vásquez sobre outro, e todos os autores jesuítas se erguerão em julgamento uns contra os outros, para se condenarem reciprocamente em seus espantosos excessos contra a lei de Jesus Cristo?

Concluamos, portanto, meus caros Padres, que, já que a sua probabilidade torna as boas opiniões de alguns dos seus autores inúteis à Igreja e úteis só para a política de Vocês, elas só servem para nos mostrar, por sua contrariedade, a duplicidade dos seus corações, que Vocês revelaram perfeitamente ao nos declararem, por um lado, que Vásquez e Suarez são contrários ao homicídio e, por outro, que vários autores célebres são a favor do homicídio: a fim de oferecerem dois caminhos aos homens, destruindo a simplicidade do espírito de Deus, que amaldiçoa os duplos de coração, que prepararam para si mesmos dois caminhos: *vae duplici corde, et ingredienti duabus viis.*[3]

---
[3] *Eclesiástico*, 2, 14.

Décima Quarta Carta

ESCRITA PELO AUTOR DAS
CARTAS AO PROVINCIAL AOS
REVERENDOS PADRES JESUÍTAS

23 de outubro de 1656.

Meus Reverendos Padres,

Se eu quisesse responder às três imposturas que faltam acerca do homicídio, não precisaria de um longo discurso; e Vocês as verão aqui refutadas em poucas palavras: mas como acho muito mais importante mostrar ao mundo o horror de suas opiniões sobre este assunto, do que justificar a fidelidade das minhas citações, serei obrigado a usar a maior parte desta carta na refutação de suas máximas, para lhes mostrar como Vocês estão longe dos sentimentos da Igreja e até da natureza. As permissões para matar que Vocês concedem em tantas situações mostram que nesta matéria Vocês esqueceram de tal maneira a lei de Deus e apagaram de tal modo as luzes naturais, que precisam ser de novo instruídos sobre os princípios mais simples da religião e do senso comum; pois que há de mais natural do que esta opinião: *que um particular não tem direito sobre a vida de outro? Somos nós mesmos tão bem instruídos sobre isso,* diz São Crisóstomo, *que quando Deus estabeleceu o preceito de não matar, não acrescentou que é porque o homicídio é um mal; porque,* diz esse Padre, *a lei supõe que já tenhamos aprendido da natureza tal verdade.*

Por isso, esse mandamento foi imposto aos homens em todos os tempos. O Evangelho confirmou o da lei, e o Decálogo nada mais fez que renovar o que os homens haviam recebido de Deus antes da lei, na pessoa de Noé, de quem todos os homens deviam nascer. Pois, nessa renovação do mundo, diz Deus a esse patriarca: *pedirei conta aos homens da vida dos homens e ao irmão da vida do irmão. Aquele que derramar sangue humano, terá seu sangue derramado; pois o homem foi criado à imagem de Deus.*

Essa proibição geral retira dos homens todo poder sobre a vida dos homens. E Deus de tal modo o reservou para si mesmo, que, segundo a verdade cristã, oposta neste ponto às falsas máximas do paganismo, o homem não tem sequer poder sobre sua própria vida. Mas porque aprouve à sua Providência conservar as Sociedades dos homens e punir os maus que as perturbam, estabeleceu Ele mesmo leis para tirar a vida dos criminosos: e, assim, esses assassínios, que seriam atentados puníveis sem sua ordem, se tornaram punições louváveis por sua ordem, fora da qual nada há senão o injusto. É o que Santo Agostinho mostrou admiravelmente no livro I da *Cidade de Deus*, capítulo XXI: Deus, diz ele, *abriu Ele mesmo algumas exceções a essa proibição geral de matar, quer pelas leis que estabeleceu para fazer morrerem os criminosos, quer pelas ordens particulares que deu algumas vezes para mandar matar certas pessoas. E quando se mata nesses casos, não é o homem que mata, mas Deus, de que o homem não passa de instrumento, como uma espada entre as mãos daquele que dela se serve. Mas, com exceção desses casos, aquele que mata se torna culpado de homicídio.*

Caros Padres, é, portanto, certo que só Deus tem o direito de tirar a vida e, no entanto, tendo estabelecido leis para fazer morrerem os criminosos, tornou os reis ou as repúblicas depositários desse poder; e é isso o que nos ensina São Paulo, quando, ao falar do direito que os soberanos têm de fazer morrerem os homens, ele o faz descer do céu, dizendo *não ser em vão que eles portam a espada, pois são ministros de Deus na execução de sua vingança contra os culpados.*

Mas como foi Deus que lhes outorgou tal direito, Ele os obriga a exercê-lo como Ele mesmo o faria, isto é, com justiça, segundo estas palavras de São Paulo no mesmo lugar: *Não são estabelecidos os príncipes para se tornarem terríveis aos bons, mas aos maus. Quem quiser não ter motivo para temer a potência deles, basta agir bem; pois eles são os ministros de Deus para o bem.* E tal restrição diminui tão pouco a potência deles, que a eleva, pelo contrário, muito mais; pois é torná-la semelhante à de Deus, incapaz de fazer o mal e todo-poderoso para fazer o bem; e isso a distingue da potência dos demônios, incapazes de fazer o bem e poderosos para o mal. Há, entre Deus e os soberanos, apenas esta diferença, que sendo Deus a justiça e a sabedoria mesmas, pode fazer morrer de imediato a quem quiser, pois, além de ser o senhor soberano da vida dos homens, não há dúvida de que Ele não a retira jamais deles, nem sem causa, nem sem conhecimento, pois é igualmente incapaz de injustiça e de erro. Mas os príncipes não podem agir assim, pois são tão ministros de Deus, quanto são homens, e não deuses. Podem ludibriá-los as más impressões; as falsas suspeitas podem irritá-los; a paixão pode arrebatá-los, e foi isso que os obrigou a rebaixar-se aos meios humanos e a estabelecer em seus Estados juízes aos quais comunicaram esse poder; para que essa autoridade que Deus lhes deu só seja usada para o fim pelo qual a receberam.

Entendam, pois, caros Padres, que para não cometer homicídio, é preciso agir ao mesmo tempo pela autoridade de Deus e segundo a justiça de Deus e que, se essas duas condições não estiverem unidas, pecamos, quer ao matar com a sua autoridade, mas sem justiça, quer ao matar com justiça, mas sem a sua autoridade. Da necessidade dessa união decorre, segundo Santo Agostinho, *que quem sem autoridade matar um criminoso, se torna ele mesmo criminoso, por esta razão principal de que usurpa uma autoridade que Deus não lhe deu*; e os juízes, ao contrário, que têm essa autoridade, são, porém, homicidas, se mandarem matar um inocente contra as leis que devem obedecer.

São estes, meus caros Padres, os princípios da tranquilidade e da segurança públicas, que foram admitidos em todos os tempos e em todos os lugares, e com base nos quais todos os legisladores do mundo, santos e profanos, estabeleceram suas leis, sem que jamais até mesmo os pagãos tenham aberto exceção a essa regra, senão quando não se pode evitar de outra maneira a perda da pudicícia ou da vida; pois pensaram *que então,* como diz Cícero, *as leis mesmas parecem oferecer suas armas aos que estão em tal necessidade.*

Mas que, afora essa ocasião de que não falo aqui, jamais tenha havido lei que permitisse aos particulares matar e que o tivesse tolerado, como Vocês fazem, para defesa contra uma afronta ou para evitar a perda da honra ou dos bens, quando não se esteja, ao mesmo tempo, em perigo de vida, é, meus caros Padres, o que afirmo que nem sequer os infiéis jamais o fizeram. Pelo contrário, eles o proibiram expressamente. Pois a lei das Doze Tábuas de Roma rezava que *não é permitido matar um ladrão de dia que não se defenda com armas.* O que já fora proibido no Êxodo, c. XXII. E a lei *Furem, ad Legem Corneliam,* que é tomada de Ulpiano, *proíbe matarmos até mesmo os ladrões noturnos que não representem perigo de morte para nós.* Vide em Cujas, in tit. dig. de *Justit. et Jure,* ad Leg. 3.

Digam-nos, Padres, com que autoridade Vocês permitem o que as leis divinas e humanas proíbem, e com que direito Lessius pôde dizer, l. II, c. IX, n. 66 e 72: *proíbe o Êxodo matar os ladrões de dia que não se defendam com armas, e são punidos em justiça os que assim matarem. No entanto, não seríamos culpados em consciência, quando não estivermos certos de poder recuperar o que nos roubam e estamos em dúvida sobre isso,* como diz Sotus; *pois não somos obrigados a nos expor ao perigo de perder algo para salvar um ladrão. E tudo isso também é permitido até aos eclesiásticos.*

Que estranha ousadia! Pune a lei de Moisés os que matam os ladrões, quando não atacam a nossa vida; e a lei do Evangelho, segundo Vocês, os absolverá! Como, meus caros Padres! Veio Jesus Cristo para destruir a lei e não para cumpri-la? *Os juízes puniriam*, diz Lessius, *os que matassem nessa ocasião; mas estes não seriam culpados em consciência.* Será, então, a moral de Jesus Cristo mais cruel e menos inimiga do assassínio que a dos pagãos, de que os juízes tomaram essas leis civis que o condenam? Dão os cristãos maior valor aos bens da terra, ou menos valor à vida dos homens do que os idólatras e os infiéis? Em que se baseiam Vocês, Padres? Não é em nenhuma lei expressa, nem de Deus, nem dos homens; mas só neste estranho raciocínio: *as leis, dizem Vocês, permitem defender-se dos ladrões e repelir a força pela força. Ora, sendo permitida a defesa, o assassínio é também permitido, sem o que a defesa seria amiúde impossível.*

É falso, meus Padres, que, permitida a defesa, o assassínio também o seja. Essa maneira cruel de se defender está na origem de todos os seus erros e é chamada, pela faculdade de Lovaina, DEFESA ASSASSINA, *defensio occisiva*, em sua censura da doutrina do Padre L'Amy acerca do homicídio. Sustento ante Vocês, portanto, que há tanta diferença, segundo as leis, entre matar e se defender quanto, nas mesmas ocasiões em que a defesa é permitida, o assassínio é proibido quando não se esteja em perigo de morte. Ouçam-no, Padres, em Cujas, no mesmo lugar: é permitido repelir o que vem para se apoderar de nossa posse, MAS NÃO É PERMITIDO MATÁ-LO. E ainda: *se alguém vier para nos ferir e não para nos matar, é permitido repeli-lo,* MAS NÃO É PERMITIDO MATÁ-LO.

Quem deu a Vocês o poder de dizer, como Molina, Reginaldus, Filiutius, Escobar, Lessius e os demais: é permitido matar *quem vem para nos ferir?* E em outro lugar: é permitido matar aquele que nos quer fazer uma afronta, segundo o parecer de todos os casuístas, "*ex sententia omnium*", como diz Lessius, n. 74? Com que autoridade, Vocês, que não passam de particulares, dão esse poder de matar aos particulares e até aos religiosos? E como ousam usurpar esse direito de vida e de morte que pertence apenas, essencialmente, a Deus e é a mais gloriosa marca do poder soberano? É sobre isso que seria preciso responder; e Vocês julgam ter satisfeito a essa exigência dizendo simplesmente, em sua décima terceira impostura, *que o valor pelo qual Molina permite matar um ladrão que foge sem nos fazer nenhuma violência não é tão pequeno como eu disse, e tem de ser de mais de seis ducados.* Como isso é fraco, meus caros Padres! Onde o querem determinar? Em quinze ou dezesseis ducados? Não deixarei de criticá-los. Pelo menos, Vocês não seriam capazes de dizer que ele ultrapassa o valor de um cavalo. Pois Lessius, l. II, c. IX, n. 74, decide claramente *que é permitido matar um ladrão que foge com o nosso cavalo.* Mas eu lhes digo, ademais, que, segundo Molina, esse valor é determinado em seis ducados, como mencionei: e se Vocês não quiserem concordar com isso, tomemos um árbitro que Vocês não podem recusar. Escolho, portanto, para isso o Padre Reginaldus, que, ao explicar esse mesmo texto de Molina, l. XXI, n. 68, declara *que Molina* NELE DETERMINA *o valor pelo qual é permitido matar em três ou quatro ou cinco ducados.* E assim, meus caros Padres, não terei só Molina, mas também Reginaldus.

Não me será menos fácil refutar sua décima quarta impostura, acerca da permissão de *matar um ladrão que nos queira roubar um escudo,*[1] segundo Molina. Isso é tão certo, que Escobar lhes dará seu testemunho a respeito, tr. I, ex. 7, n. 44, onde diz que *Molina determina regularmente em um escudo*[2] *o valor pelo qual se pode matar.* Assim, Vocês me censuram apenas, na décima quarta impostura, por ter suprimido as últimas palavras deste trecho: *que se deve conservar nisso a moderação de uma justa defesa.* Por que não se queixam também de que Escobar não as exprimiu? Mas como Vocês são pouco sutis! Acham que não entendemos o que seja, segundo Vocês, defender-se. Não sabemos que é usar *de uma defesa mortal?* Querem dar a entender que Molina quis dizer com isso que, quando nos achamos em perigo de morte ao conservarmos nosso escudo, então podemos matar, já que é para defendermos

---

[1] Doutrina condenada por Inocêncio XI (Denzinger, p. 2131).
[2] Ou écu, moeda de ouro padrão do sistema monetário francês na época. (N.T.)

a vida. Se isso fosse verdade, meus caros Padres, por que diria Molina, no mesmo lugar, *que nisso é contrário a Carrerus e Bald*, que permitem matar para salvar a própria vida? Declaro a Vocês, portanto, que ele entende simplesmente que, se pudermos salvar nosso escudo sem matar o ladrão, não devemos matá-lo; mas se só pudermos salvá-lo matando, embora não corramos nenhum risco de vida, como quando o ladrão não está armado, que é permitido tomar arma e matá-lo para salvar nosso escudo; e que nisso não saímos, segundo ele, da moderação de uma justa defesa. E para lhes mostrar isso, deixemos que ele mesmo se explique, t. IV, tr. 3, d. II, n. 5: *não deixamos de permanecer na moderação de uma justa defesa, embora usemos de armas contra os que não as têm ou se tomarmos armas mais potentes que as deles. Sei que há quem tenha opinião contrária; mas não aprovo a opinião deles, mesmo no tribunal exterior.*

Assim, meus caros Padres, não há dúvida de que os autores jesuítas permitem matar em defesa dos bens e da honra, sem que se corra perigo de vida. E é por esse mesmo princípio que autorizam os duelos, como mostrei por tantas passagens às quais Vocês nada responderam. Vocês só atacam, em seus escritos, uma única passagem do Padre Layman, que o permite, *quando, caso contrário, a pessoa corra o risco de perder os bens e a honra*; e dizem Vocês que suprimi o que ele acrescenta: *que tal caso é raríssimo*. Admiro Vocês, Padres; são engraçadas as imposturas de que Vocês me acusam. Trata-se realmente de saber se esse caso é raro? Trata-se de saber se o duelo é permitido. São duas questões diferentes. Layman, na qualidade de casuísta, deve julgar se o duelo é permitido nesse caso, e ele declara que sim. Podemos muito bem julgar sem ele se tal caso é raro, e nós lhe declararemos que ele é muito comum. Se Vocês preferirem crer em seu bom amigo Diana, ele lhes dirá *que ele é muito comum*, part. 5, tract. 14, misc. 2, resol. 99. Mas, raro ou não, e que Layman siga ou não a Navarre, como Vocês insistem tanto em dizer, não é algo abominável que ele consinta com esta opinião: que, para conservar uma falsa honra, seja permitido em consciência aceitar um duelo, contra os éditos de todos os Estados cristãos e contra todos os cânones da Igreja, sem que Vocês tenham, também aqui, para autorizar todas essas máximas diabólicas, nem leis, nem cânones, nem autoridades da Escritura ou dos Padres, nem o exemplo de nenhum santo, mas apenas este raciocínio ímpio: *a honra é mais cara que a vida; ora, é permitido matar para defender a própria vida; logo, é permitido matar para defender a própria honra?* Como, meus caros Padres, porque o desvario dos homens os faz amar essa falsa honra mais que a vida que Deus lhes deu para servi-Lo, será permitido matar para conservá-la? É justamente isso que é um mal horrível, amar essa honra mais do que a vida. E, no entanto, esse apego vicioso, que seria capaz de sujar as mais santas ações, se estivessem vinculadas a tal fim, será capaz de justificar as ações mais criminosas, porque vinculadas a tal fim?

Que inversão, Padres! E quem não vê a que excessos isso pode levar? Pois, enfim, é evidente que ela levará a matar pelas menores coisas, quando empenharem a honra em conservá-las; digo que levará a matar até *por uma maçã*. Vocês se queixariam de mim, caros Padres, e diriam que tiro da doutrina de Vocês consequências maliciosas, se eu não tivesse o apoio da autoridade do grave Lessius, que assim fala, n. 68: *não é permitido matar para conservar algo de pouco valor, como por um escudo ou POR UMA MAÇÃ, "AUT PRO POMO", a não ser que nos seja vergonhoso perdê-la. Pois então podemos recuperá-la e até mesmo matar, se necessário for, para reavê-la e, si opus est, occidere; pois isso não se trata tanto de defender os próprios bens, mas da honra.* Isso é claro, meus caros Padres. E, para terminar a doutrina de Vocês com uma máxima que compreende todas as outras, ouçam esta do Padre Héreau, que a tomara de Lessius: *o direito de nos defender estende-se a tudo o que for necessário para nos proteger de qualquer injúria.*

Quantas estranhas consequências estão contidas nesse princípio desumano! E como todos têm a obrigação de se opor a ele, sobretudo as pessoas públicas! Não é só o interesse geral que as obriga a isso, mas também o seu próprio, pois os casuístas citados nas minhas Cartas estendem as suas permissões de matar até elas. E, assim, os sectários que temerem a punição de seus atentados, os quais nunca parecem injustos, convencendo-se facilmente de que são oprimidos pela violência, hão de crer, ao mesmo tempo, *que o direito de se defender se estende a tudo o que lhes for necessário para se proteger de qualquer injúria*. Não precisarão mais vencer os remorsos das consciências, que detêm no berço a maioria dos crimes, e só pensarão em superar os obstáculos externos.

Tampouco falarei aqui, Padres, dos outros assassínios que Vocês permitiram, ainda mais abomináveis e consideráveis para os Estados do que todos esses de que Lessius trata tão abertamente nas dúvidas 4 e 10, assim como tantos outros autores jesuítas. Seria desejável que essas horríveis máximas jamais tivessem saído do inferno, e que o diabo, o seu primeiro autor, jamais houvesse encontrado homens tão dedicados às suas ordens para publicá-las entre os cristãos.

É fácil julgar, por tudo o que eu disse até aqui, como a permissividade de suas opiniões é contrária à severidade das leis civis, e até mesmo das pagãs. Que há de ser, então, se as compararmos com as leis eclesiásticas, que devem ser incomparavelmente mais santas, pois só a Igreja conhece e possui a verdadeira santidade? Por isso, essa casta esposa do filho de Deus, que, à imitação do esposo, bem sabe derramar seu sangue pelos outros, tem pelo assassínio um horror todo especial, e proporcional às luzes particulares que Deus lhe comunicou. Considera os homens não só como homens, mas como imagens do Deus que ela adora. Tem por eles um santo respeito, que torna cada um deles venerável, como resgatado por um preço infinito, para se tornar templo do Deus vivo. E, assim, crê que a morte de um homem que matamos sem a ordem de seu Deus não é só um homicídio, mas um sacrilégio que a priva de um de seus membros; pois, seja ele fiel ou não, ela sempre o considera ou como um de seus filhos, ou como capaz de sê-lo.

São estas santas razões, meus caros Padres, que, desde que Deus se fez homem para a salvação dos homens, tornaram sua condição tão considerável para a Igreja, que ela sempre puniu o homicídio que os destrói como um dos maiores atentados que se possam cometer contra Deus. Eu lhes oferecerei alguns exemplos, não com o pensamento de que todas essas severidades devam ser conservadas; sei que a Igreja pode dispor de outras maneiras dessa disciplina exterior; mas para mostrar qual é o seu espírito imutável a este respeito. Pois as penitências por ela ordenadas para o assassínio podem ser diferentes segundo a diversidade dos tempos; mas o horror que ela tem pelo assassínio nunca pode mudar pela mudança dos tempos.

Durante muito tempo, a Igreja só reconciliou na morte os culpados de homicídio voluntário, tais como os que Vocês permitem. O célebre Concílio de Ancira submete-os à penitência durante a vida inteira; e a Igreja, mais tarde, julgou ser indulgente o bastante para com eles, reduzindo esse tempo para um número muito grande de anos. Mas, para afastar ainda mais os cristãos dos homicídios voluntários, ela puniu com grande severidade aqueles mesmos que aconteciam por imprudência, como podemos ver em São Basílio, em São Gregório de Nissa, nos decretos do Papa Zacarias e de Alexandre II. Os cânones citados por Isaac, bispo de Langres, t. II, capítulo XIII, *ordenam sete anos de penitência por ter matado ao se defender.* E vemos que São Hildeberto, bispo de Mans, respondeu a Ivo de Chartres: *que teve razão de suspender por toda a vida um padre que, para se defender, matara um ladrão com uma pedra.*

Não ousem mais dizer, portanto, que as suas decisões são conformes ao espírito e aos cânones da Igreja. Desafiamos Vocês a mostrarem algum que permita matar só para defender seus bens; pois não falo das ocasiões em que se trate de defender também a própria vida, *se suaque liberando*: os próprios autores jesuítas confessam que não há nenhum, como, entre outros, o Padre L'Amy, tom. 5, disp. 36, núm. 136: *Não há*, diz ele, *nenhum direito divino nem humano que permita expressamente matar um ladrão que não se defende.* E é isso, porém, o que Vocês permitem expressamente. Desafiamos Vocês a mostrarem algum que permita matar pela honra, por um tapa, por injúria ou maledicência. Desafiamos Vocês a mostrarem algum que permita matar as testemunhas, os juízes e os magistrados, por maior que seja a injustiça que se tema. Está o espírito da Igreja muitíssimo longe dessas máximas sediciosas, que abrem as portas às insurreições, a que os povos são tão naturalmente propensos. Sempre ensinou ela a seus filhos que não se deve pagar o mal pelo mal; que convém ceder à cólera; não resistir à violência; dar a cada qual o que lhe é devido, honra, tributo, submissão: obedecer aos magistrados e aos superiores, ainda que injustos; porque devemos sempre respeitar neles o poder de Deus, que os estabeleceu sobre nós. Também lhes proíbe, ainda mais energicamente que as leis civis, fazer justiça com as próprias mãos; e é por seu espírito que os reis cristãos não a fazem, até mesmo nos crimes de lesa-majestade de primeiro grau, e entregam os criminosos aos juízes, para que sejam punidos segundo as leis e na forma da justiça, tão contrárias à conduta de Vocês, que a oposição que aí se encontra fará Vocês enrubescerem. Pois, já que este discurso me leva a tanto, peço a Vocês que sigam esta comparação entre a maneira como se podem matar os inimigos, segundo Vocês, e aquela como os juízes fazem morrer os criminosos.

Todos sabem, meus caros Padres, que jamais é permitido aos particulares pedir a morte de ninguém; e, mesmo que alguém nos tenha arruinado, estropiado, queimado as nossas casas, matado nosso pai e esteja ainda disposto a nos assassinar e a nos privar da honra, não se aceitaria na justiça o pedido que fizéssemos de sua morte. Assim, foi preciso estabelecer pessoas públicas que a pedem da parte do rei, ou melhor, da parte de Deus. Segundo Vocês, Padres, terá sido por disfarce e por fingimento que os juízes cristãos estabeleceram tais regras? E será que o fizeram para proporcionar as leis civis às do Evangelho; para que a prática exterior da justiça não fosse contrária aos sentimentos interiores que os cristãos devem ter? Vemos bem o quanto este começo dos caminhos da justiça refuta Vocês; mas o resto os arrasará.

Suponham, pois, meus caros Padres, que essas pessoas públicas peçam a morte daquele que cometeu todos aqueles crimes; o que acontecerá, então? Cravarão de imediato o punhal em seu peito? Não, caros Padres, a vida dos homens é importante demais, age-se com maior respeito: as leis não a submeteram a qualquer tipo de gente, mas só aos juízes de provada probidade e competência. E julgam Vocês que só um deles baste para condenar um homem à morte? São necessários sete, pelo menos, meus caros Padres. É preciso que, desses sete, nenhum tenha sido ofendido pelo criminoso, para que a paixão não altere ou corrompa seu julgamento. E Vocês sabem, meus caros Padres, que para que seu espírito também seja mais puro, observa-se ainda que tais funções sejam exercidas pela manhã. Tal o cuidado que têm para prepará-los a tão grande ato, onde ocupam o lugar de Deus, cujos ministros são, para só condenarem os que Ele mesmo condena.

É por esta razão, para agir como fiéis dispensadores desse poder divino de tirar a vida dos homens, que eles só têm a liberdade de julgar segundo os depoimentos das testemunhas e segundo todas as outras formas que lhes são prescritas; com base nas quais eles não podem, em consciência, sentenciar senão segundo as leis, nem julgar dignos de morte senão os que as leis condenam desse modo. E então, meus caros Padres, se a ordem de Deus os obriga a entregar ao suplício o corpo desses miseráveis, a mesma ordem de Deus os obriga a cuidar de suas almas criminosas; e é até por serem criminosas que eles são mais obrigados a cuidar delas; de modo que eles só são enviados à morte depois de lhes serem dados meios de aliviar a consciência. Tudo isso é muito puro e inocente e, no entanto, a Igreja abomina de tal modo o sangue, que julga ainda incapazes do ministério de seus altares aqueles que tiverem assistido a uma sentença de morte, embora acompanhado de todas essas circunstâncias tão religiosas: pelo que é fácil compreender que ideia a Igreja faz do homicídio.

Eis aí, meus caros Padres, como, na ordem da justiça, se dispõe da vida dos homens: vejamos agora como Vocês dela dispõem. Em suas novas leis, há só um juiz; e tal juiz é aquele mesmo que é ofendido. Ele é ao mesmo tempo o juiz, a parte e o carrasco. Pede a si mesmo a morte do seu inimigo, ordena-a, executa-a de imediato; e sem respeito nem pelo corpo, nem pela alma do irmão, mata e dana para a vida eterna aquele pelo qual Jesus Cristo morreu; e tudo isso para evitar um tapa ou uma maledicência ou uma palavra ultrajosa ou outras ofensas semelhantes, pelas quais um juiz que tem a autoridade legítima seria criminoso se condenasse à morte aqueles que as tivessem cometido, pois as leis estão muito longe de condená-las desse modo. E, finalmente, para cúmulo desses excessos, não se comete nem pecado, nem irregularidade, ao matar assim, sem autoridade e contra as leis, embora sendo religioso e até sacerdote. Onde é que estamos, meus caros Padres? São religiosos e sacerdotes que falam assim? São cristãos? São turcos? São homens? São demônios? E esses são *mistérios revelados pelo Cordeiro aos de sua Sociedade* ou abominações sugeridas pelo dragão aos que seguem o seu partido?

Pois, afinal, meus caros Padres, por quem Vocês querem fazer-se passar? Por filhos do Evangelho ou por inimigos do Evangelho? Só podemos ser ou de um partido, ou do outro, não há meio termo. *Quem não está com Jesus Cristo está contra Ele.* Todos os homens se dividem nesses dois gêneros. Há dois povos e dois mundos espalhados por toda a terra, segundo Santo Agostinho: o mundo dos filhos de Deus, que forma um corpo cuja cabeça e rei é Jesus Cristo; e o mundo inimigo de Deus, cuja cabeça e rei é o diabo. E é por isso que Jesus Cristo é chamado rei e Deus do mundo, porque tem, por toda parte, súditos e adoradores; e porque o diabo também é chamado, na Escritura, de príncipe do mundo e o deus deste século, pois tem, por toda parte, subordinados e escravos. Estabeleceu Jesus Cristo na Igreja, que é o seu império, as leis que lhe aprouveram, segundo a sua eterna sabedoria; e estabeleceu o diabo neste mundo, que é o seu reino, as leis que quis. Dispôs Jesus Cristo a honra em sofrer; o diabo, em não sofrer. Disse Jesus Cristo a quem receba um safanão que mostre a outra face; e disse o diabo àqueles em que querem dar um tapa que matem os que lhes queiram fazer tal injúria. Declara Jesus Cristo felizes os que participam de sua ignomínia, e declara o diabo infeliz os que estão na ignomínia. Diz Jesus Cristo: ai de vós quando os homens falarem bem de vós! E diz o diabo: ai daqueles de quem o mundo não fala com estima!

Vejam, portanto, agora, meus caros Padres, a qual desses reinos pertencem Vocês. Ouviram a linguagem da cidade da paz, que se chama Jerusalém mística, e ouviram a palavra da cidade da confusão, que a Escritura chama de *Sodoma espiritual*: a qual dessas duas linguagens dão ouvidos? Qual delas Vocês falam? Os que são de Jesus Cristo têm os mesmos sentimentos que Jesus Cristo, segundo São Paulo; e os que são filhos do diabo, *ex patre diabolo*, que foi homicida desde o começo do mundo, seguem as máximas do diabo, segundo as palavras de Jesus Cristo. Ouçamos, pois, a linguagem da escola de Vocês e perguntemos aos seus autores: quando nos dão um tapa, devemos suportá-lo, em vez de matar quem no-lo quer dar? Ou então é permitido matar para evitar tal afronta? É permitido, dizem Lessius, Molina, Escobar, Reginaldus, Filiutius, Baldellus e outros jesuítas, *matar aquele que nos quer dar um tapa*. É essa a linguagem de Jesus Cristo? Respondam-nos mais uma vez. Perderíamos a honra ao suportar um tapa, sem matar aquele que o deu? *Não é verdade*, diz Escobar, *que enquanto deixar viver aquele que lhe deu um tapa, um homem permanece sem honra?* Sim, meus caros Padres, *sem essa honra* que o diabo transmitiu de seu espírito soberbo ao de seus soberbos filhos. É essa honra que foi sempre o ídolo dos homens, possuídos pelo espírito do mundo. É para conservar essa glória, cujo verdadeiro distribuidor é o demônio, que lhe sacrificam a vida pelo furor dos duelos aos quais se entregam, a honra pela ignomínia dos suplícios a que se expõem, e a salvação pelo perigo da danação a que se submetem e que os fez perderem a sepultura, até mesmo pelos cânones eclesiásticos. Mas devemos louvar a Deus por ter iluminado o espírito do rei com luzes mais puras que as da teologia de Vocês. Seus éditos tão severos sobre este assunto não transformaram o duelo em crime, apenas mandaram punir o crime que é inseparável do duelo. Deteve pelo medo do rigor de sua justiça aqueles que não eram retidos pelo medo da justiça de Deus; e a sua piedade lhe mostrou que a honra dos cristãos consiste na observação das ordens de Deus e das regras do cristianismo, e não nesse fantasma de honra que Vocês pretendem, ainda que em vão, seja desculpa legítima para os assassínios. Assim, suas decisões mortíferas são alvo da aversão de todos, e seria melhor para Vocês mudarem de opinião, senão por princípio de religião, pelo menos por máxima de política. Previnam, meus caros

Padres, por uma condenação voluntária dessas opiniões desumanas, os maus efeitos que delas possam nascer e de que Vocês seriam responsáveis. E para sentirem maior horror pelo homicídio, lembrem-se de que o primeiro crime dos homens corrompidos foi um homicídio, na pessoa do primeiro justo; de que o maior crime deles foi um homicídio na pessoa do chefe de todos os justos; e de que o homicídio é o único crime que destrói ao mesmo tempo o Estado, a Igreja, a natureza e a piedade.

Acabo de ver a resposta do Apologista de Vocês à minha décima terceira Carta. Mas se ele não responder melhor a esta, que satisfaz à maior parte de suas dificuldades, não merecerá réplica. Tenho dó de vê-lo sair do assunto a toda hora, para demorar-se em calúnias e injúrias contra os vivos e os mortos. Mas, para dar credibilidade às memórias que Vocês lhe fornecem, não deviam fazê-lo negar publicamente algo tão público como o tapa de Compiègne. É certo, meus caros Padres, pela confissão do ofendido, que ele recebeu no rosto um golpe da mão de um jesuíta; e tudo o que os amigos de Vocês puderam fazer foi pôr em dúvida se o golpe foi dado com a palma ou com as costas da mão, e levantar a questão de se um golpe com as costas da mão no rosto deve ou não ser chamado tapa. Não sei a quem cabe decidir; mas creio que é, pelo menos, um tapa provável. Isso já me dá boa consciência.

Décima Quinta Carta

Escrita pelo autor das Cartas ao Provincial aos Reverendos Padres jesuítas

25 de novembro de 1656.

Prezados Reverendos Padres,

Como as suas imposturas crescem a cada dia e Vocês delas se servem para ultrajarem tão cruelmente todas as pessoas de piedade que são contrárias aos erros de Vocês, sinto-me obrigado, pelo interesse deles e também da Igreja, a revelar um mistério da conduta de Vocês, algo que prometi há muito, para podermos reconhecer pelas próprias máximas de Vocês que crédito se deve dar às suas acusações e injúrias.

Sei que quem não conhece Vocês o bastante tem dificuldade para tomar posição sobre este assunto, pois se vê na necessidade ou de crer nos crimes incríveis de que Vocês acusam seus inimigos, ou de ter Vocês como impostores, o que também lhe parece incrível. Como, dizem eles, se isso não fosse de religiosos, seria publicado? E estariam dispostos a renunciar à sua consciência e se condenar ao inferno com suas calúnias? Eis como eles raciocinam; e, assim, quando as provas visíveis pelas quais se arruínam as falsidades de Vocês topam com a opinião que eles têm da sua sinceridade, o espírito deles fica como suspenso entre a evidência da verdade, que eles não podem desmentir, e o dever da caridade, que temem ferir. Portanto, como a única coisa que os impede de rejeitar as suas maledicências é a estima que têm por Vocês, se lhes mostrarmos que Vocês não têm da calúnia a ideia que eles imaginam que Vocês têm, e que creem poder salvar-se caluniando os inimigos, não há dúvida de que o peso da verdade os levará de imediato a não mais crerem nas imposturas de Vocês. Será este, portanto, meus caros Padres, o assunto desta carta.

Não mostrarei apenas que os escritos de Vocês estão repletos de calúnias, quero ir além. Podem-se dizer coisas falsas crendo que sejam verdadeiras, mas a qualidade de mentiroso contém a intenção de mentir. Mostrarei, portanto, meus caros Padres, que a sua intenção é mentir e caluniar, e é com conhecimento de causa, e de propósito, que Vocês imputam aos inimigos crimes de que sabem serem eles inocentes; porque julgam poder fazê-lo sem perder o estado de graça. E embora saibam tão bem quanto eu este ponto de sua moral, não cansarei de lhes falar dele, meus caros Padres, para ninguém poder duvidar, vendo que me dirijo a Vocês para afirmá-lo diante de Vocês mesmos, sem que Vocês possam negá-lo, senão confirmando por essa mesma negação, a acusação que lhes faço. Pois é doutrina tão comum em suas escolas, que Vocês a sustentaram, não só nos livros, mas também em suas teses públicas, o que é de máxima ousadia; como, entre outras, nas teses de Lovaina do ano de 1645, nos seguintes termos: é só pecado venial caluniar ou imputar falsos crimes para arruinar *a credibilidade dos que falam mal de nós*. "*Quid non nisi veniale sit, detrahentis autoritatem magnam, tibi noxiam, falso crimine elidere*".[1] E essa doutrina é tida como tão certa entre Vocês, que quem ouse atacá-la é tratado por Vocês de ignorante e temerário.

Foi o que aconteceu, pouco tempo atrás, com o Padre Quiroga, capuchinho alemão, quando quis opor-se a ela. Pois o Padre Dicastillus,[2] jesuíta, o atacou de imediato, e falou dessa disputa nestes termos, *de Just.*, l. II, tr. 2, disp. 12, n. 404: *Certo religioso sério, descalço e encapuçado*, cucullatus gymnopoda, *cujo nome calo, teve a temeridade de denegrir esta opinião entre mulheres e ignorantes e dizer que ela era perniciosa e escandalosa contra os bons costumes, contra a paz dos Estados e das sociedades e, enfim, contrária não só a todos os doutores católicos, mas a todos os que podem ser católicos. Mas eu lhe afirmei, como ainda afirmo, que a calúnia, quando usada contra um caluniador, embora seja mentira, não é, porém, pecado mortal, nem contra a justiça, nem contra a caridade; e, para prová-lo, lhe ofereci em grande quantidade os nossos Padres e as universidades inteiras por eles compostas, que consultei todos, e, entre outros, o R.P. Jean Gans, confessor do imperador; o R.P. Daniel Bastèle, confessor do arquiduque Leopoldo; o Pe. Henri, que foi preceptor desses dois príncipes; todos os professores públicos e ordinários da Universidade de Viena* (toda ela composta de jesuítas); *todos os professores da Universidade de Grats* (todos jesuítas); *todos os professores da Universidade de Praga* (de que são mestres os jesuítas): *de todos eles tenho em mãos as aprovações de minha opinião, escritas e assinadas do próprio punho: além de ter também a meu favor o Pe. de Pennalossa, jesuíta, pregador do imperador e do rei de Espanha, o Pe. Pilliceroli, jesuíta, e de muitos outros que tinham julgado essa opinião provável antes de nossa disputa*. Como podem ver, meus caros Padres, poucas opiniões há que Vocês se tenham empenhado tanto em demonstrar, como poucas havia de que Vocês tanto precisassem. E é por isso que Vocês tanto a autorizaram, que os casuístas dela se servem como de um princípio indubitável. É evidente, diz Caramouel, n. 1151, *que é opinião provável não haver pecado mortal em caluniar falsamente para conservar a honra*. Pois

---

[1] DOUTRINA CONDENADA POR INOCÊNCIO XI (DENZINGER, P. 2144).
[2] JUAN INOCENCIO DICASTILLO (1584-1663), JESUÍTA NAPOLITANO.

ela é sustentada por mais de vinte doutores graves, por Gaspard Hurtado e Dicastillus, jesuítas, etc.; de modo que se tal doutrina não fosse provável, raras haveria que o fossem em toda a teologia.

Ó abominável teologia e tão corrupta em todos os pontos, que se, segundo as suas máximas, não fosse provável e seguro em consciência que se pode caluniar sem crime para conservar a honra, poucas decisões restariam que fossem seguras! Como é provável, meus caros Padres, que os que defendem tal princípio o coloquem por vezes em prática! A inclinação corrupta dos homens leva a isso, por si só, com tamanho ímpeto, que é incrível que, suprimindo o obstáculo da consciência, ela não se esparrame com toda a sua veemência natural. E querem um exemplo? Caramouel o dará a Vocês, no mesmo lugar: *tendo esta máxima,* diz ele, *do Pe. Dicastillus, jesuíta, acerca da calúnia, sida ensinada por uma condessa da Alemanha às filhas da imperatriz, a crença que tiveram de só pecar no máximo venialmente com as calúnias fez nascer, em poucos dias, tanta maledicência e tanta história falsa, que toda a Corte entrou em combustão e alarme.* Pois é fácil imaginar o uso que dela puderam fazer: e, assim, para apaziguar o tumulto, foram obrigados a chamar um bom Padre capuchinho, de vida exemplar, chamado Padre Quiroga (e foi por isso que o Pe. Dicastillus tanto o combateu), *que veio declarar-lhes que essa máxima era muito daninha, principalmente entre as mulheres; e teve o cuidado especial de fazer a imperatriz abolir totalmente o seu uso.* Não nos devem surpreender os maus efeitos causados por tal doutrina. Deveríamos, pelo contrário, admirar-nos se ela não produzisse tal licença. Persuade-nos o amor próprio sempre de que somos atacados injustamente; e sobretudo a Vocês, meus caros Padres, que a vaidade cega tanto, que Vocês querem fazer crer em todos os seus escritos que é ferir a honra da Igreja ferir a de sua Sociedade. E assim, meus caros Padres, seria estranho que Vocês não pusessem em prática tal máxima. Pois não se deve mais dizer de Vocês o que diz quem não os conhece: como esses bons Padres iriam querer caluniar seus inimigos, já que não poderiam fazê-lo sem perder a salvação? Mas convém dizer, pelo contrário: como esses bons Padres iriam querer perder a vantagem de denegrir os inimigos, já que podem fazê-lo sem arriscar a própria salvação? Não nos admiremos mais, portanto, de ver serem caluniadores os jesuítas: eles o são de boa consciência, e nada pode impedi-los, pois pelo crédito de que gozam no mundo, podem caluniar sem temer a justiça dos homens; e, pelo crédito que se atribuíram sobre os casos de consciência, estabeleceram máximas que lhes permitem fazê-lo, sem temerem a justiça de Deus.

Aí está, meus caros Padres, a fonte de onde nascem tantas negras imposturas. Aí está o que fez o seu Padre Brisacier difundir tantas delas, até atrair a censura do falecido Sr. arcebispo de Paris. Aí está o que levou o Pe. d'Anjou, jesuíta, a denegrir em plena cátedra, na igreja de Saint-Benoît, em Paris, no dia 8 de março de 1655, as pessoas de qualidade que recebiam as esmolas para os pobres da Picardia e de Champagne, às quais tanto contribuíam elas mesmas; e dizer, por uma mentira medonha e capaz de fazer secarem essas caridades, se dessem algum crédito a suas imposturas, *que sabia de ciência certa que tais pessoas haviam desviado esse dinheiro para usá-lo contra a Igreja e contra o Estado.* O que obrigou o cura dessa paróquia, que é um doutor da Sorbonne, a subir no dia seguinte à cátedra para desmentir tais calúnias. Foi por esse mesmo princípio que o Padre Crasset[3] pregou tantas imposturas em Orléans, que foi preciso que o Sr. Bispo de Orléans o suspendesse como impostor público, por sua ordenação do último 9 de setembro, onde declara *que proíbe o irmão Jean Crasset, sacerdote da Companhia de Jesus, de pregar em sua diocese; e a todo o seu povo de ouvi-lo, sob pena de se tornar culpado de desobediência mortal, por saber ter feito o dito Crasset um discurso em cátedra cheio de falsidades e de calúnias contra os eclesiásticos desta cidade, imputando-lhes falsa e maliciosamente que eles defendiam estas Proposições heréticas e ímpias: que os mandamentos de Deus são impossíveis; que jamais se resiste à graça interior; e que Jesus Cristo não morreu por todos os homens, e outras semelhantes, condenadas por Inocêncio X.* Pois é essa, meus caros Padres, a impostura ordinária de Vocês, e a primeira que Vocês imputam a todos os que lhes importa denegrir. E embora lhes

---

[3] JEAN CRASSET (1618-1692), JESUÍTA FRANCÊS, AUTOR DAS *MEDITAÇÕES PARA TODOS OS DIAS DO ANO*, UMA DAS OBRAS DE ESPIRITUALIDADE CATÓLICA MAIS POPULARES DURANTE OS SÉCULOS XVII E XVIII.

seja igualmente impossível prová-lo de quem quer que seja, como ao Padre Crasset desses eclesiásticos de Orléans, a consciência de Vocês permanece, porém, tranquila: *porque Vocês creem que essa maneira de caluniar os que os atacam é certamente permitida* e não temem declará-lo publicamente e à vista de toda uma cidade.

Eis aqui um insigne testemunho disso, no litígio que tiveram com o Sr. Puys, cura de Saint-Nisier, em Lyon; e como esta história mostra perfeitamente o espírito de Vocês, contarei suas principais circunstâncias. Vocês sabem, meus caros Padres, que, em 1649, o Sr. Puys traduziu em francês um excelente livro de outro Padre capuchinho, *acerca do dever dos cristãos em sua paróquia contra os que dela os afastam*, sem usar de nenhuma invectiva e sem designar nenhum religioso ou Ordem em particular. Os Padres jesuítas, porém, tomaram aquilo para si; e, sem nenhum respeito por um velho pastor, juiz, na Primazia de França e honrado em toda a cidade, o Padre Alby, jesuíta, escreveu um livro sangrento contra ele, que Vocês mesmos venderam em sua própria igreja no dia da Assunção, onde ele o acusava de muitas coisas, entre outras, de *se ter tornado escandaloso pelas galanterias e de ser suspeito de impiedade, de ser herege, excomungado e, finalmente, digno da fogueira*. A isso o Sr. Puys respondeu; e o Pe. Alby, num segundo livro, manteve as suas primeiras acusações. Não é verdade, meus caros Padres que, ou Vocês eram caluniadores, ou Vocês pensavam tudo aquilo daquele bom Padre; e que, assim, era preciso que Vocês o afastassem de seus erros, antes de julgá-lo digno de sua amizade? Ouçam, então, o que se passou no acordo que foi feito na presença de boa parte das principais personalidades da cidade, cujos nomes estão na parte de baixo desta página,[4] como aparecem na ata redigida no dia 25 de setembro de 1650. Foi na presença

---

[4] Sr. de Ville, vigário geral do Sr. Cardeal de Lyon; Sr. Scarron, cônego e cura de Saint-Paul; Sr. Margat, chantre; Srs. Bouvaud, Sève, Aubert e Dervieu, cônegos de Saint-Nisier; Sr. du Gué, presidente dos tesoureiros de França; Sr. Groslier, preboste dos comerciantes; Sr. de Fléchère, presidente e lugar-tenente geral; Srs. de Boissat, de Saint-Romain e de Bartoly, fidalgos; Sr. Bourgeois, primeiro advogado do rei na secretaria dos tesoureiros de França; Srs. de Cotton pai e filho; Sr. Boniel, que todos assinaram o original da declaração, com o Sr. Puys e o Pe. Alby.

de toda essa gente que o Sr. Puys nada mais fez que declarar *que o que havia escrito não se dirigia aos Padres jesuítas; que havia falado em geral contra os que afastam os fiéis das paróquias, sem ter pensado em atacar com isso a Sociedade e que, ao contrário, a louvava com amor.* Com essas simples palavras ele se livrou da apostasia, dos escândalos e da excomunhão, sem retratação e sem absolvição; e o Pe. Alby lhe disse, em seguida, estas palavras: *Meu Senhor, a crença que tive de que vós atacáveis a Companhia, de que me honro ser membro, me fez tomar da pluma para responder; e julguei que a maneira de que me vali ME ERA PERMITIDA. Mas, conhecendo melhor a vossa intenção, venho declarar-vos QUE NADA MAIS HÁ que me possa impedir de considerar-vos um homem de mente muito esclarecida, de doutrina profunda e ORTODOXA, de costumes IRREPREENSÍVEIS e, numa palavra, digno pastor de vossa igreja. É uma declaração que faço com alegria, e peço a estes Senhores que dela se lembrem.*

Eles se lembraram, meus caros Padres; e ficaram mais escandalizados com a reconciliação do que com a briga. Pois quem não admiraria esse discurso do Pe. Alby? Ele não diz que vem retratar-se, porque soube da mudança de costumes e de doutrina do Sr. Puys, mas só *porque, sabendo que a sua intenção não tinha sido atacar a Companhia de Jesus, nada mais há que o impeça de considerá-lo católico.* Não acreditava, então, que fosse mesmo herege? E, no entanto, depois de tê-lo acusado contra o que sabia, não declara que errou; mas ousa dizer, pelo contrário, *que crê que a maneira de que se valeu lhe fosse permitida.*

Onde estavam Vocês com a cabeça, meus caros Padres, ao testemunharem assim, publicamente, que só medem a fé e a virtude dos homens pelos sentimentos que nutrem por sua Sociedade? Como não recearam passar, com sua própria confissão, por impostores e caluniadores? Como, meus Padres! Um homem, sem que ocorra nenhuma mudança nele, conforme Vocês creem que ele louve ou ataque a sua Companhia, será *piedoso* ou *ímpio, irrepreensível* ou *excomungado, digno pastor da Igreja* ou *digno de ser lançado à fogueira,* e, por fim, *católico* ou *herege*? É, portanto, a mesma coisa, na linguagem de Vocês, atacar sua Sociedade e ser herege? Aí está uma divertida heresia, meus Padres!

E assim, quando vemos em seus escritos que tantas pessoas católicas neles são chamadas de hereges, isso não quer dizer outra coisa *senão que Vocês creem que elas os ataquem*. É bom, meus caros Padres, que se entenda essa estranha linguagem, segundo a qual, sem dúvida, sou um grande herege. Assim, é nesse sentido que Vocês me dão tantas vezes esse nome. Vocês só me expulsam da Igreja porque acham que as minhas Cartas prejudicam Vocês; e, assim, para me tornar católico, só me resta aprovar os excessos de sua moral, o que não poderia fazer sem renunciar a todo sentimento de piedade; ou persuadir Vocês de que nisso só busco o verdadeiro bem de Vocês; e seria preciso que Vocês se tivessem curado de seus desvarios para reconhecê-lo. Assim, acho-me estranhamente enredado na heresia; pois, sendo inútil a pureza da minha fé para me retirar dessa espécie de erro, não posso sair dele senão traindo a minha consciência ou reformando a de Vocês. Até lá, continuarei sendo um malvado e um impostor e, por mais fiel que tenha sido ao citar os seus textos, Vocês hão de exclamar por toda parte *que é preciso ser porta-voz do demônio para lhes imputar* coisas de que *não há sinal ou vestígio em seus livros*; e nisso Vocês nada farão que não esteja em conformidade com sua máxima e prática ordinárias, tamanha a extensão do seu privilégio de mentir. Permitam-me dar-lhes um exemplo que escolhi de propósito, porque responderei ao mesmo tempo à nona de suas imposturas; aliás, elas só merecem ser refutadas de passagem.

Há dez ou doze anos, censuraram-lhes esta máxima do Padre Bauny: *que é permitido buscar diretamente, PRIMO ET PER SE, uma ocasião próxima de pecar pelo bem espiritual ou temporal nosso ou de nosso próximo*, tr. 4, q. 14,[5] da qual ele dá o seguinte exemplo: *que é permitido a cada um ir a lugares públicos para converter mulheres perdidas, ainda que seja provável que lá se venha a pecar, por já se ter experimentado muitas vezes que é comum deixar-se levar ao pecado pelas carícias de tais mulheres*. Que respondeu a isso o seu Padre Caussin, em 1644, em sua *Apologia da Companhai de Jesus*, à p. 128? *Vejam o trecho do Padre Bauny, leiam*

---

[5] Tese condenada pelo Papa Inocêncio XI (Denzinger, p. 2161).

a página, as margens, os prólogos, as continuações, tudo o mais, e até mesmo o livro inteiro, não encontrarão um único vestígio dessa sentença, que só poderia ocorrer à alma de um homem extremamente perdido de consciência e que parece não poder ser acreditada senão pelo porta-voz do demônio. E o Padre Pintereau, jesuíta, no mesmo estilo, primeira parte, p. 24: é preciso estar bem perdido de consciência para ensinar tão detestável doutrina; mas é preciso ser pior que o demônio para atribuí-la ao Pe. Bauny. Leitor, não há nem sinal, nem vestígio disso em todo o seu livro. Quem não haveria de crer que gente que fala nesse tom tenha motivos de se queixar e que, de fato, o Padre Bauny tivesse sido acusado falsamente? Alegaram Vocês contra mim algo em termos mais fortes? E como se ousaria imaginar que há uma passagem, com os mesmíssimos termos, no mesmo lugar em que a citamos, quando se diz *que não há nem sinal, nem vestígio dela em todo o livro?*

Na verdade, meus caros Padres, é esse o jeito de que Vocês se valem para serem acreditados até que lhes respondam; mas é também o jeito de contribuir para que nunca mais creiam em Vocês, depois que lhes responderem. Pois é tão verdade que Vocês mentiam então, que hoje Vocês não mostram nenhuma dificuldade de reconhecer em suas Respostas que tal máxima está no Padre Bauny, no mesmo lugar onde a havíamos citado; e o mais admirável é que, sendo *detestável* há doze anos, hoje ela é tão inocente, que, em sua nona impostura, p. 10, Vocês me acusam *de ignorância e de malícia, de atacar o Pe. Bauny por uma opinião que não é rejeitada na escola*. Como é vantajoso, meus caros Padres, lidar com gente que diz o pró e o contra! Só preciso de Vocês mesmos para refutá-los. Pois basta mostrar duas coisas: uma, que essa máxima não vale nada; a outra, que ela é do Pe. Bauny: e provarei uma e outra pela confissão de Vocês mesmos. Em 1644, Vocês reconheceram que ela é *detestável*, e em 1656 admitem que ela é do Padre Bauny. Esse duplo reconhecimento é o bastante para me justificar, meus caros Padres; mas ele vai além, revela o espírito da política de Vocês. Pois me digam, por favor, qual é o objetivo de Vocês em seus escritos? Será o de falarem com sinceridade? Não, meus caros Padres, já que as suas respostas se destroem umas às outras. Será o de seguir a verdade da fé? Também não, pois autorizam uma máxima *detestável*, segundo Vocês mesmos. Mas observemos que quando Vocês disseram que essa máxima é *detestável*, negaram ao mesmo tempo que ela fosse do Padre Bauny; e, assim, ele era inocente: e quando admitem que é dele, afirmam ao mesmo tempo que ela é boa; e assim, mais uma vez, ele é inocente. Como se vê, sendo a inocência desse Padre a única coisa comum às duas respostas, fica claro que é também a única coisa que com elas Vocês procuram; e que têm como único objetivo a defesa dos Padres jesuítas, dizendo de uma mesma máxima que ela está em seus livros e não está; que é boa e que é má; não segundo a verdade, que não muda nunca, mas segundo o interesse de Vocês, que muda a toda hora. Que não poderia dizer-lhes a este respeito? Pois Vocês bem veem que isso é convincente. No entanto, nada é mais normal para Vocês; e, para omitir um sem-número de exemplos, creio que Vocês hão de se contentar com que lhes cite mais um.

Foram Vocês muitas vezes criticados por outra Proposição do mesmo Pe. Bauny, tr. 4, q. 22, p. 100: *não se deve negar nem adiar a absolvição a quem tenha o hábito de crimes contra a lei de Deus, da natureza e da Igreja, ainda que não se vislumbre nenhuma esperança de melhora: "Etsi emendationis future spes nulla appareat"*. Peço-lhes, por favor, meus Padres, que me digam qual respondeu melhor, segundo o gosto de Vocês, o Pe. Pintereau ou o Pe. Brisacier, que defendem o Pe. Bauny das duas maneiras próprias de Vocês: condenando um essa Proposição, mas negando que ela seja do Pe. Bauny; o outro, admitindo que ela é do Pe. Bauny, mas ao mesmo tempo justificando-a. Ouçamo-los discorrer. Eis o que diz o Pe. Pintereau, à p. 18: *o que se chama ultrapassar os limites de todo pudor e passar além de toda impudicícia, senão imputar ao Pe. Bauny, como coisa verificada, doutrina tão condenável? Julgai, leitor, a indignidade dessa calúnia e vede com quem os jesuítas estão lidando e se o autor de tão negra suposição já não deve ser tido como um disfarce do pai das mentiras. E eis agora o Pe. Brisacier, 4a., p. 21: de fato, o Pe. Bauny diz o que Você cita* (o que é desmentir o Pe. Pintereau bem claramente).

Mas, acrescenta ele para justificar o Pe. Bauny, *Você que critica isso, espere, quando um penitente estiver a seus pés, que seu anjo da guarda hipoteque todos os direitos que tem no céu para ser o fiador dele. Espere que Deus Pai jure por Si mesmo que Davi mentiu ao dizer, pelo Espírito Santo, que todo homem é mentiroso, enganador e frágil; e que esse penitente não seja mais mentiroso, frágil, mutável ou pecador que os outros; e Você não aplicará o sangue de Jesus Cristo a ninguém.*

Que lhes parecem, Padres, essas expressões extravagantes e ímpias, de que, se fosse preciso aguardar *que houvesse alguma esperança de melhora* nos pecadores para absolvê-los, seria preciso esperar que *Deus Pai jurasse por Si mesmo* que eles não mais cairiam? Como, meus caros Padres! Não há diferença nenhuma entre a *esperança* e a *certeza*? Que injúria contra a graça de Jesus Cristo dizer que é tão pouco possível que os cristãos saiam algum dia dos crimes contra a lei de Deus, da natureza e da Igreja, quanto se poderia esperar *sem que o Espírito Santo tivesse mentido*: assim, segundo Vocês, se não se desse a absolvição àqueles *de que não se espera nenhuma melhora,* o sangue de Jesus Cristo permaneceria inútil, e não *seria aplicado nunca a ninguém?* A que estado, meus caros Padres, reduz Vocês o desejo imoderado de preservar a glória de seus autores, pois não veem senão dois modos de justificá-los, a impostura ou a impiedade; e, assim, a mais inocente maneira de se defenderem consiste em negar descaradamente as coisas mais evidentes?

É também por isso que Vocês se valem delas com tamanha frequência. Mas isso ainda não é tudo o que sabem fazer. Vocês forjam textos para tornarem odiosos os seus inimigos, como a *Carta de um Ministro ao Sr. Arnauld*, que distribuíram por toda Paris, para darem a entender que o livro da *Frequente Comunhão*, aprovado por tantos bispos e tantos doutores, mas que, na verdade, era um tanto contrário a Vocês, fora escrito por meio de um acordo secreto com os ministros de Charenton. Outras vezes, atribuem a seus adversários escritos cheios de impiedade, como a *Carta Circular dos Jansenistas,* cujo estilo impertinente torna essa fraude grosseira demais e revela com demasiada clareza a malícia ridícula do Padre Meynier,[6] que ousa servir-se dela, à p. 28, para dar apoio a suas mais negras imposturas. Às vezes, citam livros que nunca existiram, como as *Constituições do Santo Sacramento*, de onde extraem trechos que Vocês fabricam à vontade, e que arrepiam os cabelos da cabeça da gente simples, que não conhecem a ousadia de Vocês em inventar e publicar mentiras. Pois não existe espécie de calúnia de que Vocês não tenham usado. Jamais poderia estar em melhores mãos a máxima que a desculpa.

Mas essas calúnias são fáceis demais de destruir; e é por isso que Vocês criaram outras mais sutis, onde não particularizam nada, para evitar qualquer ponto por onde possa ser apanhada e todo meio de responder a ela; como quando o Pe. Brisacier diz *que os seus inimigos cometem crimes abomináveis, que, porém, não quer mencionar*. Não parece impossível provar a impostura de acusação tão indeterminada? Um homem hábil, porém, descobriu o segredo; e é mais uma vez um capuchinho, meus caros Padres. Vocês hoje não têm tido sorte com os capuchinhos, e prevejo que em outra ocasião o mesmo lhes possa acontecer com os beneditinos. Esse capuchinho se chama Padre Valérien, da casa dos condes de Magnis. Vocês ficarão sabendo por esta historinha como ele respondeu às calúnias de Vocês. Ele havia tido bom êxito na conversão do landgrave de Darmstadt. Mas os Padres jesuítas, como se lhes doesse ver converterem um príncipe soberano sem sua ajuda, escreveram de imediato um livro contra ele (pois Vocês perseguem em toda parte as pessoas de bem), onde, falsificando um de seus textos, lhe imputaram uma doutrina *herética*. Fizeram também circular uma carta contra ele, onde lhe diziam: *Ah! Quantas coisas temos a revelar*, sem dizerem o quê, *com que Você terá muitas dores de cabeça! Pois se Você não puser ordem na casa, seremos obrigados a informar o Papa e os cardeais*. Isso não carece de habilidade; e não duvido, meus Padres, que Vocês não lhes falem assim de mim: mas prestem atenção na maneira como ele respondeu a isso em seu livro impresso em Praga o ano

---

[6] Bernard Meynier, jesuíta francês, nascido em 1605.

passado, p. 112 e seguintes: *Que farei, diz ele, contra essas injúrias vagas e indeterminadas? Como poderei defender-me de acusações que não explicam? Eis aqui, porém, como fazê-lo. É que declaro publicamente, em alto e bom som, àqueles que me ameaçam, que eles são impostores insignes e muito hábeis e muito descarados mentirosos, se não revelarem esses crimes a toda a terra. Apareçam, então, meus acusadores, e publiquem essas coisas sobre os telhados, em vez de dizê-las ao pé do ouvido e mentindo com segurança ao dizê-las ao pé do ouvido. Há quem julgue que tais disputas são escandalosas. É verdade que é provocar um escândalo horroroso imputar um crime como a heresia e me tornar suspeito de vários outros. Mas me limito a remediar a esse escândalo, defendendo a minha inocência.*

Realmente, meus caros Padres, dessa vez Vocês receberam uma dura lição, e nunca ninguém esteve mais justificado. Pois certamente lhes faltavam as menores aparências de crime contra ele, já que não responderam ao desafio. Às vezes, Vocês passam por situações constrangedoras, mas nem por isso se tornam mais prudentes. Pois, tempos mais tarde, Vocês o atacaram mais uma vez, do mesmo modo, sobre outro assunto, e ele também se defendeu do mesmo jeito, à p. 151, nestes termos: *esses homens que se tornam insuportáveis a toda a cristandade aspiram, com o pretexto das boas obras, à grandeza e à dominação, desviando para seus próprios fins quase todas as leis divinas, humanas, positivas e naturais. Atraem ou pela doutrina, ou pelo medo, ou pela esperança, todos os grandes da terra, de cuja autoridade abusam para levar a bom termo suas detestáveis intrigas. Mas seus atentados, embora tão criminosos, não são nem punidos, nem refreados: são, pelo contrário, recompensados, e eles os cometem com a mesma ousadia, como se prestassem serviço a Deus. Todos o reconhecem, todos falam deles com execração; mas poucos há que sejam capazes de se opor a tão poderosa tirania. Foi o que fiz, apesar de tudo. Detive a impudicícia deles, e vou detê-la mais uma vez do mesmo jeito. Declaro, pois, que eles mentiram sem nenhum pudor, MENTIRIS IMPUDENTISSIME. Se as coisas de que me acusaram são verídicas, provem-nas ou mostrarão que são culpados de uma mentira descarada. O comportamento deles revelará quem tem razão. Peço a todos que o observem e notem, entretanto, que esse tipo de homens que não suportam a mínima injúria que possam repelir, fingem suportar com muita paciência aquelas de que não podem defender-se e cobrem com uma falsa virtude sua verdadeira impotência. Por isso quis irritar mais energicamente o pudor deles, para que os mais grosseiros reconheçam que, se se calarem, sua paciência não será efeito de mansidão, mas de dor de consciência.*

Eis o que ele diz, meus caros Padres, e assim: *essa gente, cujas história são conhecidas por todos, é tão evidentemente injusta e tão insolente em sua impunidade, que seria preciso que eu tivesse renunciado a Jesus Cristo e à sua Igreja, se não detestasse a conduta deles, e até publicamente, tanto para me justificar como para impedir os simples de serem seduzidos por eles.*

Meus Reverendos Padres, não há mais como recuar. É preciso passar por caluniadores provados e recorrer à máxima de Vocês, de que esse tipo de calúnia não é crime. Esse Padre descobriu o segredo de como fazê-los calarem a boca: é assim que se deve agir toda vez que Vocês fizerem acusações sem provas. Basta responder a cada um de Vocês como o Padre capuchinho, *mentiris impudentissime*. Pois o que mais se poderia responder quando o Padre Brisacier, jesuíta, diz, por exemplo, que aqueles contra os quais escreve *são portas do inferno, pontífices do diabo, gente que perdeu a fé, a esperança e a caridade, que constrói o tesouro do anticristo? O que não digo* (acrescenta ele) *como injúria, mas pela força da verdade.* Divertir-nos-íamos provando que não somos *porta do inferno* e que não construímos o *tesouro do anticristo*?

Que devemos responder, também, a todos os discursos vagos desse tipo, que estão em seus livros e em seus Avisos sobre as minhas Cartas, por exemplo: *que nos apoderamos das restituições, reduzindo os credores à pobreza; que oferecemos sacos de dinheiro a sábios religiosos, que os recusaram; que damos benefícios para semear heresias contra a fé; que temos pensionários entre os mais ilustres eclesiásticos e nas cortes soberanas; que também eu sou pensionário de Port-Royal e escrevia romances antes de minhas Cartas,* justo eu que jamais li um romance e que não sei sequer o nome dos que o seu apologista escreveu? Que dizer contra tudo isso, meus caros Padres, senão *mentiris impudentissime*, se Vocês não indicam todas essas pessoas, suas palavras, o tempo, o lugar? Pois convém calar ou citar e provar todas as circunstâncias, como faço quando lhes conto as histórias do Pe. Alby e de Jean d'Alba. Caso contrário, Vocês só prejudicarão a si mesmos. Todas as suas fábulas podiam, talvez, ser-lhes úteis antes que seus princípios se tornassem conhecidos; mas agora que tudo foi revelado, quando Vocês pensarem em dizer ao pé do ouvido *que um homem honrado, que não deseja revelar o nome, lhes contou coisas terríveis daquela gente*, de imediato vão fazer Vocês lembrarem do *mentiris impudentissime* do bom Padre capuchinho. Já faz tempo demais que Vocês enganam as pessoas e abusam da credulidade que tinham em suas imposturas. É tempo de devolver a reputação a tanta gente caluniada. Pois qual inocência pode ser tão universalmente reconhecida, que não sofra certo prejuízo pelas tão ousadas imposturas de uma Companhia espalhada por toda a terra e que, sob hábitos religiosos, encobre almas tão irreligiosas, que cometem crimes como a calúnia, não contra suas máximas, mas de acordo com suas próprias máximas? Assim, não me hão de acusar de ter destruído a confiança que podiam ter em Vocês; pois é muito mais justo conservar em tanta gente que Vocês denegriram a reputação de piedade que não merecem perder, do que lhes deixar a reputação de sinceridade que Vocês não merecem ter. E já que uma coisa não se pode fazer sem a outra, como é importante mostrar quem são Vocês! Foi o que comecei a fazer aqui; mas é preciso muito tempo para terminar. Isso ficará claro, meus Padres, e toda a sua política não o pode evitar, pois os esforços que Vocês poderiam fazer para impedi-lo só fariam mostrar aos menos clarividentes que Vocês sentiram medo e que, como a sua consciência os acusa do que eu tinha a lhes dizer, Vocês tudo fizeram para impedi-lo.

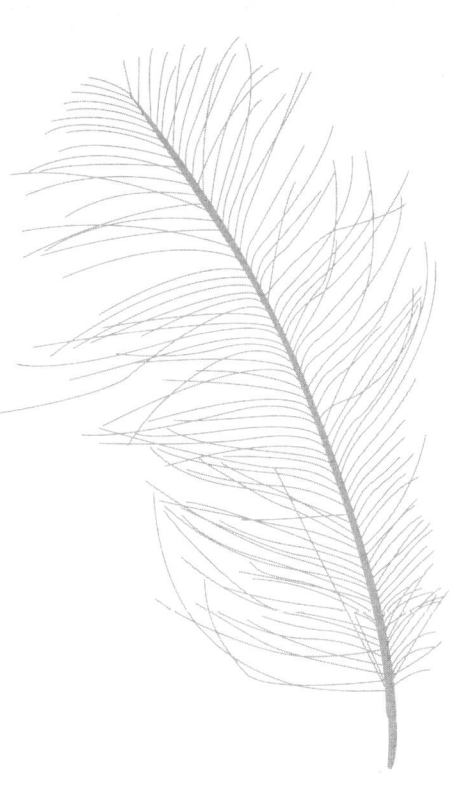

Décima Sexta Carta

Escrita pelo autor das Cartas ao Provincial aos Reverendos Padres jesuítas

4 de dezembro de 1656.

Prezados Reverendos Padres,

Eis a continuação das suas calúnias, onde responderei em primeiro lugar às que restam de seus *Avisos*. Mas como todos os seus outros livros estão igualmente repletos de calúnias, eles me fornecerão matéria bastante para entretê-los com este assunto o quanto eu julgar necessário. Direi a Vocês, portanto, numa palavra, acerca dessa fábula que Vocês espalharam contra o Sr. d'Ypres,[1] que Vocês abusam maliciosamente de algumas palavras ambíguas de uma de suas cartas, que, sendo passíveis

---

[1] Cornelius Jansenius, bispo de Ypres.

de um bom sentido, devem ser interpretadas favoravelmente, segundo o espírito da Igreja; e só o espírito de sua Sociedade pode interpretá-las de outro modo. Pois por que pretendem Vocês que, ao dizer ao amigo: *Não te preocupes tanto com teu sobrinho, eu lhe fornecerei o dinheiro necessário, que está em minhas mãos,* tenha ele querido dizer com isso que tomava o dinheiro para não mais devolvê-lo, e não que fazia apenas um adiantamento que devia ser restituído? Mas não terão sido muito imprudentes ao fornecerem Vocês mesmos a prova de sua mentira com as outras cartas do Sr. d'Ypres, que Vocês imprimiram e mostram claramente que se tratava apenas de *adiantamentos,* que ele devia restituir? É o que fica claro na carta citada por Vocês, de 30 de julho de 1619, nestes termos que refutam Vocês: *Não te preocupes com OS ADIANTAMENTOS; não lhe faltará nada enquanto estiver aqui.* E pela de 6 de janeiro de 1620, onde diz: *Andas com muita pressa, e se fosse preciso prestar contas, o pouco crédito de que gozo aqui me faria ter o dinheiro, se preciso.*

Vocês são, portanto, impostores, meus caros Padres, tanto nesse assunto quanto na ridícula história do cofre de esmolas de Saint-Merri. Pois que vantagem podem tirar da acusação que um bom amigo de Vocês fez contra esse eclesiástico que Vocês querem destruir? Devemos concluir daí que um homem é culpado por ser acusado? Não, meus Padres. Gente piedosa como ele sempre pode ser acusada, enquanto o mundo for mundo, pelos caluniadores, como Vocês. Não é, portanto, pela acusação, mas pela sentença que eles devem ser julgados. Ora, a sentença dada no dia 23 de fevereiro de 1656 justifica-o plenamente; além disso, aquele que se havia temerariamente envolvido nesse injusto processo foi desmentido pelos colegas e obrigado a se retratar. E, quanto ao que Vocês dizem, no mesmo lugar, desse *famoso diretor que enriqueceu, num instante, em novecentos mil libras,* basta remetê-los aos Senhores curas de Saint-Roch e de Saint-Paul, que hão de testemunhar, diante de toda Paris, sobre sua perfeita abnegação neste caso, e da indesculpável malícia de Vocês nessa impostura.

Isto já é o bastante para tão vãs falsidades. São apenas tentativas de golpe de noviços, e não os golpes importantes dos grandes professos.

É deles que passo a tratar, portanto, meus caros Padres; passo a esta calúnia, uma das mais tenebrosas que jamais saíram das mentes de Vocês. Falo dessa insuportável audácia com que Vocês ousaram imputar a santas religiosas e a seus doutores, *não crerem no mistério da Transubstanciação, nem na presença real de Jesus Cristo na Eucaristia*. Eis aí, caros Padres, uma impostura digna de Vocês. Eis aí um crime que só Deus é capaz de punir, como só Vocês são capazes de cometê-lo. É preciso ser tão humilde como essas humildes caluniadas para suportá-lo com paciência, e é preciso ser tão ruim quanto tão ruins caluniadores para acreditar nisso. Não vou, portanto, justificá-las; elas não são suspeitas disso. Se precisassem de defensores, teriam outros melhores que eu. O que direi aqui não pretende mostrar a inocência delas, mas mostrar a maldade de Vocês. Só quero que sintam horror de Vocês mesmos, e demonstrar a todos que, depois disso, não há mais nada de que Vocês não sejam capazes.

Vocês hão de dizer, no entanto, que sou de Port-Royal; pois é a primeira coisa que dizem a quem quer que combata os excessos de Vocês; como se só em Port-Royal houvesse gente com zelo bastante para defender contra Vocês a pureza da moral cristã. Conheço, meus Padres, o mérito desses piedosos solitários que ali se retiraram, e o quanto deve a Igreja a suas obras tão edificantes e tão sólidas. Sei quanta piedade e quantas luzes eles têm. Pois ainda que eu jamais me tenha estabelecido entre eles, como Vocês insinuam, sem que Vocês saibam quem sou eu, não deixo de conhecer alguns deles e de honrar a virtude de todos. Mas Deus não limitou só a esse grupo todos os que quer contrapor às desordens de Vocês. Espero, com o auxílio Dele, meus caros Padres, fazer Vocês perceberem isso; e se Ele me der a graça de me amparar no desígnio que me dá de usar por Ele tudo o que Dele recebi, eu lhes falarei de tal sorte, que talvez faça Vocês lamentarem não estar lidando com um homem de Port-Royal. E para lhes mostrar isso, meus caros Padres, é que, enquanto aqueles que Vocês ultrajam com essa insigne calúnia se contentam com oferecer a Deus seus gemidos, para Lhe pedir o perdão dela, sinto-me obrigado, eu, que não sou alvo dessa injúria, a fazer Vocês corarem diante de toda a Igreja, para lhes provocar essa confusão salutar de que fala a Escritura, que é quase o único remédio de um endurecimento como o de Vocês: *Imple facies eorum ignominia, et quaerent nomen tuum, Domine.*[2]

É preciso deter essa insolência, que não poupa nem os mais santos lugares. Pois quem poderá estar em segurança depois de uma calúnia dessa natureza? Como, meus Padres! Distribuir Vocês mesmos em Paris um livro tão escandaloso, com o nome do Padre Meynier, jesuíta, como autor, e com este título infame: *Port-Royal e Genebra de acordo contra o Santíssimo sacramento do Altar*, onde Vocês acusam de tal apostasia, não só o Sr. abade de Saint-Cyran[3] e o Sr. Arnauld, mas também a Madre Agnès, irmã dele, e todas as religiosas daquele mosteiro, de que Vocês dizem, à p. 96, *que sua fé é tão suspeita em relação à Eucaristia quanto a do Sr. Arnauld*, o qual Vocês afirmam, p. 4, ser *efetivamente calvinista*. Pergunto a todos, a este respeito, se há na Igreja pessoas a quem Vocês possam assacar tão abominável acusação com menos verossimilhança? Pois, meus caros Padres, digam-me, se essas religiosas e seus diretores estivessem *de acordo com Genebra contra o Santíssimo Sacramento do Altar* (o que é horrível de se pensar), por que teriam escolhido como objeto principal de sua piedade esse Sacramento que abominariam? Por que teriam incluído em sua regra a instituição do Santo Sacramento? Por que teriam tomado o hábito do Santo Sacramento, escolhido o nome de Filhas do Santo Sacramento, chamado sua igreja de igreja do Santo Sacramento? Por que teriam pedido e obtido de Roma a confirmação dessa instituição e o pode de dizer todas as quintas-feiras o ofício do Santo Sacramento, em que a fé da Igreja é tão perfeitamente expressa, se tivessem conjurado com Genebra para a abolição dessa fé da Igreja? Por que se teriam obrigado, por uma devoção particular, aprovada também pelo Papa, a ter sem cessar, noite e dia, algumas religiosas na presença dessa santa hóstia, para repararem com suas adorações

---

[2] Cobri a face deles de ignomínia, e buscai vosso nome, Senhor. Salmo 83(82), 17.
[3] Jean-Ambroise Duvergier de Huranne, abade de de Saint-Cyran (1581-1643), amigo de Jansenius e introdutor de sua doutrina na França.

perpétuas ante esse sacrifício perpétuo, a impiedade da heresia que o quis aniquilar? Digam-me, Padres, se puderem, por que, de todos os mistérios da nossa religião, elas teriam deixado de lado aqueles em que creem para escolher justamente aquele em que não creem; e por que se teriam devotado de maneira tão plena e tão total a esse mistério da fé, se o considerassem, como os hereges, o mistério de iniquidade? Que respondem Vocês, meus Padres, a testemunhos tão evidentes, não só de palavras, mas de atos; e não de alguns atos particulares, mas de toda a sequência de uma vida inteiramente consagrada à adoração de Jesus Cristo, que reside nos altares? Que respondem Vocês, também, aos livros que Vocês chamam de Port-Royal, que são todos repletos dos termos mais precisos com que os Padres e os Concílios se serviram para indicar a essência desse mistério? É algo ridículo, mas horrível, ver Vocês assim responderem a eles em seu libelo: o Sr. Arnauld, dizem Vocês, fala de *transubstanciação*; mas talvez ele queira dizer *uma transubstanciação significativa*. Testemunha crer na *presença real*; mas quem diz que ele não queira dizer *uma figura verdadeira e real*? Onde estamos, meus caros Padres? E quem Vocês não fariam passar por calvinista quando quisessem, se lhes deixassem a licença de corromper as expressões mais canônicas e mais santas pelas maliciosas sutilezas de seus novos equívocos? Pois quem jamais se serviu de outros termos senão desses e, sobretudo, em simples discursos de piedade, onde não se trata de controvérsias? E, no entanto, o amor e o respeito que eles têm por esse santo mistério os fez preencher de tal modo todos os seus escritos com ele, que eu desafio Vocês, meus caros Padres, por mais artificiosos que sejam, a neles encontrar a mínima aparência de ambiguidade, nem a mínima adequação às opiniões de Genebra.

Todos sabem, meus caros Padres, que a heresia de Genebra consiste essencialmente, como Vocês mesmos explicam, em crer que Jesus Cristo não está encerrado nesse sacramento; que é impossível que Ele esteja em diversos lugares; que Ele só está verdadeiramente no céu e que é só lá que devemos adorá-Lo, e não no altar; que a substância do pão permanece; que o corpo de Jesus Cristo não entra nem na boca, nem no peito; que Ele é só comido pela fé e que, assim, os maus não O comem; e que a missa não é um sacrifício, mas uma abominação. Ouçam, pois, meus Padres, como *Port-Royal* está de acordo com *Genebra* em seus livros. Lemos ali, para confusão de Vocês: *que a carne e o sangue de JESUS CRISTO estão contidos sob as espécies do pão e do vinho,* 2a. carta do Sr. Arnauld, p. 259. *Que o Santo dos Santos está presente no santuário e ali deve ser adorado,* ibidem. p. 243. Que Jesus Cristo *habita nos pecadores que comungam, pela presença real e verdadeira de seu corpo em seu peito, embora não pela presença de seu espírito no coração,* Fréq. Com., 3a. parte, cap. XVI. *Que as cinzas mortas dos corpos santos extraem sua principal dignidade dessa semente de vida que lhes fica do toque da carne imortal e vivificante de JESUS CRISTO,* 1a. parte, capítulo XL. *Que não é por nenhuma potência natural, mas pela omnipotência de Deus, a que nada é impossível, que o corpo de Jesus Cristo está contido sob a hóstia e sob a mínima parte de cada hóstia,* Théol. fam., lição XV. *Que a virtude divina está presente para produzir o efeito que as palavras da consagração significam,* ibidem. *Que JESUS CRISTO, que está rebaixado e deitado sobre o altar, está ao mesmo tempo elevado em sua glória; que está, por Si mesmo e por sua potência ordinária, em diversos lugares ao mesmo tempo, no meio da Igreja triunfante e no meio da Igreja militante e viajante,* da Suspensão, razão XXI. *Que as espécies sacramentais permanecem suspensas e subsistem extraordinariamente sem o apoio de nenhum sujeito; e que o corpo de JESUS CRISTO também está suspenso sob as espécies; que ele não depende delas, como as substâncias dependem dos acidentes,* ibidem, XXIII. *Que a substância do pão muda, deixando os acidentes imutáveis.* Horas na prosa do Santo Sacramento. *Que JESUS CRISTO repousa na Eucaristia com a mesma glória que no céu.* Cartas do Sr. de Saint-Cyran, tomo I, carta XCIII. *Que sua humanidade gloriosa reside nos tabernáculos da Igreja, sob as espécies do pão que a cobrem visivelmente; e que, sabendo que somos grosseiros, leva-nos assim à adoração de sua divindade presente em todos os lugares pela de sua humanidade presente num lugar particular,* ibidem. *Que recebemos o corpo de JESUS CRISTO na língua e que Ele a santifica por seu divino contato,* carta XXXII. *Que*

Ele entra na boca do sacerdote, carta LXXII. *Que, embora JESUS CRISTO se tenha tornado acessível no Santo Sacramento por efeito de seu amor e de sua clemência, Ele não deixa de conservar ali a sua inacessibilidade, como condição inseparável de sua natureza divina; porque ainda que só o corpo e só o sangue estejam ali em virtude das palavras, "vi verborum", como diz a Escola, isso não impede que toda a sua divindade, tanto quanto a sua humanidade, ali esteja por uma conjunção necessária.* Defesa do terço do Santo sacramento, p. 217. E, por fim, *que a Eucaristia é ao mesmo tempo sacramento e sacrifício.* Teol. fam., lição XV. *E que embora esse sacrifício seja uma comemoração do da Cruz, há, porém, esta diferença, que o da missa só é oferecido para a Igreja e para os fiéis que estão na comunhão, enquanto o da Cruz foi oferecido em favor de todos, como diz a Escritura,* ibidem, p. 153. Isto basta, meus Padres, para mostrar claramente que talvez jamais tenha havido maior impudência que a de Vocês. Mas quero ainda fazer Vocês mesmos pronunciarem esta sentença contra si mesmos. Pois o que pedem Vocês, para tirar toda aparência de que alguém esteja de acordo com Genebra? *Se o Sr. Arnauld,* diz o Padre Meynier, p. 83, *tivesse dito que nesse adorável mistério não há nenhuma substância do pão sob as espécies, mas só a carne e o sangue de JESUS CRISTO, eu teria admitido que ele se teria declarado totalmente contra Genebra.* Admitam, então, impostores, e lhe façam uma retratação pública. Quantas vezes viram isso nos textos que acabo de citar! Mas, além disso, tendo a *Teologia Familiar* do Sr. de Saint-Cyran sido aprovada pelo Sr. Arnauld, ela contém as opiniões de um e de outro. Leiam, pois, toda a lição XV, e principalmente o artigo segundo, e aí encontrarão as palavras que pedem, ainda mais formalmente do que Vocês mesmos as exprimem: *Há pão na hóstia e vinho no cálice? Não; pois toda a substância do pão e do vinho é suprimida para dar lugar à do corpo e do sangue de JESUS CRISTO, a qual permanece ali apenas recoberta pelas qualidades e espécies do pão e do vinho.*

Pois bem, Padres! Vão dizer ainda que Port-Royal nada ensine *que Genebra não aceite,* e que o Sr. Arnauld nada disse na sua segunda carta *que não pudesse ser dito por um ministro* de Charenton? Façam, então, Mestrezat[4] falar como fala o Sr. Arnauld nesta carta, p. 237ss. Façam-no dizer: *que é mentira infame acusá-lo de negar a transubstanciação: que ele toma como fundamento de seus livros a verdade da presença real do Filho de Deus, oposta à heresia dos calvinistas; que se considera feliz por estar num lugar onde se adora continuamente o Santo dos Santos no santuário;* o que é muito mais contrário à crença dos calvinistas do que a presença real mesma; pois, como diz o cardeal de Richelieu, em suas *Controvérsias,* p. 536: *tendo-se reunido os novos ministros de França com os luteranos que creem na presença real de Jesus Cristo na Eucaristia, declararam que só permanecem separados da Igreja, no que se refere a este mistério, por causa da adoração que os católicos prestam à Eucaristia.* Façam que assinem em Genebra todos os textos que lhes citei dos livros de Port-Royal, e não só os trechos, mas os tratados inteiros acerca desse mistério, como o livro da *Frequente Comunhão,* a *Explicação das cerimônias da Missa,* o *Exercício durante a Missa,* as *Razões da suspensão do Santo Sacramento,* a *Tradução dos hinos nas Horas de Port-Royal,* etc. E, por fim, façam estabelecer-se em Charenton esta santa instituição de adorar sem cessar Jesus Cristo contido na Eucaristia, como acontece em Port-Royal, e este será o mais assinalado serviço que Vocês possam render à Igreja, pois então Port-Royal não estará *de acordo com Genebra,* mas Genebra de acordo com Port-Royal e com toda a Igreja.

Na verdade, meus Padres, Vocês não poderiam ter feito pior escolha do que acusar Port-Royal de não crer na Eucaristia; mas quero mostrar o que levou Vocês a isso. Sabem que compreendo um pouco a política de Vocês, que seguiram bem nesta situação. Se o abade de Saint-Cyran e o Sr. Arnauld se tivessem limitado a dizer o que se deve crer acerca desse mistério, e não o que devemos fazer para nos prepararmos a ele, teriam sido os melhores católicos do mundo, e não teriam encontrado equívocos em seu uso dos termos *presença real* e *transubstanciação.* Mas, uma vez que todos os que combatem suas permissividades devem ser hereges, e no ponto mesmo em que combatem

---

[4] JEAN MESTREZAT (1592-1657), PASTOR EM CHARENTON, NOS ARREDORES DE PARIS, ONDE HAVIA UM TEMPLO CALVINISTA.

Vocês, como o Sr. Arnauld não seria herege acerca da Eucaristia, depois de ter escrito um livro justamente contra as profanações que Vocês fazem desse sacramento? Como, meus caros Padres! Ele teria dito impunemente *que não se deve dar o corpo de Jesus Cristo aos que tornam sempre a cair nos mesmos crimes e para os quais não se vê nenhuma esperança de melhora; e que devem ser separados por algum tempo do altar para se purificarem por uma penitência sincera, para em seguida aproximarem-se dele frutuosamente!* Não tolerem que se fale assim, meus Padres; Vocês não teriam tanta gente nos seus confessionários. Pois diz o Padre Brisacier, jesuíta, que *se Vocês adotassem esse método, não aplicariam o sangue de Jesus Cristo em ninguém.* É muito melhor para Vocês que se siga a prática de sua Sociedade, descrita pelo Padre Mascarenhas num livro aprovado por seus doutores e até mesmo por seu Reverendo Padre Geral. Ei-la: *que todo tipo de gente, e até os padres, podem receber o corpo de Jesus Cristo no mesmo dia em que se macularam com pecados abomináveis; que, muito longe de haver irreverência nessas comunhões, é, pelo contrário, louvável delas assim se valer;* que os confessores não os devem dissuadir disso e, ao contrário, devem aconselhar aos que acabam de cometer tais crimes que comunguem de imediato, porque, ainda que a Igreja o tenha proibido, tal proibição é abolida pela prática universal de toda a terra. Mascarenhas, tr. 4, disp. 5, n. 284.

Eis o que acontece, meus caros Padres, quando se tem jesuítas pela terra inteira. Eis a prática universal que Vocês introduziram e querem manter. Não importa que as mesas de Jesus Cristo estejam repletas de abominações, contanto que suas igrejas estejam cheias de gente. Tornem, portanto, os que se opõem a isso hereges em relação ao Santo Sacramento. É preciso, a qualquer preço. Mas como fazer isso, depois de eles darem tantos testemunhos invencíveis de sua fé? Vocês não têm medo de que eu cite as quatro grandes provas dadas por Vocês da heresia deles? Deveriam ter, Padres, e não vou poupá-los dessa vergonha. Examinemos, portanto, a primeira.

O Sr. de Saint-Cyran, diz o Padre Meynier, *ao consolar um de seus amigos sobre a morte de sua mulher,* tom. I, carta XIV, *diz que o mais agradável sacrifício que se possa oferecer a Deus nessas situações é o da paciência: logo, é calvinista*. Isso é sutilíssimo, Padres, e não conheço ninguém que veja a razão. Aprendamo-lo, portanto, dele. *Porque,* diz esse grande controversista, não crê, portanto, no sacrifício da missa. Pois esse é que é o mais agradável de todos a Deus. Não vão dizer agora que os jesuítas não sabem raciocinar. Tanto sabem, que tornarão herético tudo o que quiserem, até mesmo a Escritura santa. Pois não seria heresia dizer, como o Eclesiástico: *Não há nada pior que amar o dinheiro, "nihil est iniquius quam amare pecuniam"*; como se os adultérios, os homicídios e a idolatria não fossem crimes maiores? E a quem não acontece a toda hora dizer coisas assim; e que, por exemplo, o sacrifício de um coração contrito e humilhado é o mais agradável aos olhos de Deus; porque, quando se fala assim, só se pensa em comparar algumas virtudes interiores umas com as outras, e não no sacrifício da missa, que é de ordem completamente diferente e infinitamente mais elevada? Vocês não são ridículos, meus caros Padres? E será preciso, para acabar de refutá-los, que eu lhes represente as palavras mesmas dessa mesma carta em que o Sr. de Saint-Cyran fala do sacrifício da missa como *o mais excelente* de todos, dizendo: *ofereçamos a Deus todos os dias, em todos os lugares, o sacrifício do corpo de seu Filho, que não encontrou* MEIO MAIS EXCELENTE *para honrar seu Pai?* E em seguida: *Jesus Cristo nos obrigou a tomar ao morrer o seu corpo sacrificado, para tornar mais agradável a Deus o sacrifício do nosso e para se juntar a nós quando morremos, para nos fortalecer, santificando com a sua presença o último sacrifício que fazemos a Deus de nossa vida e de nosso corpo.* Dissimulem tudo isso, Padres, e não deixem de dizer que ele dissuadia de comungar na hora da morte, como Vocês fazem, à p. 33, e que não cria no sacrifício da missa: pois nada é ousado demais para caluniadores profissionais.

A segunda prova é uma grande demonstração disso. Para tornar calvinista o falecido Sr. de Saint-Cyran, a quem atribuem o livro de *Petrus Aurelius*,[5] Vocês se valem de um trecho em que Aurelius

---

[5] OBRA EM 3 TOMOS ATRIBUÍDA AO ABADE DE SAINT-CYRAN, ESCRITA EM 1632-1633 EM DEFESA DO PODER DOS BISPOS NA QUERELA ENTRE O VIGÁRIO APOSTÓLICO NA INGLATERRA E OS JESUÍTAS.

explica, à p. 89, como a Igreja se comporta em relação aos Padres e até mesmo aos bispos que quer depor ou rebaixar. *Como a Igreja*, diz ele, *não pode tirar-lhes a potência da Ordem, porque a marca é indelével, faz o que está em seu poder; tira de sua memória essa marca que ela não pode tirar dos que a receberam: considera-os como se já não fossem padres ou bispos; assim, segundo a linguagem ordinária da Igreja, podemos dizer que não mais o sejam, embora continuem sendo quanto à marca: "Ob indelebilitatem characteris"*. Como podem ver, meus caros Padres, esse autor, aprovado por três Assembleias gerais do clero de França, diz claramente que a marca do sacerdócio é indelével e, no entanto, Vocês o fazem dizer exatamente o contrário, nesse lugar mesmo, *que a marca do sacerdócio não é indelével*. Eis aí uma calúnia insigne, isto é, segundo Vocês, um pecadilho venial, pois aquele livro havia sido nocivo a Vocês, ao refutar as heresias de seus confrades da Inglaterra acerca da autoridade episcopal. Mas eis aqui uma insigne extravagância. Tendo falsamente suposto que o Sr. de Saint-Cyran considere delével essa marca, Vocês concluem daí que ele não crê, portanto, na presença real de Jesus Cristo na Eucaristia.

Não esperem que eu responda a isso, meus Padres. Se Vocês não têm senso comum, não sou eu que o posso dar a Vocês. Todos os que o tiverem hão de caçoar de Vocês, tanto quanto de sua terceira prova, que se baseia nestas palavras da *Freq,. Com.*, 3a. página, capítulo XI: *que Deus nos dá na Eucaristia A MESMA CARNE que aos santos no Céu, sem nenhuma diferença, senão que aqui Ele nos priva da visão e do gosto sensível, reservando ambos para o céu*. Na Verdade, caros Padres, essas palavras exprimem com tanta ingenuidade o sentido da Igreja, que a toda hora me esqueço de como é que Vocês conseguem deturpá-las. Pois não vejo aí outra coisa senão o que o Concílio de Trento ensina, sessão 13, c. VIII, que não há outra diferença entre Jesus Cristo na Eucaristia e Jesus Cristo no céu, senão que aqui ele está encoberto, e não lá. Não diz o Sr. Arnauld que não haja outra diferença na maneira de receber Jesus Cristo, mas só que não há outra em Jesus Cristo que é recebido. E, no entanto, Vocês pretendem, contra toda razão, fazê-lo dizer nessa passagem que Jesus Cristo não é comido com a boca nem aqui, nem no céu: de onde concluem sua heresia.

Vocês me dão pena, meus Padres. Será preciso explicar-lhes isso de novo? Por que confundem Vocês esse alimento divino com a maneira de recebê-lo? Há só uma diferença, como acabo de dizer, nesse alimento na terra e no céu, que é que aqui ele está encoberto pelos véus que nos tiram a visão e o gosto sensíveis; mas há muitas diferenças na maneira de recebê-lo aqui e lá, cuja principal é que, como diz o Sr. Arnauld, 3a. parte, capítulo XVI, *Ele entra na boca e no peito tanto dos bons como dos maus*; o que não acontece no céu.

E se Vocês ignoram a razão dessa diversidade, eu lhes direi, meus Padres, que a causa pela qual Deus estabeleceu essas diferentes maneiras de receber uma mesma carne é a diferença que se encontra entre o estado dos cristãos nesta vida e o dos bem-aventurados no céu. O estado dos cristãos, como diz o cardeal Du Perron na esteira dos Padres, fica a meio caminho entre o estado dos bem-aventurados e o dos judeus. Os bem-aventurados possuem Jesus Cristo realmente, sem figuras e sem véus. Os judeus não possuíram de Jesus Cristo senão as figuras e os véus, como o maná e o cordeiro pascal. E os cristãos possuem Jesus Cristo na Eucaristia verdadeira e realmente, mas ainda encoberto por véus. *Deus*, diz Santo Euquério, *fez para Si três tabernáculos: a sinagoga, que teve apenas as sombras sem verdade; a Igreja, que tem a verdade e as sombras; e o céu, onde não há sombras, mas só a verdade*. Sairíamos do estado em que estamos, que é o estado de fé, oposto por São Paulo tanto à lei como a à clara visão, se só possuíssemos as figuras sem Jesus Cristo, porque é o próprio da lei ter só a sombra, e não a substância das coisas. E sairíamos também desse estado se o possuíssemos visivelmente; porque a fé, como diz o mesmo apóstolo, não é das coisas que se veem. E, assim, a Eucaristia é perfeitamente adequada ao nosso estado de fé, porque contém verdadeiramente Jesus Cristo, mas encoberto. Assim, esse estado seria destruído se Jesus Cristo não estivesse realmente sob as espécies do pão e do vinho, como pretendem os hereges: e seria destruído também se o recebêssemos a descoberto, como no céu; pois isso seria confundir o nosso estado ou com o estado do judaísmo ou com o da glória.

Eis aí, meus caros Padres, a razão misteriosa e divina desse mistério inteiramente divino. Eis aí o que nos faz abominar os calvinistas, por nos reduzirem à condição dos judeus; e o que nos faz aspirar à glória dos bem-aventurados, que nos dará o pleno e eterno gozo de Jesus Cristo. Com isso, Vocês podem ver que há muitas diferenças entre a maneira como Ele se comunica aos cristãos e aos bem-aventurados e que, entre outras, O recebemos aqui pela boca, e não no céu; mas todas elas dependem da única diferença, entre o estado da fé em que estamos e o estado da clara visão, onde estão eles. E foi isso, meus Padres, que disse o Sr. Arnauld tão claramente com estas palavras: *que é preciso não haver outra diferença entre a pureza dos que recebem Jesus Cristo na Eucaristia e a dos bem-aventurados, senão há que há entre a fé e a clara visão de Deus, da qual depende unicamente a maneira diferente como O comemos na terra e no céu.* Vocês deveriam, meus Padres, ter reverenciado em suas palavras estas santas verdades, em vez de corrompê-las para nelas encontrar uma heresia que ali nunca houve, nem poderia haver; que é que só comemos Jesus Cristo pela fé, e não pela boca, como dizem maliciosamente os Padres Annat e Meynier, jesuítas, que tiram disso o capital de sua acusação.

Na falta de provas, meus Padres, Vocês recorreram a uma nova artimanha, falsificar o Concílio de Trento, para que o Sr. Arnauld não esteja de acordo com ele: tantos são os meios que Vocês têm para tornar heréticas as pessoas. Foi o que fez o Padre Meynier em cinquenta lugares de seus livros e oito ou dez vezes só na p. 54, onde pretende que para se exprimir como católico não basta dizer: creio que Jesus Cristo está presente realmente na Eucaristia; mas é preciso dizer: *eu creio, COM O CONCÍLIO, que Ele está presente com uma verdadeira PRESENÇA LOCAL, ou localmente.* E cita então o Concílio, sessão 13, cânone 3, cânone 4, cânone 6. Quem não haveria de crer, vendo as palavras *presença local* citada de três cânones de um Concílio universal, que elas ali estivessem efetivamente? Isso podia servir para

Vocês antes da minha décima quinta carta; mas agora, meus Padres, as pessoas não se deixam mais iludir. Vão consultar o Concílio e descobrirão que Vocês são impostores. Pois os termos *presença local, localmente, localidade* jamais estiveram lá. E eu lhes declaro ademais, meus Padres, que não estão em nenhum outro lugar desse Concílio, nem em nenhum outro Concílio anterior, nem em nenhum Padre da Igreja. Peço-lhes então, meus Padres, que digam se pretendem tornar suspeitos de calvinismo todos os que não usaram desse termo. Se assim for, o Concílio de Trento é suspeito, com todos os santos Padres, sem exceção. Não têm Vocês nenhum outro jeito de tornar herético o Sr. Arnauld, sem ofender tanta gente que não lhes fez nenhum mal e, entre outros, Santo Tomás, um dos maiores defensores da Eucaristia, que se serviu tão pouco desse termo, que, pelo contrário, o rejeitou, 3 p. quaest. 76, a. 5, onde diz: *Nullo modo corpus Christi est in hoc sacramento localiter?*[6] Quem são Vocês, então, meus Padres, para impor com sua autoridade novos termos, que exigem sejam usados para bem exprimir a fé: como se a profissão de fé composta pelos Papas, segundo a ordem do Concílio, onde tal termo não se encontra, fosse defeituosa e deixasse uma ambiguidade na crença dos fiéis, que só Vocês teriam descoberto? Que temeridade prescrever esses termos até aos doutores! Que falsidade impô-los a Concílios gerais! E que ignorância não conhecerem as dificuldades que os mais iluminados santos alegaram para não recebê-los! *Enrubesçam*, meus Padres, *de suas imposturas ignorantes*, como diz a Escritura aos impostores ignorantes como Vocês: *De mendacio ineruditionis tuae confundere.*

Não tentem, pois, posar de mestres. Vocês não têm nem o caráter, nem capacidade para tanto. Se quiserem, porém, formular as suas Proposições mais modestamente, poderemos ouvi-las. Pois ainda que as palavras *presença local* tenham sido rejeitadas por Santo Tomás, como viram, porque o corpo de Jesus Cristo não está na Eucaristia na extensão normal dos corpos em seu lugar, essa expressão, porém,

---

[6] De modo nenhum o corpo de Cristo está localmente nesse sacramento.

foi aceita por alguns novos autores de controvérsias, pois entendem por isso que o corpo de Jesus Cristo está verdadeiramente sob as espécies; estando as quais num lugar particular, o corpo de Jesus Cristo também está. E, neste sentido, o Sr. Arnauld não terá dificuldades em admiti-la, pois o Sr. de Saint-Cyran e ele declararam muitas vezes que Jesus Cristo, na Eucaristia, está verdadeiramente num lugar particular e milagrosamente em vários lugares ao mesmo tempo. Caem por terra, assim, todos os refinamentos de Vocês, que não conseguiram dar nenhuma verossimilhança a uma acusação que só se poderia aventar com provas invencíveis.

Mas de que serve, meus Padres, opor a inocência deles às calúnias de Vocês? Vocês não lhes atribuem esses erros crendo que eles os defendam, mas crendo que eles causam problemas a Vocês. Isso é o bastante, segundo a teologia de Vocês, para caluniá-los sem crime; e Vocês podem, sem confissão, nem penitência, dizer a missa ao mesmo tempo que imputam a sacerdotes que a dizem todos os dias crer que se trata de pura idolatria: o que seria um tão horrível sacrilégio, que Vocês mesmos enforcaram em efígie o próprio Padre Jarrige,[7] jesuíta, por ter dito a missa *ao mesmo tempo que estava de acordo com Genebra.*

Admiro-me, portanto, não de que Vocês lhes imputem com tão pouco escrúpulo crimes tão grandes e tão falsos, mas de que lhes imputem com tão pouca prudência crimes tão pouco verossímeis. Pois Vocês dispõem dos pecados a seu bel-prazer; mas julgam dispor igualmente da crença dos homens? Na verdade, Padres, se a suspeita de calvinismo tivesse de cair ou sobre eles ou sobre Vocês, Vocês estariam em maus lençóis. As palavras deles são tão católicas quanto as de Vocês; mas a conduta deles confirma sua fé, e a de Vocês a desmente. Pois se Vocês creem, tanto quanto eles, que esse pão se torna realmente o corpo de Jesus Cristo, por que não pedem, como eles, que o coração de pedra e gelo daqueles a quem Vocês aconselham que dele se aproximem se torne sinceramente um coração de carne e de

---

[7] Pierre Jarrige, jesuíta, que se converteu ao calvinismo em 1647, depois de muitos anos de dúvidas, para retornar ao catolicismo em 1650.

amor? Se Vocês creem que Jesus Cristo lá está num estado de morte, para ensinar aos que dele se aproximam a morrer para o mundo, para o pecado e para si mesmos, por que Vocês levam a dele se aproximar aqueles em que os vícios e as paixões criminosas ainda estão bem vivas? E como julgam dignos de comer o pão do céu os que não seriam dignos de comer o pão da terra?

Ó grandes veneradores desse santo mistério, cujo zelo está voltado para a perseguição dos que o honram com tantas comunhões santas e para a adulação dos que o desonram com tantas comunhões sacrílegas! Como é digno desses defensores de tão puro e adorável sacrifício permitir que a mesa de Jesus Cristo seja rodeada de pecadores inveterados que acabam de sair da sua infâmia e colocar no meio deles um sacerdote que o próprio confessor envia de sua impudicícia ao altar, para nele oferecer, no lugar de Jesus Cristo, essa vítima inteiramente santa ao Deus de santidade e levá-la com suas mãos imundas a essas bocas imundas! Não cai bem aos que praticam tal conduta *por toda a terra*, segundo as máximas aprovadas por seu próprio geral, acusar o autor da *Frequente Comunhão*[8] e as Filhas do Santo Sacramento de não crerem no Santo Sacramento.

Isso ainda não lhes é suficiente, no entanto; é preciso, para satisfazer sua paixão, que eles os acusem, por fim, de terem renunciado a Jesus Cristo e a seu batismo. Essas não são, Padres, palavras vazias como as de Vocês; são os funestos arroubos com que Vocês cumularam a medida de suas calúnias. Tão insigne falsidade não estaria em mãos dignas nas de Filleau, seu bom amigo, por quem Vocês a fizeram nascer; a sua Sociedade a reivindicou abertamente; e o Padre Meynier, jesuíta, acaba de sustentar, *como verdade certa*, que Port-Royal forma há trinta e cinco anos uma cabala secreta, cujos chefes foram o Sr. de Saint-Cyran e o Sr. d'Ypres, *para arruinarem o mistério da Encarnação, fazer o Evangelho passar por uma história apócrifa, exterminar a religião cristã e elevar o deísmo sobre as ruínas do Cristianismo*. Isso é tudo, meus Padres? Ficarão

---

[8] LIVRO DE ANTOINE ARNAULD EM QUE ELE DEFENDE A NECESSIDADE DE UMA GRANDE PREPARAÇÃO PARA A COMUNHÃO EUCARÍSTICA, CONTRA OS JESUÍTAS, MUITO MAIS LIBERAIS NESTE PONTO.

satisfeitos se as pessoas crerem tudo isso de quem Vocês odeiam? A animosidade de Vocês será enfim saciada, se os tornarem odiosos não só a todos os que estão na Igreja, pelo *acordo com Genebra*, de que Vocês os acusam, mas também a todos os que creem em Jesus Cristo, embora fora da Igreja, pelo *deísmo* que atribuem a eles?

Mas a quem Vocês querem convencer, só pela palavra, sem a mínima sombra de prova e com todas as contradições imagináveis, que Padres que só pregam a graça de Jesus Cristo, a pureza do Evangelho e as obrigações do batismo renunciaram ao batismo, ao Evangelho e a Jesus Cristo? Quem vai acreditar nisso, meus caros Padres? Será que Vocês mesmos creem nisso, miseráveis como são? E a que extremo Vocês foram reduzidos, já que é preciso necessariamente ou *que provem que eles não creem em Jesus Cristo* ou que passem por ser os mais abandonados caluniadores de todos os tempos! Provem-no, então, meus Padres. Deem o nome desse *eclesiástico de mérito* que, segundo Vocês, teria assistido a essa assembleia de Bourg-Fontaine, em 1621, e descoberto para Filleau, o amigo de Vocês, o plano que ali foi traçado de destruir a religião cristã. Dê o nome dessas seis pessoas que, segundo Vocês, teriam formado essa conspiração. Deem o nome *daquele que é designado pelas letras A.A.*, que, segundo Vocês, à p. 15, *não é Antoine Arnauld*, porque ele convenceu Vocês de que na época tinha só nove anos, *mas sim um outro, que, segundo Vocês, ainda está vivo e é amigo demais do Sr. Arnauld para lhe ser desconhecido*. Vocês o conhecem, portanto, Padres, e, por conseguinte, se não carecerem Vocês mesmos de religião, têm a obrigação de entregar esse ímpio ao rei e ao parlamento, para ser punido como mereceria. É preciso falar, meus Padres; é preciso dizer seu nome ou suportar o vexame de passarem a ser considerados meros mentirosos, indignos de qualquer crédito. Foi assim que o bom Padre Valérien nos ensinou que cumpria *submeter à tortura* e exasperar tais impostores. O seu silêncio com relação a isso será uma total e completa prova dessa calúnia diabólica. Os mais cegos de seus inimigos serão obrigados a confessar *que isso não será efeito de virtude, mas de impotência*, e a admirar que Vocês tenham tido a maldade de estendê-la até as religiosas de Port-Royal e de dizer, como fizeram, à p. 14, que *o terço secreto do Santo Sacramento*, composto por uma delas, foi o primeiro fruto dessa conspiração contra Jesus Cristo; e, à p. 95, *que lhes inspiraram todas as detestáveis máximas desse escrito*, que é, segundo Vocês, uma instrução de *deísmo*. Já arruinamos invencivelmente as suas imposturas sobre esse escrito, na defesa da censura do falecido Sr. arcebispo de Paris contra o Padre Brisacier, jesuíta. Vocês não têm o que reponder; e não deixam de abusar dela de maneira mais vergonhosa do que nunca, atribuindo o cúmulo da impiedade a jovens de uma piedade conhecida de todos. Cruéis e covardes perseguidores, será preciso, então, que os claustros mais retirados não escapem de suas calúnias! Enquanto essas santas virgens adoram dia e noite a Jesus Cristo no Santo Sacramento, segundo sua constituição, Vocês não param, dia e noite, de publicar que elas não creem que Ele esteja nem na Eucaristia, nem à direita do Pai; e Vocês as expulsam publicamente da Igreja, enquanto elas rezam em segredo por Vocês e por toda a Igreja. Vocês caluniam as que não têm ouvidos para escutar, nem boca para responder a Vocês. Mas Jesus Cristo, em que elas se escondem para só aparecerem um dia com Ele, escuta a Vocês e responde por elas. Ouvimo-la hoje, essa voz santa e terrível, que pasma a natureza e consola a Igreja. E temo, meus Padres, que os que enrijecem seus corações e se recusam com teimosia a ouvi-Lo quando fala como Deus sejam forçados a ouvi-Lo com pavor quando lhes falar como Juiz.

Pois, enfim, Padres, que conta Vocês vão poder prestar-Lhe de tantas calúnias, quando Ele as examinar, não com base nas fantasias dos Padres Dicastillus, Gans e Pennalossa, que os desculpam; mas com base nas regras de sua verdade eterna e das santas ordenações de sua Igreja, que, muito longe de desculpar esse crime, tanto o abomina que o puniu como um homicídio voluntário? Pois ela adiou aos caluniadores, tanto quanto aos assassinos, a comunhão até a hora da morte, pelo primeiro e segundo Concílios de Arles. Julgou o Concílio de Latrão indignos do estado eclesiástico os que foram condenados de calúnia, ainda que se tivessem corrigido. Os Papas até ameaçaram os que teriam caluniado bispos, sacerdotes ou diáconos de não lhes dar a comunhão à hora da morte. E os autores de um escrito difamatório, que não podem provar o que aventaram, são condenados pelo Papa Adriano a *serem fustigados*, meus Reverendos Padres, *flagellentur*. Tanto a Igreja sempre se manteve distante dos erros de sua Sociedade, tão corrupta que desculpa tão grandes crimes como a calúnia, para ela mesma cometê-los com maior liberdade.

Com certeza, meus Padres, Vocês poderiam provocar muitos males assim, se Deus não tivesse permitido que Vocês mesmos fornecessem a maneira de impedi-los e de tornar sem efeito todas as suas imposturas; pois basta publicar essa estranha máxima que os isenta do crime, para tirar de Vocês toda credibilidade. É inútil a calúnia, se não vai de par com uma grande reputação de sinceridade. Um maledicente não pode ser bem-sucedido, se não se considerar que ele abomine a maledicência como um crime de que é incapaz. E assim, meus Padres, o seu próprio princípio os trai. Vocês o criaram para serenar sua consciência, pois queriam caluniar sem serem condenados e ser *daqueles santos e piedosos caluniadores* de que fala Santo Atanásio. Adotaram, portanto, para se salvarem do inferno, essa máxima que dele os salva segundo a palavra de seus doutores; mas essa mesma máxima que os protege, segundo eles, dos males que Vocês temem na outra vida, tira de Vocês nesta vida a utilidade que dela esperavam; de sorte que, pensando evitar o mal da maledicência, Vocês perderam seu fruto: tão contrário a si mesmo é o mal e tanto se embaraça e destrói com sua própria malícia.

Vocês caluniariam, portanto, com mais utilidade para si mesmos, se dissessem claramente, com São Paulo, que os simples maledicentes, *maledici*, são indignos de ver Deus, pois pelo menos as maledicências de Vocês seriam mais acreditadas, embora, na verdade, Vocês se condenassem a si mesmos. Mas ao dizerem, como dizem, que a calúnia contra seus inimigos não é crime, as suas maledicências não terão crédito e Vocês não deixarão de ir para o inferno. Pois é certo, meus Padres, que os seus autores graves não destruirão a justiça de Deus e que Vocês não poderiam dar prova mais certa de não estarem na verdade do que recorrendo à mentira. Se a verdade estivesse com Vocês, combateria por Vocês, venceria por Vocês; e, por mais inimigos que tivessem, *a verdade os livraria deles*, segundo a promessa. Vocês só recorrem à mentira para sustentarem os erros com que adulam os pecadores do mundo e para apoiarem as calúnias com que oprimem as pessoas piedosas que se opõem a Vocês. Sendo a verdade contrária aos fins de Vocês, foi preciso *confiar na mensagem,* como diz um profeta. Disseram Vocês: *as desgraças que afligem aos homens não chegarão até nós: pois depositamos nossa esperança na mentira, e a mentira nos protegerá.* Mas o que lhes responde o profeta: *Uma vez,* diz ele, *que Vocês puseram sua esperança na calúnia e no tumulto, "sperastis in calumnia et in tumultu", tal iniquidade lhes será imputada e sua ruína será como a de alta muralha que cai de repente, e como a de um vaso de terra que se quebra e se esmigalha em todas as suas partes por um esforço tão possante e tão universal, que não sobrará sequer um caco com que se possa colher um pouco de água ou carregar um pouco de fogo: pois,* como diz outro profeta, *vós afligistes o coração do justo, e eu não afligi a mim mesmo; e vós adulastes e fortalecestes a malícia dos ímpios. Retirarei, pois, meu povo de vossas mãos, e mostrarei que sou o Senhor dele e vosso.*

Sim, meus Padres, é de se esperar que, se não mudarem de comportamento, Deus retire de suas mãos os que Vocês enganam há tanto tempo, quer deixando-os em suas desordens com a má conduta de Vocês, quer envenenando-os com maledicências. Fará uns entenderem que as falsas regras dos seus casuístas não os porão a salvo de sua cólera, e imprimirá no espírito dos outros o justo temor de se perderem ao dar ouvidos e ao acreditar em suas imposturas, como Vocês mesmos se perdem inventando-as e espalhando-as pelo mundo. Pois não se enganem: não se zomba de Deus, e não se viola impunemente o mandamento que Ele nos deu no Evangelho de não condenar nosso próximo sem antes termos certeza de que é culpado. E assim, sejam quais forem as profissões de piedade feitas pelos que aceitam docilmente as mentiras de Vocês e seja qual for seu pretexto de devoção, devem temer ser excluídos do reino de Deus por este único crime de terem imputado tão grandes crimes, como a heresia e o cisma, a sacerdotes católicos e a santas religiosas, sem mais provas do que imposturas tão grosseiras como as suas. *O demônio*, diz o Sr. de Genebra,[9] *está na língua de quem calunia e na orelha de quem o escuta. E a maledicência*, diz São Bernardo, cant. 24, *é um veneno que extingue a caridade num e no outro. Assim, uma única calúnia pode ser mortal a uma infinidade de almas, pois mata não só os que a publicam, mas também todos os que não a rejeitam.*

Meus Reverendos Padres, não costumavam as minhas cartas seguirem-se de tão perto, nem ser tão extensas. O pouco tempo de que dispus foi a causa de uma e de outra coisa. Só alonguei a esta porque não tive tempo de abreviá-la. Vocês conhecem mais do que eu a razão que me obrigou a me apressar. As respostas de Vocês não tinham bom êxito. Fizeram bem de mudar de método; mas não sei se escolheram bem e se o mundo não dirá que tiveram medo dos beneditinos.

Acabo de saber que aquele que todos consideravam o autor das Apologias as rejeita e se aborrece por lhe serem atribuídas. Tem razão, eu errei ao suspeitar dele. Pois, por mais garantias que me dessem a esse respeito, eu devia pensar que ele tinha juízo demais para crer nas imposturas de Vocês, e honra demais para publicá-las sem nelas crer. Há no mundo poucas pessoas capazes desses excessos que são próprios de Vocês e assinalam demais o caráter de Vocês para que me seja desculpável não ter reconhecido Vocês. Deixei-me levar pelo rumor comum: mas tal desculpa, que seria boa demais para Vocês, não é suficiente para mim, que me gabo de nada dizer sem prova certa: a única vez foi essa. Arrependo-me disso, retiro o que disse e desejo que meu exemplo lhes seja de proveito.

---

[9] São Francisco de Sales, bispo de Genebra.

ly
Décima Sétima Carta[1]

Escrita pelo autor das Cartas ao Provincial ao R. Pe. Annat, jesuíta

23 de janeiro de 1657.

Reverendo Padre,

Vosso comportamento me fez julgar que desejásseis que permanecêssemos em repouso de uma e de outra parte, e a isso me dispus. Mas em seguida apresentastes-me tantos escritos em tão pouco tempo, que bem parece que a paz não é segura quando depende do silêncio dos jesuítas. Não sei se tal ruptura vos será muito vantajosa; mas, quanto a

---

[1] Enquanto Pascal ia publicando suas cartas ao Provincial, o padre jesuíta Annat editou, entre outros, um opúsculo chamado *A boa-fé dos jansenistas*, em que analisava alguns dos textos ironizados e reiterava as acusações de heresia contra Port-Royal. É, portanto, a ele pessoalmente que Pascal dirige a décima sétima carta, publicada em 23 de janeiro de 1657, um ano após a primeira Provincial.

mim, não me aborrece que ela me dê a oportunidade de destruir essa acusação ordinária de heresia com que preencheis vossos livros.

Chegou a hora de deter de uma vez por todas essa ousadia que assumis de me tratar de herege, que vai crescendo todos os dias. Nesse livro que acabais de publicar, fazei-o de um modo que não se pode mais suportar e que me tornaria, enfim, suspeito, se eu não vos respondesse como merece uma acusação dessa natureza. Eu havia desprezado essa injúria nos textos de vossos confrades, como um sem número de outras por eles inseridos nesses textos, indiferentemente. Minha décima quinta carta havia respondido a isso o suficiente; mas agora falais a esse respeito de outro jeito, tornando-a o ponto capital de vossa defesa; é quase a única coisa de que vos servis. Pois dizeis que, *como única resposta às minhas quinze cartas, basta dizer quinze vezes que sou herege e, declarado como tal, não mereço nenhum crédito*. Enfim, não pondes em questão a minha apostasia e a pressupondes como um princípio sólido, sobre o qual edificais com ousadia. É, portanto, para valer que me chamais de herege; e é também para valer que vos responderei.

Sabeis muito bem, Padre, que essa acusação é tão importante, que é insuportável temeridade aventá-la, se não se tem como provar. Pergunto-vos que provas tendes. Quando me vistes em Charenton? Quando faltei à missa e aos deveres dos cristãos na paróquia deles? Quando cometi alguma ação de união com os hereges ou de cisma com a Igreja? Que Concílio contradisse? Que Constituição Papal violei? É preciso responder, Padre, ou... compreendeis-me. E que respondeis? Peço a todos que observem. Primeiro, supondes *que quem escreve as Cartas é de Port-Royal*. Dizei, em seguida, *que Port-Royal foi declarado herético*; de onde concluís *que quem escreve as Cartas foi declarado herege*. Não é, portanto, sobre mim, Padre, que cai o mais forte dessa acusação, mas sobre Port-Royal; e me acusais porque supondes que sou de Port--Royal. Assim, não terei grande dificuldade para me defender, pois me basta dizer que não sou um deles e a remeter-vos às minhas Cartas, onde disse *que estou sozinho* e, em termos próprios, *que não sou de Port--Royal*, como escrevi na décima sexta, que precedeu o vosso livro.

Provai, então, de outra maneira que sou herege ou todos reconhecerão a vossa impotência. Provai por meus escritos que não aceito a Constituição. Eles não são tão numerosos. São só dezesseis cartas que examinar, onde desafio a vós e a toda a terra a apresentar o menor sinal disso. Mas eu vos mostrarei o contrário. Pois, quando disse, por exemplo, na décima quarta: *que ao matar, segundo as vossas máximas, seus irmãos em pecado mortal, se condena ao inferno aqueles pelos quais Jesus Cristo morreu*, não reconheci claramente que Jesus Cristo morreu por esses danados e, assim, é falso *que Ele tenha morrido só pelos predestinados*, o que é condenado na quinta Proposição? É, pois, certo, meu Padre, que eu nada disse para defender essas Proposições ímpias, que detesto de todo coração. E ainda que Port-Royal as defendesse, declaro que nada poderíeis concluir daí contra mim, porque, graças a Deus, não estou vinculado na terra senão à Igreja Católica, Apostólica e Romana, na qual quero viver e morrer e em comunhão com o Papa, seu chefe soberano, fora da qual estou persuadido de que não há salvação.

Que fareis a quem fale assim, e por onde me atacareis, já que nem meus discursos, nem meus escritos dão qualquer pretexto a vossas acusações de heresia, e encontro segurança contra as vossas ameaças na obscuridade que me encobre? Vós vos sentis ferido por mão invisível, que torna vossos desvarios visíveis a toda a terra; e tentais em vão atacar-me na pessoa daqueles a quem me julgais unido. Não vos temo nem por mim, nem por ninguém, não estando vinculado a nenhuma Comunidade, nem a nenhum particular. Todo o crédito de que podeis gozar é inútil a meu respeito. Nada espero do mundo, nada temo dele, dele nada quero; não preciso, graças a Deus, nem dos bens, nem da autoridade de ninguém. Assim, meu Padre, escapo a todos os vossos golpes. Não conseguiríeis agarrar-me de qualquer lado que tenteis. Podeis atingir Port-Royal, mas não a mim. Pessoas foram expulsas da Sorbonne, mas isso não me expulsa de minha casa. Podeis muito bem urdir violências contra sacerdotes e doutores, mas não contra mim, que não tenho essas qualidades. E, assim, talvez jamais lidastes com alguém tão fora de vosso alcance e tão adequado para combater os vossos erros, sendo livre, sem compromissos, sem vínculos, sem ligações, sem relações, sem negócios; instruído o bastante de vossas máximas e decidido a atacá-las tanto quanto crer que Deus o queira de mim, sem que nenhuma consideração humana possa deter nem retardar as minhas buscas.

De que vos serve, então, Padre, não podendo nada contra mim, publicar tantas calúnias contra pessoas que não entram em nossas disputas, como fazem todos os Padres jesuítas? Não escapareis com essas fugas. Sentireis a força da verdade que vos oponho. Digo que destruís a moral cristã ao separá-la do amor de Deus, de que dispensais os homens; e me falais da *morte do Padre Mester*, que nunca vi na vida. Digo-vos que os autores jesuítas permitem matar por uma maçã, quando for vergonhoso perdê-la; e me dizeis que *abriram um cofre de esmolas em Saint-Merri*. E o que quereis dizer, também, ao me relacionar todos os dias com o livro *Da Santa Virgindade*, escrito por um Padre do Oratório que nunca vi, tanto quanto o seu livro? Eu vos admiro, Padre, por considerardes todos os que vos são contrários como uma única pessoa. O vosso ódio abrange a todos de uma só vez, e com eles forma como um corpo de reprovados, dos quais cada um quereis que responda pelos demais.

Há muita diferença entre os jesuítas e os que os combatem. Formais realmente um Corpo unido sob um único chefe; e vossas regras, como mostrei, vos proíbem de imprimir qualquer coisa sem o aval de vossos superiores, que se tornam responsáveis pelos erros de todos os particulares, *sem que eles possam desculpar-se dizendo que não notaram os erros que ali são ensinados, porque os devem notar* segundo as vossas ordenações e segundo as cartas de vossos gerais Aquaviva, Vittelleschi, etc. É, portanto, com razão que vos acusam dos desvarios de vossos confrades que se encontram em vossas obras, aprovadas por vossos superiores e pelos teólogos de vossa Companhia. Mas, quanto a mim, meu Padre, é preciso julgar de outra maneira. Não endossei o livro *Da Santa Virgindade*. Todos os cofres de esmola de Paris podem ser arrombados sem que eu passe a ser menos católico. E, por fim, eu vos declaro em alto e bom som que ninguém responde por minhas Cartas, a não ser eu mesmo, e que eu respondo só por minhas Cartas.

Poderia ficar por aqui, Padre, sem falar dessas outras pessoas que chamais hereges, para me compreender em vossa acusação. Mas como sou a ocasião dela, vejo-me de certo modo obrigado a me servir dessa mesma ocasião para dela tirar três vantagens. Pois é vantagem muito considerável revelar a inocência de tantas pessoas caluniadas; outra, e muito própria ao meu tema, é mostrar sempre as artimanhas da vossa política nessa acusação. Mas a minha preferida é que ensinarei a todos a falsidade desse rumor escandaloso que espalhais por toda parte, *de que a Igreja é dividida por uma nova heresia*. E como abusais de uma infinidade de pessoas, convencendo-as de que os pontos sobre os quais tentais provocar tão grande tempestade são essenciais à fé, considero de extrema importância destruir essas falsas impressões e explicar aqui, claramente, em que elas consistem, para mostrar que, na realidade, não há hereges na Igreja.

Pois não é verdade que, se perguntarmos em que consiste a heresia dos que chamais de jansenistas, responderão de imediato que consiste no fato de dizerem: *que os mandamentos de Deus são impossíveis; que não se pode resistir à graça e que não temos toda a liberdade de fazer o bem e o mal; que Jesus Cristo não morreu por todos os homens, mas só pelos predestinados e, enfim, que eles sustentam as cinco Proposições condenadas pelo Papa?* Não dais a entender que é por esse motivo que perseguis os vossos adversários? Não é o que dizeis em vossos livros, em vossas conversas, em vossos catecismos, como também o fizestes nas festas de Natal em Saint-Louis, perguntando a uma de vossas pastorinhas: *Para quem veio Jesus Cristo, minha filha? – Para todos os homens, Padre. – E então, minha filha, você não é um daqueles novos hereges que dizem que Ele só veio pelos predestinados.* As crianças creem em vós quanto a isso, e muitos outros também; pois lhes dirigis essas mesmas fábulas em vossos sermões, como o Padre Crasset em Orléans, que foi proibido de pregar. E vos confesso que também acreditei em vós, tempos atrás. Vós me havíeis dado essa ideia de todas aquelas pessoas. Assim, quando as pressionáveis a respeito dessas Proposições, eu observava com atenção qual seria a resposta delas; e estava bem disposto a não vê-las jamais, se não tivessem declarado que renunciavam a tais Proposições como a evidentes impiedades. Mas elas o fizeram em alto e bom som. Pois o Sr. de Sainte-Beuve, régio professor na Sorbonne, censurou em seus escritos públicos essas cinco Proposições muito tempo antes do Papa; e esses doutores publicaram vários escritos, e, entre outros, o da *Graça Vitoriosa*, que produziram ao mesmo tempo, onde rejeitam essas Proposições como heréticas e estranhas. Pois dizem, no Prefácio, *que são Proposições heréticas e luteranas, fabricadas e forjadas de propósito, que não se encontram nem em Jansenius nem em seus defensores;* são estas as suas palavras. Queixam-se de que as atribuam a eles e dirigem a vós estas palavras de São Próspero, o primeiro discípulo de Santo Agostinho, seu mestre, a quem os semipelagianos de França imputaram outras parecidas para torná-lo odioso. *Pessoas* há, diz esse santo, *que têm uma paixão tão cega por nos denegrir, que usaram para isso de um meio que arruína sua própria reputação. Pois fabricaram expressamente certas Proposições cheias de impiedade e de blasfêmias, que enviam a toda parte para fazerem crer que nós as sustentamos no mesmo sentido por eles exprimido em seu escrito. Mas veremos, por esta resposta, tanto a nossa inocência como a malícia dos que nos imputaram essas impiedades, de que são os únicos inventores.*

Na verdade, Padre, quando os ouvi falarem assim antes da Constituição, quando vi que a aceitaram, em seguida, com todo o respeito possível; que se dispuseram a subscrevê-la e que o Sr. Arnauld declarara tudo isso, com mais energia do que pude relatar, em toda a sua segunda Carta, acreditei pecar se duvidasse da fé deles. E, com efeito, os que haviam desejado recusar a absolvição a seus amigos antes da carta do Sr. Arnauld, declararam em seguida que, depois de ter ele condenado tão claramente esses erros que lhe eram imputados, não havia nenhuma razão de excluí-lo da Igreja, nem a ele, nem a seus amigos. Mas vós não agistes da mesma forma. E foi então que comecei a desconfiar de que agíeis movidos pela paixão.

Pois, embora os tenhais ameaçado de terem de assinar essa Constituição quando pensáveis que eles resistiriam a isso, quando vistes que eles o fariam espontaneamente, não falastes mais no assunto. E embora parecesse que depois disso devêsseis estar satisfeitos com a conduta deles, não deixastes de tratá-los de hereges; *porque, dizíeis, o coração desmentia a mão e eram católicos por fora e hereges por dentro*, como vós mesmos dissestes em vossa Resposta a algumas perguntas, p. 27 e 47.

Como esse modo de agir me pareceu estranho, Padre! Pois de quem não se pode dizer o mesmo! E que confusão não se provocaria com esse pretexto! *Se nos recusarmos*, diz São Gregório Papa, *a crer na confissão de fé dos que a proferem em conformidade com os sentimentos da Igreja, colocamos em dúvida a fé de todos os católicos*. Receei, portanto, Padre, *que o vosso objetivo fosse tornar hereges essas pessoas sem que o fossem*, como diz o mesmo Papa sobre uma disputa parecida do seu tempo; *porque*, diz ele, *não é opor-se às heresias, mas cometer heresia recusar-se a crer nos que, por sua confissão, testemunham estar na verdadeira fé: "Hoc non est haeresim purgare, sed facere"*. Mas soube realmente que não havia realmente hereges na Igreja quando vi que eles estavam tão bem justificados de todas essas heresias, que vós não pudestes mais acusá-los de nenhum erro contra a fé e fostes reduzidos a acusá-los só de questões de fato acerca de Jansenius, que não podiam ser matéria de heresia. Pois quisestes obrigá-los a reconhecer *que essas Proposições estavam em Jansenius, palavra por palavra, todas elas e em termos próprios*, como escrevestes: *Singulares individuae, totidem verbis apud Jansenium contentae*, em vossos *Cavilli*, p. 39.

A partir daí, a discussão começou a se tornar indiferente para mim. Quando julgava que discutísseis sobre a verdade ou a falsidade das Proposições, eu vos escutava com atenção; pois isso dizia respeito à fé: mas quando vi que só discutíeis para saber se elas estavam *palavra por palavra* em Jansenius ou não, como a religião já nada tinha com isso, não me interessei mais também. Não que não parecesse que dissésseis a verdade: pois dizer que certas palavras estão *palavra por palavra* num autor é algo sobre o qual dificilmente pode haver engano. Por isso, não me espanta que tanta gente, tanto na França como em Roma, tenha crido, com base em expressão tão pouco suspeita, que Jansenius as houvesse ensinado realmente. E é por isso que não foi pequena a minha surpresa ao saber que era falso esse mesmo ponto de fato que havíeis proposto como tão certo e tão importante, e que vos desafiaram a citar as páginas de Jansenius onde havíeis encontrado essas Proposições *palavra por palavra*, sem que vós nunca tenhais podido fazê-lo.

Cito tudo isso porque acho que revela bem o espírito de vossa Sociedade em todo este caso, e que hão de se admirar de ver que, apesar de tudo o que acabo de dizer, não cessastes de publicar que eles continuavam sendo hereges. Mas apenas mudastes a heresia deles com o tempo. Pois à medida que eles se justificavam de uma, os Padres jesuítas a substituíam por outra, para que eles jamais ficassem livres. Assim, em 1653, a heresia era sobre a qualidade das Proposições. Em seguida, passou a ser o *palavra por palavra*. Depois a colocastes no coração. Mas hoje não se fala mais em nada disso; e se pretende que eles sejam hereges se não assinarem *que o sentido da doutrina de Jansenius se encontra no sentido dessas cinco Proposições*.

É esse o assunto de vossa atual discussão. Não vos basta que eles condenem as cinco Proposições e mais tudo o que houver em Jansenius que possa estar de acordo com elas e seja contrário a Santo Agostinho; pois eles fazem tudo isso. Assim, não se trata de saber, por exemplo, *se Jesus Cristo só morreu pelos predestinados*; eles condenam isso tanto quanto vós: mas se Jansenius tem ou não essa opinião. E é sobre isso que eu vos declaro mais do que nunca que a vossa discussão pouco me interessa, como interessa pouco à Igreja. Pois, embora não seja doutor, como tampouco vós, Padre, vejo bem, porém, que aí não está em jogo a fé, pois se trata só de saber qual o sentido de Jansenius. Se eles cressem que a sua doutrina fosse conforme ao sentido próprio e literal dessas Proposições, eles a condenariam; e só se recusam a fazê-lo porque estão convencidos de que está longe disso; assim, ainda que a entendessem mal, não seriam hereges, pois a entendem apenas num sentido católico.

E para explicá-lo com um exemplo, tomarei a diversidade de opiniões entre São Basílio e Santo Atanásio acerca dos escritos de São Dionísio de Alexandria; crendo São Basílio neles encontrar o sentido de Ário contra a igualdade do Pai e do Filho, condenou-os como heréticos: mas Santo Atanásio, pelo contrário, crendo neles encontrar o verdadeiro sentido da Igreja, defendeu-os como católicos. Pensais, portanto, Padre, que São Basílio, que considerava arianos aqueles escritos, tivesse o direito de tratar Santo Atanásio de herege porque os defendia? E que motivo teria para isso, já que não era o arianismo que ele defendia, mas a verdade da fé que julgava estar naqueles escritos? Se esses dois santos tivessem concordado acerca do verdadeiro sentido dos textos e neles tivessem ambos reconhecido essa heresia, sem dúvida Santo Atanásio não teria podido aprová-los sem heresia; mas como diferiam quanto ao sentido, Santo Atanásio era católico ao defendê-los, ainda que os tivesse mal compreendido; pois se tratava apenas de um erro de fato, e ele não defendia nessa doutrina senão a fé católica que nela supunha encontrar.

O mesmo vos digo eu, Padre. Se concordásseis sobre o sentido de Jansenius, e vossos adversários estivessem de acordo convosco, por exemplo, que ele sustente *que não se pode resistir à graça*, os que se recusassem a condená-lo seriam hereges. Mas quando discutis sobre o sentido, e eles creem que, segundo sua doutrina, *se pode resistir à graça*, não tendes nenhum motivo para tratá-los de hereges, qualquer que seja a heresia que lhes atribuais, pois eles condenam o sentido que supondes lá estar, e vós não ousaríeis condenar o sentido que eles supõem lá estar. Se quiserdes, portanto, condená-los, mostrai que o sentido por eles atribuído a Jansenius é herético; pois então eles mesmos o serão. Mas como poderíeis fazer isso, já que não há dúvida, como vós mesmos admitis, de que o sentido que eles lhe atribuem não é condenado?

Para vos mostrar claramente isso, tomarei como princípio o que vós mesmos reconheceis, *que a doutrina da graça eficaz não foi condenada e o Papa não tocou nela em sua Constituição*. E, com efeito, quando ele quis julgar as cinco Proposições, o ponto da graça eficaz foi posto à parte de qualquer censura. É o que fica perfeitamente claro com os pareceres dos consultores a cujo exame o Papa as submeteu. Tenho esses pareceres entre as mãos, assim como muitas pessoas em Paris, entre outras, o Sr. bispo de Montpellier, que os trouxe de Roma. Neles vemos que foram divididas as opiniões dos consultores, e que os principais deles, como o Mestre do Sacro Palácio, o comissário do Santo Ofício, o geral dos agostinianos, entre outros, crendo que essas Proposições podiam ser tomadas no sentido da graça eficaz, julgaram que elas não deviam ser censuradas; enquanto os outros, estando de acordo com que elas não devessem ser condenadas se tivessem esse sentido, julgaram que elas deveriam sê-lo, porque, segundo declararam, seu sentido próprio e natural estava muito distante disso. E foi por isso que o Papa as condenou; e todos aceitaram o seu julgamento.

É, portanto, certo, Padre, que a graça eficaz não foi condenada. Pois é ela tão energicamente defendida por Santo Agostinho, por Santo Tomás e toda a sua Escola, por tantos Papas e Concílios e por toda a tradição, que seria impiedade taxá-la de heresia. Ora, todos os que chamais hereges declaram que não encontram outra coisa em Jansenius senão essa doutrina da graça eficaz. E foi essa a única coisa que sustentaram em Roma. Vós mesmos o reconhecestes, *Cavill.*, p. 35, onde declarastes *que ao falar diante do Papa, não disseram palavra sobre as Proposições, "ne verbum quidem", e passaram o tempo todo falando da graça eficaz*. E, estejam eles enganados ou não nessa suposição, pelo menos não resta dúvida de que o sentido que eles supõem não é herético e, por conseguinte, tampouco eles o são. Pois, para dizê-lo em duas palavras, ou Jansenius só ensinou a graça eficaz, e neste caso não há erro nele; ou ensinou outra coisa, e neste caso não tem defensores. Toda a questão, portanto, se resume em saber se Jansenius ensinou, com efeito, algo diferente da graça eficaz; e, se se descobrir que sim, tereis a glória de tê-lo entendido melhor; eles, porém, não terão a infelicidade de ter errado na fé.

Convém, portanto, louvar a Deus, Padre, por não haver, com efeito, heresia na Igreja, pois, neste caso, não se trata senão de um ponto de fato, que não pode constituir heresia. Pois a Igreja decide os pontos de fé com autoridade divina e expele de seu corpo todos os que se recusam a aceitá-los. Mas não age da mesma forma com as coisas de fato. E a razão disso é que a nossa salvação está vinculada à fé que nos foi revelada e se conserva na Igreja pela tradição, mas não depende, de modo algum, dos outros fatos particulares que não foram revelados por Deus. Somos, assim, obrigados a crer que os mandamentos de Deus não são impossíveis; mas não somos obrigados a saber o que Jansenius ensinou a este respeito. É por isso que Deus conduz a Igreja na determinação dos pontos da fé, pela assistência de seu Espírito que não pode errar; ao passo que, nas coisas de fato, Ele a deixa agir pelos sentidos e pela razão, que são naturalmente os seus juízes. Pois só Deus pôde instruir a Igreja sobre a fé; mas basta ler Jansenius para saber se as Proposições estão no seu livro. E é por isso que é heresia resistir às decisões de fé: porque é opor o próprio espírito ao Espírito de Deus. Mas não é heresia, embora possa ser temeridade, não crer em certos fatos particulares, porque é só opor a razão, que pode ser clara, a uma autoridade que é grande, mas, nisso, não é infalível.

É o que todos os teólogos reconhecem, como fica claro por esta máxima do cardeal Bellarmino, da Sociedade de Jesus: *os Concílios gerais e legítimos não podem errar ao definirem os dogmas da fé; mas podem errar em questões de fato.* E em outro lugar: *o Papa, como Papa, e até na chefia de um Concílio universal, pode errar nas controvérsias particulares de fato, que dependem, sobretudo, da informação e dos testemunhos dos homens.* E igualmente o Cardeal Baronius: É preciso submeter-se inteiramente às decisões dos Concílios nos pontos de fé; mas, no que diz respeito às pessoas e seus escritos, as censuras que deles foram feitas não devem ser defendidas com tanto rigor, porque não há ninguém a quem não possa acontecer de se enganar. É também por esta razão que o Sr. arcebispo de Toulouse extraiu esta regra das cartas de dois grandes Papas, São Leão e Pelágio II: *que o objeto próprio dos Concílios é a fé, e tudo o que neles se resolve fora da fé pode ser revisto e reexaminado; ao passo que não se deve mais examinar o que tiver sido decidido em matéria de fé, pois, como diz Tertuliano, a regra da fé é a única imóvel e irretratável.*

É por isso que jamais se viu os Concílios gerais e legítimos serem contrários uns aos outros nos pontos de fé, *porque*, como diz o arcebispo de Toulouse, *não é permitido examinar de novo o que já foi decidido em matéria de fé*; vimos, por vezes, esses mesmos Concílios opostos sobre pontos de fato, onde se tratava da compreensão do sentido de um autor, *porque*, como diz ainda o arcebispo de Toulouse, segundo os Papas que cita, *tudo o que se resolve nos Concílios fora da fé pode ser revisto e reexaminado*. Assim é que o quarto e o quinto Concílios parecem contrários um ao outro, na interpretação dos mesmos autores; e o mesmo aconteceu entre dois Papas, sobre uma Proposição de certos monges da Cítia. Pois, após o Papa Hormisdas tê-la condenado, entendendo-a num mau sentido, o Papa João II, seu sucessor, examinando-a de novo e entendendo-a num bom sentido, aprovou-a e declarou-a católica. Diríeis que por isso um desses Papas terá sido herege? E não é preciso confessar que, contanto que se condene o sentido herético que um Papa teria suposto existir num texto, não somos hereges por não condenarmos tal escrito, tomando-o num sentido que certamente o Papa não condenou, pois, se assim fosse, um desses dois Papas teria errado?

Quis, Padre, acostumar-vos a essas contrariedades que acontecem entre os católicos acerca de questões de fato, referentes à compreensão do sentido de um autor, mostrando-vos, a este respeito, um Padre da Igreja contra outro, um Papa contra um Papa e um Concílio contra um Concílio, para conduzi-lo daí a outros exemplos de semelhante oposição, mas mais desproporcional; pois vereis, de um lado, Concílios e Papas, e, do outro, jesuítas, que se oporão às decisões deles acerca do sentido de um autor, sem que acuseis os vossos confrades, não digo de heresia, mas nem sequer de temeridade.

Sabeis, Padre, que os escritos de Orígenes foram condenados por vários Concílios e por vários Papas, e até pelo quinto Concílio geral, por conter heresias e, entre outras, *a da reconciliação dos demônios no dia do Juízo*. Credes, a este respeito, que seja absolutamente necessário, para ser católico, confessar que Orígenes cometeu efetivamente esses erros e que não baste condená-los sem atribuí-los a ele? Se assim fosse, que seria do Padre Halloix, jesuíta, que defendeu a pureza da fé de Orígenes, assim como de vários outros católicos que tentaram a mesma coisa, como Pico della Mirandola e Genebrardo, doutor da Sorbonne? E também não é certo que esse mesmo quinto Concílio geral condenou os escritos de Teodoreto contra São Cirilo, *por ímpios, contrários à verdadeira fé e defensores da heresia nestoriana*? E, no entanto, o Padre Sirmond, jesuíta, não deixou de defendê-lo e de dizer, na vida desse Padre, *que esses mesmos escritos estão isentos dessa heresia nestoriana.*

Como vedes, Padre, quando a Igreja condena certos textos, ela supõe que neles haja um erro por ela condenado; e, então, é de fé que tal erro é condenado, mas não é de fé que esses escritos contenham realmente o erro que a Igreja supõe neles estarem. Creio que isso está suficientemente provado; e, assim, encerrarei esses exemplos com o do Papa Honório, cuja história é tão conhecida. Sabemos que no início do século VII, estando a Igreja perturbada pela heresia dos monotelitas, esse Papa, para encerrar essa disputa, publicou um decreto que parecia favorecer esses hereges, de modo que muitos se escandalizaram. Isso aconteceu, porém, com pouco estardalhaço sob seu pontificado. Mas cinquenta anos depois, tendo a Igreja se reunido no sexto Concílio geral, presidido pelo Papa Agatão por intermédio de seus legados, esse decreto foi deferido; e, depois de lido e examinado, foi condenado por conter a heresia dos monotelitas e, por isso, foi queimado em plena assembleia, com os outros escritos desses hereges. E essa decisão foi aceita com tanto respeito e uniformidade em toda a Igreja, que, em seguida, ela foi confirmada por dois outros Concílios gerais e até pelos Papas Leão II e Adriano II, que viveu duzentos anos depois, sem que ninguém tenha contestado esse consentimento, tão universal e tão pacífico, durante sete ou oito séculos. Alguns autores destes últimos tempos, porém, e entre outros o cardeal Bellarmino, não julgaram ter-se tornado hereges por sustentarem, contra tantos Papas e Concílios, que os escritos de Honório estão isentos do erro que haviam declarado nele haver: *porque*, diz ele, *como os Concílios gerais podem errar nas questões de fato, podemos dizer com toda certeza que o sexto Concílio se* enganou quanto a esse fato e, não tendo bem compreendido o sentido das cartas de Honório, colocou erradamente esse Papa entre os hereges.

Observai bem, Padre, que não é ser herege dizer que o Papa Honório não o era, ainda que vários Papas e vários Concílios o tenham declarado tal, até mesmo depois de tê-lo examinado. Venho, portanto, à nossa questão, e vos permito tornar a vossa causa tão boa quanto quiserdes. Que direis, Padre, para tornar hereges os vossos adversários? *Que o Papa Inocêncio X declarou que o erro das cinco Proposições está em Jansenius?* Eu vos permito dizer tudo isso. Que concluís daí? *Que é herético não reconhecer que o erro das cinco Proposições esteja em Jansenius?* Que vos parece, Padre? Não se trata, aqui, de uma questão de fato, da mesma natureza que as anteriores? Declarou o Papa que o erro das cinco Proposições está em Jansenius, assim como seus predecessores haviam declarado que o erro dos nestorianos e dos monotelitas estava nos escritos de Teodoreto e de Honório. Sobre isso, os Padres jesuítas escreveram que condenavam tais heresias, mas não concordavam que esses autores as tivessem defendido: assim como os vossos adversários dizem hoje que condenam, sim, essas cinco Proposições, mas não concordam que Jansenius as tenha ensinado. Na verdade, Padre, esses casos são muito semelhantes: e se neles se acha alguma diferença, é fácil ver que é a favor da questão presente, pela comparação de várias circunstâncias particulares que são visíveis por si mesmas e não me detenho em mencionar. Por que, então, Padre, numa mesma causa, os Padres jesuítas são católicos e os seus adversários, hereges? E por que estranha exceção vós os privais de uma liberdade que dais a todos os demais fiéis?

Que direis disso, Padre? *Que o Papa confirmou a Constituição com um breve?* Eu vos responderei que dois Concílios gerais e dois Papas confirmaram a condenação das cartas de Honório. Mas como pretendeis forçar as palavras desse breve, pelas quais declara o Papa *que condenou a doutrina de Jansenius nessas cinco Proposições?* O que isso acrescenta à Constituição? E o que se segue daí, senão que, como o sexto Concílio condenou a doutrina de Honório, porque acreditava que ela fosse a mesma que a dos monotelitas; assim também o Papa disse ter condenado a doutrina de Jansenius nessas cinco Proposições, porque supôs que era a mesma que essas cinco Proposições. E como poderia ele não acreditar nisso? A vossa Sociedade não publica outra coisa; e vós mesmos, Padre, que dissestes que elas ali estão *palavra por palavra*, estivestes em Roma no momento da censura; pois eu o encontro em toda parte. Poderia ele desconfiar da sinceridade ou da capacidade de tantos religiosos graves? E como não teria acreditado que a doutrina de Jansenius fosse a mesma que a das cinco Proposições, com a garantia que vós lhe destes de que eram, *palavra por palavra*, desse autor? Está claro, portanto, Padre, que se se constatar que não são de Jansenius, não será preciso dizer, como disseram os Padres jesuítas em seus exemplos, que o Papa se enganou neste ponto de fato, o que é sempre incômodo de publicar: mas bastará dizer que vós enganastes o Papa, o que já não causa escândalo, tão conhecidos sois hoje.

Assim, caro Padre, toda esta matéria está muito distante de poder formar uma heresia. Mas como quereis, a qualquer preço, urdir uma heresia, tentastes desviar a questão do ponto de fato, para colocá-la num ponto de fé: *o Papa*, dizeis, *declara ter condenado a doutrina de Jansenius nessas cinco Proposições: é, portanto, de fé que a doutrina de Jansenius acerca dessas cinco Proposições é herética, seja qual for*. Eis aí, Padre, um ponto de fé muito estranho, que uma doutrina é herética seja ela qual for. Como? Se segundo Jansenius *se pode resistir à graça interior* e se é falso, segundo ele, *que Jesus Cristo só tenha morrido pelos predestinados*, isso também seria condenado, porque é a sua doutrina? Será verdade, na Constituição do Papa, *que temos a liberdade de fazer o bem e o mal*? E o mesmo será falso em Jansenius? E por que fatalidade será ele tão desgraçado, que a verdade se torne heresia em seu livro? Não convém, pois, confessar que ele só é herege caso esteja em conformidade com esses erros condenados, já que a Constituição do Papa é a regra que se deve aplicar a Jansenius para julgar o que ele é, segundo a relação que houver; e que assim se resolverá esta questão *de saber se a sua doutrina é herética* por esta outra questão de fato, *saber se ela é conforme ao sentido dessas Proposições*; sendo impossível que ela não seja herética, se estiver em conformidade com elas; e que não seja católica, se for contrária a elas. Pois, enfim, já que, segundo o Papa e os bispos, *as Proposições são condenadas em seu sentido próprio e natural*, é impossível que elas sejam condenadas no sentido de Jansenius, senão no caso de o sentido de Jansenius ser o mesmo que o sentido próprio e natural dessas Proposições, o que é um ponto de fato.

A questão continua residindo, portanto, nesse ponto de fato, sem que se possa de modo algum tirá-la dali para colocá-la no direito. E, assim, não é possível torná-la matéria de heresia; mas bem poderíeis transformá-la em pretexto para perseguição, se não houvesse motivos para esperar que não se encontrem pessoas que partilhem suficientemente os vossos interesses para seguirem um procedimento tão injusto, e que queiram obrigar a assinar, como desejais, *que se condenam essas Proposições no sentido de Jansenius,* sem explicar qual seja esse sentido de Jansenius. Pouca gente está disposta a assinar uma confissão de fé em branco. Ora, isso seria assinar uma profissão de fé em branco, que em seguida se preencheria com tudo o que quiserdes; pois estaríeis livres para interpretar a vosso gosto qual é esse sentido de Jansenius, que não teria sido explicado. Explicai-o, portanto, antes, pois senão nos daríeis aqui novo poder próximo, *abstrahendo ab omni sensu*. Sabeis que isso não dá certo no mundo. Odeia-se a ambiguidade, principalmente em matéria de fé, onde é muito justo entender pelo menos o que é que se condena. E como se poderia fazer que doutores, que estão persuadidos de que Jansenius não tem outro sentido senão o da graça eficaz, consintam em declarar que condenam a sua doutrina sem explicá-la, pois, na crença que dela têm e da qual não os demovem, isso nada mais seria do que condenar a graça eficaz, que não se pode condenar sem crime? Não seria, portanto, uma estranha tirania colocá-los nessa infeliz necessidade de ou tornarem-se culpados diante de Deus, se assinarem tal condenação contra a própria consciência, ou de serem tratados de hereges, se se recusarem a fazê-lo?

Mas tudo isso é feito misteriosamente. Todas as vossas ações são políticas. Devo explicar por que não explicais esse sentido de Jansenius. Escrevo só para revelar os vossos planos e para torná-los inúteis, revelando-os. Devo, portanto, informar aos que o ignoram que, como o vosso principal interesse nessa disputa é exaltar a graça suficiente do jesuíta Molina, não podeis fazê-lo sem arruinar a graça eficaz, que é o perfeito contrário dela. Mas como a vedes hoje autorizada em Roma, e entre todos os eruditos da Igreja, não podendo combatê-la por ela mesma, resolvestes atacá-la à socapa, com o nome de doutrina de Jansenius, sem explicá-la; e, para serdes bem-sucedidos, destes a entender que a doutrina dele não é a da graça eficaz, para que se julgue poder condenar uma sem a outra. É por isso que hoje tentais convencer disso os que não têm nenhum conhecimento desse autor. E é o que vós fazeis, Padre, em vossos *Cavill.*, p. 23, com este fino raciocínio: *o Papa condenou a doutrina de Jansenius; ora, o Papa não condenou a doutrina da graça eficaz: portanto a doutrina da graça eficaz é diferente da de Jansenius.* Se tal prova fosse conclusiva, mostrar-se-ia igualmente que Honório e todos os que o sustentam são hereges, assim: O sexto Concílio condenou a doutrina de Honório; ora, o Concílio não condenou a doutrina da Igreja; logo, a doutrina de Honório é diferente da doutrina da Igreja; logo, todos os que o defendem são hereges. É claro que isso não conclui nada, pois o Papa só condenou a doutrina das cinco Proposições, que lhe deram a entender que fosse a de Jansenius.

Mas não importa, pois não quereis servir-vos por muito tempo desse raciocínio. Durará o bastante, por fraco que seja, para a necessidade que dele tendes. Ele não vos é necessário senão para fazer que os que não querem condenar a graça eficaz condenem Jansenius sem escrúpulo. Quando isso tiver sido feito, logo se esquecerão do vosso argumento, e, como as assinaturas permanecerão como testemunho eterno da condenação de Jansenius, aproveitareis a oportunidade para atacar diretamente a graça eficaz com este outro raciocínio bem mais sólido, que articulareis no seu devido tempo: *a doutrina de Jansenius*, direis, *foi condenada pela subscrição universal de toda a Igreja; ora, essa doutrina é manifestamente a da graça eficaz;* e o provareis com facilidade: *portanto, a doutrina da graça eficaz é condenada pela admissão mesma de seus defensores.*

Eis porque propondes assinar essa condenação de uma doutrina, sem explicá-la. Eis a vantagem que pretendeis tirar dessas assinaturas. Mas se os vossos adversários resistirem, armareis outra armadilha para essa recusa. Pois tendo habilmente unido a questão de fé à de fato, sem querer que elas se separem, nem que assinem uma sem a outra, como não podem aceitar as duas juntas, publicareis em toda parte que eles recusaram as duas. E assim, embora só recusem, com efeito, reconhecer que Jansenius tenha defendido essas Proposições que eles condenam, o que não pode constituir heresia, direis ousadamente que eles se recusaram a condenar as Proposições em si mesmas e que é essa a heresia deles.

Eis aí o fruto que colheríeis com a recusa, que não vos será menos útil que o que tiraríeis do consentimento deles. Assim, se exigirem essas assinaturas, eles cairão de qualquer modo em vossas ciladas, quer assinando, quer não assinando; e saireis vitoriosos de um ou de outro modo: tal foi a habilidade de que usastes para dispor as coisas de modo que lhes sejam sempre vantajosas, aconteça o que acontecer.

Como vos conheço bem, Padre! E como me dói ver que Deus vos abandonou, deixando-vos ser tão bem-sucedidos num comportamento tão infeliz! A vossa felicidade é digna de compaixão, e só pode ser invejada por quem ignore qual seja a verdadeira felicidade. É ser caridoso procurar obstar aquela que buscais com toda essa conduta; pois só a baseais na mentira e só tendeis a fazer crer uma destas duas falsidades: ou que a Igreja condenou a graça eficaz, ou que os que a defendem sustentam os cinco erros condenados.

Cumpre mostrar a todos, pois, que a graça eficaz não foi condenada, como vós mesmos admitis, e que ninguém defende esses erros; para que se saiba que os que se recusariam a assinar o que quereis que se exija deles só o recusam por causa da questão de fato, e que, estando prontos a assinar a questão de fé, não poderiam ser hereges por tal recusa, pois, enfim, é mesmo de fé que tais Proposições são heréticas, mas jamais será de fé que elas sejam de Jansenius. Não há erro neles, e isto basta. Talvez interpretem Jansenius favoravelmente demais; mas talvez vós não o interpreteis favoravelmente o bastante. Não vou entrar neste problema. Sei, pelo menos, que, segundo as vossas máximas, credes poder, sem crime, publicar que ele é herege, contra o vosso próprio conhecimento; ao passo que, segundo a máximas deles, não poderiam dizer, sem crime, que ele é católico, se não estivessem persuadidos disso. São eles, portanto, mais sinceros do que vós, Padre; examinaram Jansenius mais do que vós; não são menos inteligentes do que vós; não têm, portanto, credibilidade menor que a vossa. Seja, porém, como for quanto a esse ponto de fato, eles são por certo católicos, pois não é necessário, para sê-lo, dizer que outro não o é, e, sem acusar ninguém de erro, basta para isso estar inocente do erro.

Décima Oitava Carta

Ao Reverendo Padre Annat, jesuíta

24 de março de 1657.

Reverendo Padre,

Há muito tendes trabalhado para encontrar algum erro em vossos adversários; mas tenho certeza de que por fim haveis de admitir que talvez não haja nada tão difícil quanto tornar hereges os que não o são e que de nada fogem mais do que de sê-lo. Em minha última Carta, mostrei quantas heresias lhes havíeis imputado, uma depois da outra, na falta de encontrar alguma em que pudesse permanecer por um bom tempo; assim, já não vos restava mais nada, senão acusá-los de se recusarem a condenar o sentido de Jansenius, que queríeis que eles condenassem, sem que fosse explicado qual era tal sentido. Ser reduzido a isso é sinal de falta de heresias que lhes atribuir. Pois quem jamais ouviu falar de uma heresia que não se possa exprimir? Assim, responderam-vos facilmente, mostrando que, se Jansenius não tem erros, não é justo condená-lo; e, se os tiver, deveis declará-los, para que se saiba, pelo menos, o que se condena. Jamais, porém, quisestes fazê-lo, mas havíeis tentando fortalecer as vossas pretensões com decretos que nada traziam em vosso favor, pois neles não se explica de modo algum o sentido de Jansenius, que, segundo dizem, teria sido condenado nessas cinco Proposições. Ora, não era assim que se podiam encerrar as disputas. Se entrásseis em acordo, de uma e de outra parte, acerca do verdadeiro sentido de Jansenius e só diferísseis quanto a saber se tal sentido é herético ou não, então os julgamentos que declarassem que tal sentido é herético tocariam o que estaria verdadeiramente em questão. Mas sendo a grande disputa saber qual é esse sentido de Jansenius, dizendo uns que nele só veem o sentido de Santo Agostinho e de Santo Tomás, e os outros, que nele veem um sentido herético, mas não dizem qual é, é claro que uma Constituição que não diz palavra acerca desse desacordo e se limita a condenar em geral o sentido de Jansenius, sem explicá-lo, não decide nada sobre o que está em discussão.

É por isso que vos foi cem vezes dito que, havendo desacordo só sobre este fato, jamais o encerraríeis se não declarásseis o que entendem pelo sentido de Jansenius. Mas como sempre teimastes em vos recusar a fazê-lo, eu por fim vos pressionei, em minha última Carta, em que mostrei que não é sem mistério que tenhais tratado de fazer condenar esse sentido sem explicá-lo, e que o vosso plano era fazer um dia essa condenação indeterminada recair sobre a doutrina da graça eficaz, mostrando ser ela simplesmente a de Jansenius, o que não vos seria difícil. Isso vos levou à necessidade de responder. Pois se depois disso continuásseis a teimar em não explicar esse sentido, teria ficado claro aos menos esclarecidos que o vosso alvo era apenas a graça eficaz; o que teria sido grande vexame para vós, dada a veneração que a Igreja tem por tão santa doutrina.

Fostes, portanto, obrigados a vos declarar; e é o que acabais de fazer, ao responder à minha carta, onde eu vos havia mostrado *que se*

Jansenius tivesse, sobre essas cinco Proposições, algum sentido diferente do da graça eficaz, não teria defensores; mas, se não tivesse outro sentido senão o da graça eficaz, não teria erros. Não conseguistes negar isso, Padre; mas fazeis a seguinte distinção, à p. 21: *Não basta*, dizeis, *para justificar Jansenius dizer que só afirma a graça eficaz, porque é possível afirmá-la de duas maneiras: uma, herética, segundo Calvino, que consiste em dizer que a vontade movida pela graça não tem o poder de resistir a ela; a outra, ortodoxa, segundo os tomistas e os sorbonistas, que se funda em princípios estabelecidos pelos Concílios, diz que a graça eficaz por si mesma governa a vontade de tal sorte que sempre se tem o poder de resistir a ela.*

Concedemos-vos tudo isso, Padre, e concluís dizendo *que Jansenius seria católico se defendesse a graça eficaz segundo os tomistas, mas é herege por ser contrário aos tomistas e conforme a Calvino, que nega o poder de resistir à graça.* Não vou examinar aqui, Padre, este ponto de fato; a saber, se Jansenius está realmente em conformidade com Calvino. Basta-me que o pretendais e que nos façais saber hoje que, pelo sentido de Jansenius, não entendestes outra coisa senão o sentido de Calvino. Não era isso, Padre, que quisestes dizer? Não era o erro de Calvino que quisestes condenar com o nome de sentido de Jansenius? Por que não dissestes isso antes? Teríeis poupado muito trabalho; pois, sem bulas nem breves, todos teriam condenado tal erro convosco. Como era necessário esse esclarecimento! E quantas dificuldades resolve! Não sabíamos, Padre, que erro os Papas e os bispos haviam querido condenar com o nome de sentido de Jansenius. Toda a Igreja estava extremamente aflita e ninguém nos queria explicar isso. Vós o fazeis agora, Padre, vós, que todo o vosso partido considera o chefe e o primeiro motor de todos os vossos conselhos e que conheceis o segredo de toda essa conduta. Dissestes-nos, portanto, que esse sentido de Jansenius não é senão o sentido de Calvino, condenado pelo Concílio. Eis que muitas dúvidas se resolvem. Agora sabemos que o erro que eles quiseram condenar com as palavras *sentido de Jansenius* não é senão o sentido de Calvino e, assim, permanecemos na obediência de seus decretos, condenando com eles esse sentido de Calvino que quiseram condenar. Não mais nos espantamos de ver que os Papas e alguns bispos tenham sido tão zelosos contra o sentido de Jansenius. Como poderiam não o ser, Padre, se creem em quem diz publicamente que tal sentido é o mesmo de Calvino?

Declaro-vos, pois, Padre, que já não tendes mais nada que censurar em vossos adversários, porque, com certeza, eles detestam o que detestais. Só estou admirado de que vós o ignoreis e conheçais tão pouco dos sentimentos deles a este respeito, que os declararam tantas vezes em seus escritos. Tenho certeza de que, se estivésseis mais bem informado a seu respeito, teríeis lamentado não ter-vos instruído com espírito de paz sobre uma doutrina tão pura e tão cristã, que a paixão vos faz combater sem conhecê-la. Veríeis, Padre, que eles não só afirmam que se resista efetivamente a essas graças fracas, que são chamadas excitantes ou ineficazes, não executando o bem que elas nos inspiram, mas que são também tão firmes em sustentar, contra Calvino, o poder que a vontade tem de resistir até mesmo à graça eficaz e vitoriosa, como em defender contra Molina o poder dessa graça sobre a vontade, tão zelosos de uma verdade como de outra. Sabem até demais que o homem, por sua natureza, tem sempre o poder de pecar e de resistir à graça e que, desde a sua corrupção, ele traz em si um infeliz fundo de concupiscência, que lhe aumenta infinitamente esse poder; no entanto, quando apraz a Deus tocá-lo com sua misericórdia, Ele o faz fazer o que quer e como quer, sem que essa infalibilidade da operação de Deus destrua de modo algum a liberdade natural do homem, pelas secretas e admiráveis maneiras com que Deus opera essa mudança, tão excelentemente explicada por Santo Agostinho e que dissipam todas as contradições imaginárias que os inimigos da graça eficaz julgam ver entre o poder soberano da graça sobre o livre arbítrio e o poder que o livre arbítrio tem de resistir à graça. Pois, segundo esse grande santo, que os Papas e a Igreja deram como regra nesta matéria, Deus muda o coração do homem com uma doçura celeste que sobre ele derrama, a qual, superando o deleite da carne, faz que o homem, sentindo por um lado a sua mortalidade e o seu nada, e descobrindo, por outro, a grandeza e a eternidade de Deus, sente desgosto pelas delícias do pecado, que o separam do bem incorruptível; encontrando a sua maior alegria em Deus, que o encanta, a Ele se dirige infalivelmente por si mesmo, com um movimento todo livre, todo voluntário, todo amoroso; de tal sorte, que lhe será um sofrimento e um suplício dele se separar. Não que não possa sempre dele se afastar e dele efetivamente se afastaria, se quisesse. Mas como o quereria, já que a vontade sempre só se volta ao que mais lhe agrada e nada tanto lhe agrada como esse bem único, que contém em si todos os outros bens? *Quod enim amplius nos delectat, secundum id operemur necesse est*,[1] como diz Santo Agostinho.

Assim é que Deus dispõe da vontade livre do homem, sem lhe impor pela necessidade; e é assim que o livre arbítrio, que pode sempre resistir à graça, mas nem sempre o quer, se volta tão livre quanto infalivelmente a Deus, quando Ele quer atraí-lo pela doçura de suas inspirações eficazes.

São estes, Padre, os divinos princípios de Santo Agostinho e de Santo Tomás, segundo os quais é verdade que *podemos resistir à graça*, contra a opinião de Calvino; e, no entanto, como diz o Papa Clemente VIII, em seu texto dirigido à Congregação de Auxiliis: *Deus forma em nós o movimento de nossa vontade e dispõe eficazmente de nosso coração, pelo império que sua majestade suprema tem sobre as vontades dos homens, tanto quanto sobre o resto das criaturas que estão sob o céu, segundo Santo Agostinho.*

É também segundo esses princípios que agimos por nós mesmos; o que faz que tenhamos méritos que são realmente nossos, contra o erro de Calvino; e que, no entanto, sendo Deus o primeiro princípio de nossas ações e *fazendo em nós o que lhe é agradável*, como diz São Paulo, *os nossos méritos são dons de Deus*, como diz o Concílio de Trento.

É assim que se destrói aquela impiedade de Lutero, condenada pelo mesmo Concílio, *de que não cooperamos de nenhum modo à nossa salvação, não mais que as coisas inanimadas:* e é assim também que é

---
[1] Fazemos necessariamente o que mais nos deleita.

destruída a impiedade da Escola de Molina, que não quer reconhecer que é a força da graça mesma que nos faz cooperarmos com ela na obra de nossa salvação: com o que ele arruína este princípio de fé estabelecido por São Paulo: *que é Deus que forma em nós tanto a vontade como a ação.*

E, enfim, é por esse meio que se harmonizam todas estas passagens da Escritura, que parecem as mais opostas: *Convertei-vos a Deus: Senhor, convertei-nos a nós. Rejeitai as vossas iniquidades para longe de vós: Deus é que retira as iniquidades de seu povo. Fazei obras dignas de penitência: Senhor, fizestes em nós todas as nossas obras. Fazei para vós mesmos um coração novo e um espírito novo: eu vos darei um espírito novo e criarei em vós um coração novo, etc.*

O único modo de conciliar essas contrariedades aparentes, que atribuem as nossas boas ações ora a Deus, ora a nós, é reconhecer que, como diz Santo Agostinho, *as nossas ações são nossas, por causa do livre arbítrio que as produz; e são também de Deus, por causa de sua graça, que faz que o nosso livre arbítrio as produza.* E, como diz em outro lugar, Deus nos faz fazer o que lhe agrada, fazendo-nos querer o que poderíamos não querer: *A Deo factum est ut vellent quod et nolle potuissent.*

Assim, Padre, os vossos adversários estão perfeitamente de acordo até com os novos tomistas, pois os tomistas afirmam, como eles, tanto o poder de resistir à graça, quanto a infalibilidade do efeito da graça; doutrina que proclamam sustentar em tão alto e bom som, segundo esta máxima capital de sua doutrina, que Alvarez, um dos mais consideráveis deles, repete tantas vezes em seu livro e exprime, *Disp.* 72, n. 4, nestes termos: *quando a graça eficaz move o livre arbítrio, ele consente infalivelmente; pois o efeito da graça consiste em fazer que, ainda que possa não consentir, ele consinta, porém, com efeito;* ao qual dá como razão esta de Santo Tomás, seu mestre: *que a vontade de Deus não pode deixar de ser feita; e assim, quando quer que um homem consinta na graça, ele consente infalivelmente, e até necessariamente, não com uma necessidade absoluta, mas com uma necessidade de infalibilidade. Com isso, a graça não fere o poder que temos de resistir se quisermos;* pois ela só faz que não queiramos resistir a ela, como reconhece o Padre Pétau, jesuíta, nestes termos, t. I, p. 602: *a graça de Jesus Cristo nos faz perseverar infalivelmente na piedade, embora não por necessidade: pois podemos não consentir nela, se quisermos, como diz o Concílio; mas essa mesma graça faz que não o queiramos.*

É esta, Padre, a doutrina certa de Santo Agostinho, de São Próspero, dos Padres que os seguiram, dos Concílios, de Santo Tomás e de todos os tomistas em geral. É também a de vossos adversários, embora não tenhais pensado assim. E é, por fim, a que vós mesmos acabastes de aprovar, nestes termos: *a doutrina da graça eficaz, que reconhece que temos o poder de resistir a ela, é ortodoxa, apoiada pelos Concílios e sustentada pelos tomistas e pelos sorbonistas.* Dizei a verdade, Padre: se tivésseis sabido que os vossos adversários sustentam efetivamente esta doutrina, talvez o interesse da sua Companhia vos teria impedido de lhe dar essa aprovação pública: mas, imaginando que eles se opusessem a ela, esse mesmo interesse de vossa Companhia vos levou a autorizar opiniões que julgais contrárias às deles; e, querendo com esse equívoco arruinar os princípios deles, vós mesmos os estabelecestes perfeitamente. Vemos assim hoje, por uma espécie de prodígio, os defensores da graça eficaz justificados pelos defensores de Molina: tão admirável é a conduta de Deus para fazer que todas as coisas concorram à glória da sua verdade!

Saibam todos, portanto, com vossa própria declaração, que essa verdade da graça eficaz, necessária a todos os atos de piedade, tão cara à Igreja e que é o preço do sangue do seu Salvador, é tão seguramente católica, que não há nenhum católico, nem sequer os jesuítas, que não reconheça a sua ortodoxia. E saberão ao mesmo tempo, por vossa própria confissão, que não há a mínima suspeita de erro naqueles que tanto acusastes de errar; pois, quando lhes imputáveis erros ocultos sem querer revelá-los, era para eles tão difícil defender-se quanto vos era fácil assim os acusardes; mas agora que acabais de declarar que esse erro que vos obriga a combatê-los é o de Calvino, que pensáveis que eles defendessem, não há ninguém que não veja claramente que eles estão isentos de todo erro, uma vez que são tão contrários ao único que vós lhes imputais, e que protestam, com suas palavras, com seus livros e com tudo o que podem produzir para testemunhar seus sentimentos, que condenam tal heresia de todo coração, e da mesma maneira como o fazem os tomistas, que reconheceis, sem dificuldades, como católicos e jamais foram suspeitos de não o ser.

Que direis, então, contra eles agora, Padre? Que embora não sigam o erro de Calvino, são hereges, porque não querem reconhecer que o sentido de Jansenius é o mesmo de Calvino? Ousaríeis dizer que isso seja matéria de heresia? E não é uma pura questão de fato, que não pode constituir heresia? Seria mesmo heresia dizer que não temos o poder de resistir à graça eficaz; mas será heresia duvidar que Jansenius defenda isso? Será essa uma verdade revelada? Um artigo de fé, em que se deva crer, sob pena de condenação ao inferno? E não será, apesar de vós, um ponto de fato, pelo qual seria ridículo pretender que haja hereges na Igreja?

Não lhes deis mais esse nome, portanto, Padre, mas algum outro que seja adequado à natureza do desacordo entre vós. Dizei que são ignorantes e estúpidos e entendem mal Jansenius; serão censuras condizentes com a vossa disputa; mas chamá-los hereges é algo que não tem nenhuma relação com ela. E como essa é a única injúria de que quero defendê-los, não me empenharei muito em mostrar que compreendem bem a Jansenius. Tudo o que vos direi sobre isso, Padre, é que, julgando segundo as próprias regras dadas por vós, acho difícil que ele não seja tido como católico: pois eis aqui o que estabeleceis para examiná-lo.

Para saber, dizeis, *se Jansenius é inocente, convém saber se ele defende a graça eficaz à maneira de Calvino, que nega termos o poder de resistir a ela: pois então seria herege, ou à maneira dos tomistas, que o admitem; pois seria católico.* Vede, pois, Padre, se ele afirma que temos o poder de resistir, quando diz, em tratados inteiros, entre outros no tr. III, livro VIII, capítulo XX, *que temos sempre o poder de resistir à graça, segundo o Concílio:* QUE O LIVRE ARBÍTRIO PODE SEMPRE AGIR E NÃO AGIR, *querer e não querer, consentir e não consentir, fazer o bem e o mal: que o homem nesta vida sempre tem essas duas liberdades, que chamais de contradição*. Vede, outrossim, se ele não é contrário ao erro de Calvino, tal como vós mesmos o descreveis, ele que mostra, em todo o capítulo XXI, *que a Igreja condenou esse herege que afirma que a graça eficaz não age sobre o livre arbítrio da maneira como durante tanto tempo se acreditou na Igreja, de sorte que esteja em seguida no poder do livre arbítrio consentir ou não consentir: ao passo que, segundo Santo Agostinho e o Concílio, temos sempre o poder de não consentir, se quisermos; e, segundo São Próspero, Deus dá a seus eleitos a vontade de perseverar, de modo que não lhes tira a potência de querer o contrário*. E, por fim, julgai se ele não está de acordo com os tomistas, quando declara, c. IV, *que tudo o que os tomistas escreveram para conciliar a eficácia da graça com o poder de resistir a ela é tão conforme ao seu sentido, que basta ver seus livros para neles conhecer suas opiniões*. "Quod ipsi dixerunt, dictum puta."[2]

Eis como ele fala sobre todas as vossas acusações, e é com base nisso que imagino que ele creia no poder de resistir à graça; que ele é contrário a Calvino e conforme aos tomistas, porque o diz e, assim, ele é católico segundo vós. Pois se disponcies de algum modo de conhecer o sentido de um autor que não seja por suas expressões e, sem citar nenhum desses trechos, queirais sustentar, contra todas as palavras dele, que ele nega o poder de resistir e é a favor de Calvino contra os tomistas, não tenhais medo, Padre, de que eu vos acuse de heresia por isso: direi apenas que parece que compreendeis mal a Jansenius; mas nem por isso deixaremos de ser filhos da mesma Igreja.

Por que então, Padre, agis nesta discussão de maneira tão apaixonada e tratais como vossos mais cruéis inimigos e os mais perigosos hereges aqueles que não podeis acusar de nenhum erro, nem de outra coisa, senão de que não entendem Jansenius como vós? Pois sobre o que discutis, senão sobre o sentido desse autor? Quereis que eles o condenem, mas eles vos perguntam o que entendeis por isso. Dizeis que entendeis o erro de Calvino; eles respondem que condenam esse erro; e assim, se não vos importardes com as sílabas, mas com a

---

[2] O QUE OS MESMOS DISSERAM, CONSIDERA-SE DITO. (N. T.)

coisa que elas significam, deveis estar satisfeito. Se eles se recusam a dizer que condenam o sentido de Jansenius, é porque creem ser o de Santo Tomás. E assim, essa é uma palavra muito equívoca entre vós. Na vossa boca, significa o sentido de Calvino; na deles, o sentido de Santo Tomás: assim, como essas diferentes ideias que tendes de um mesmo termo causam todas essas divisões, se eu fosse o juiz de vossas disputas, proibiria a palavra Jansenius de uma parte e de outra. E assim, exprimindo apenas o que entendeis por isso, ficaria claro que vós só pedis a condenação do sentido de Calvino, no que eles consentem; e que eles só pedem a defesa do sentido de Santo Agostinho e de Santo Tomás, em que estais de acordo.

Declaro-vos, portanto, Padre, que, de minha parte, sempre os considerarei católicos, condenando Jansenius, se nele encontrarem erros, ou não o condenando, se nele só encontrarem o que vós mesmos declarais ser católico; e que falarei a eles como São Jerônimo a João, bispo de Jerusalém, acusado de defender oito Proposições de Orígenes: *ou condene Você a Orígenes*, dizia o santo, *se reconhecer que ele defendeu esses erros, ou negue que ele os defendeu: "Aut nega hoc dixisse eum qui arguitur; aut, si locutus est talia, eum damna qui dixerit"*.

Eis aí, Padre, como agem os que atacam apenas os erros, e não as pessoas; enquanto vós, que atacais mais as pessoas que os erros, achais que de nada vale condenar os erros, se não se condenam as pessoas a quem quereis imputá-los.

Como o vosso modo de agir é violento, Padre! E como é pouco capaz de ser bem-sucedido! Já vos disse em outro lugar, e torno a dizer: a violência e a verdade nada podem uma contra a outra. Jamais vossas acusações foram mais ultrajantes, e jamais a inocência de vossos adversário mais evidente: jamais a graça eficaz foi mais artificiosamente atacada, e jamais a vimos tão fortalecida. Usais dos maiores esforços para fazerdes crer que as vossas disputas versam sobre pontos de fé, e jamais ficou tão claro que toda a disputa é apenas sobre um ponto de fato. Enfim, tudo fazeis para dar a entender que esse ponto de fato é verídico, e nunca se esteve tão disposto a duvidar disso. E a razão é simples, Padre: não vos valeis do jeito natural de fazer crer num ponto de fato, que consiste em convencer os sentidos e mostrar num livro as palavras que dizeis ali estar. Mas procurais meios tão distantes dessa simplicidade, que acabais chocando até os mais estúpidos. Por que não vos valeis do mesmo caminho que trilhei em minhas cartas, para descobrir tantas máximas más dos autores jesuítas, que é citar fielmente os lugares de onde foram tiradas? Foi o que fizeram os curas de Paris; e isso jamais deixa de persuadir o mundo. Mas o que teríeis dito, e o que as pessoas teriam pensado, quando eles vos censuraram, por exemplo, esta Proposição do Padre L'Amy: *que um religioso pode matar quem ameaça publicar calúnias contra ele ou contra a sua Comunidade, quando não puder defender-se de outra maneira*, se eles não tivessem citado o lugar onde ela está, com palavras claras; se, por mais que lhes perguntassem, eles sempre teimassem em recusar-se a dizer; e se, em vez disso, tivessem ido a Roma obter uma bula que ordenasse a todos reconhecê-lo? Não teriam as pessoas julgado, provavelmente, que vós ludibriastes o Papa e só recorrestes a esse meio extraordinário por não disporedes dos meios naturais que as verdades de fato põem à disposição de todos os que as sustentam? Assim, eles se limitaram a assinalar que o Padre L'Amy ensina essa doutrina no t. V, *disp.* 36, n. 544 *da edição de Douai*; e, com isso, todos os que quiseram vê-la a encontraram, e ninguém pôde duvidar dela. Eis um jeito bem fácil e rápido de resolver as questões de fato em que se tem razão.

Por que então, Padre, não agistes assim? Dissestes, em seus *Cavilli, que as cinco Proposições estão em Jansenius palavra por palavra, todas em termos próprios, "iisdem verbis"*. Disseram-vos que não. O que devíeis fazer então, senão ou citar a página, se realmente a tivésseis visto, ou confessar que vos enganastes? Mas não fizestes nem uma coisa, nem outra e, em vez disso, vendo bem que todas as passagens de Jansenius que, por vezes, alegáveis para deslumbrar o mundo, não são as *Proposições condenadas, individuais e singulares*, que havíeis prometido mostrar em vosso livro, nos apresentais Constituições que declaram terem sido elas tiradas de lá, sem indicar o lugar.

Sei, Padre, do respeito que os cristãos devem à Santa Sé, e os seu adversários demonstram bem que estão decididos a jamais abrir mão dele. Mas não imagineis que fosse falta de respeito mostrar ao Papa, com toda a submissão que os filhos devem ao pai e os membros à cabeça, que talvez o tivessem surpreendido neste ponto de fato; que ele não o mandou examinar durante o seu pontificado e que seu predecessor, Inocêncio X, se limitara a examinar se as Proposições eram heréticas, mas não se estavam em Jansenius. O que fez o comissário do Santo Ofício, um de seus principais examinadores, dizer *que elas não podiam ser censuradas no sentido de nenhum autor: "non sunt qualificabiles in sensu proferentis", porque lhes foram apresentadas para serem examinadas em si mesmas, e sem se considerar de que autor podiam ser: "in abstracto, et ut praescindunt ab omni proferente"*; como se vê em seus sufrágios recentemente impressos: que mais de sessenta doutores, e grande número de outras pessoas hábeis e piedosas puderam ler esse livro exatamente sem nele tê-las jamais visto e que nele encontraram outras Proposições contrárias; que os que deram essa impressão ao Papa poderiam muito bem ter abusado da confiança que neles tem, estando interessados, como estão, em denegrir esse autor, que condenou Molina por mais de cinquenta erros; que o que torna a coisa mais crível é que eles adotam como máxima, uma das mais autorizadas de sua teologia, poderem caluniar sem crime aqueles pelos quais se julgam injustamente atacados; e que, assim, sendo o testemunho deles tão suspeito e o testemunho dos outros tão considerável, há motivos para suplicar a Sua Santidade, com toda a humildade possível, que mande examinar esse fato na presença dos doutores de um e de outro partido, para se poder formar uma decisão solene e regular. *Reúnam-se juízes hábeis,* dizia São Basílio sobre assunto semelhante, *Ep.* 75; *seja cada um livre; examinem-se os meus escritos; vejam se neles há erros contra a fé; leiam as objeções e as respostas, para que seja um juízo formado com conhecimento de causa e segundo as formas, e não uma difamação sem exame.*

Não pretendais, Padre, fazer passarem por pouco submissos à Santa Sé os que ajam dessa maneira. Estão os Papas muito longe de tratarem os cristãos com esse império que alguns gostariam de exercer em seu nome. *A Igreja,* diz o Papa São Gregório, *in Job.,* l.VIII, capítulo 1, *que foi formada na escola da humildade, não manda com autoridade, mas persuade pela razão o que ensina a seus filhos que crê terem caído em erro:* "*Recta quae errantibus dicit, non quase auctoritate praecipit, sed ex ratione persuadet*". E, muito longe de considerar desonroso reformar um julgamento onde os teriam ludibriado, gloriam-se disso, pelo contrário, como testemunha São Bernardo, Ep. 180. *A Sé Apostólica,* diz ele, *tem isto de recomendável:* não se crê desonrada e se dispõe de bom grado a revogar o que lhe foi extraído por *logro; por isso, é muito justo que ninguém se aproveite da injustiça, principalmente diante da Santa Sé.*

Eis aí, Padre, os verdadeiros sentimentos que convém inspirar aos Papas, já que todos os teólogos estão de acordo em que eles podem ser ludibriados, e que essa qualidade suprema está tão distante de protegê-los contra isso, que, pelo contrário, ela os expõe mais, por causa do grande número de trabalhos em que se envolvem. É o que diz o mesmo São Gregório a pessoas que se admiravam de que outro Papa se tivesse deixado enganar. *Por que vos admirais,* diz ele, l. I, Dial., *que sejamos enganados, nós que somos homens? Não vistes que Davi, esse rei com espírito de profecia, tendo dado ouvidos às imposturas de Siba, proferiu um juízo injusto contra o filho de Jônatas? Quem há de achar estranho, portanto, que às vezes sejamos enganados por impostores, nós, que não somos profetas? Exaure-nos o grande número de casos; e como a nossa mente, dividida em tantas coisas, se aplica menos a cada uma em particular, é mais facilmente enganada em uma delas.* Na verdade, Padre, creio que os Papas sabem melhor que vós se podem ou não ser surpreendidos. Eles mesmos nos declaram que os Papas e os maiores reis estão mais expostos a ser enganados do que as pessoas que têm menos ocupações importantes. Devemos crer no que dizem. E é muito fácil imaginar como se chega a ludibriá-los. Descreve-o São Bernardo na carta que escreveu a Inocêncio II, assim: *Não é algo espantoso, nem novo, que o espírito do homem possa enganar e ser enganado. Alguns religiosos foram ter convosco num espírito de mentira e de ilusão. Falaram convosco contra um bispo que odeiam e cuja vida foi exemplar.*

Essas pessoas mordem como cães e querem fazer passar o bem pelo mal. No entanto, Santíssimo Padre, vós vos encolerizais contra o vosso filho. Por que destes motivo de alegria a seus adversários? Não creiais em todos os espíritos, mas provai se os espíritos são de Deus. Espero que, quando tiverdes conhecido a verdade, tudo o que se baseou num falso relato seja dissipado. Rogo ao espírito de verdade que vos dê a graça de separar as luzes das trevas e reprovar o mal para favorecer o bem. Vede, portanto, Padre, que a situação eminente em que estão os Papas não os isenta de enganos e apenas torna seus enganos mais perigosos e mais importantes. É o que mostra São Bernardo ao Papa Eugênio, *de Consid.*, l. II, c. ult.: *há um defeito tão geral, que jamais vi um dos grandes do mundo que o evite.* É, Santo Padre, a excessiva credulidade, *de onde nascem tantas desordens; pois é de lá que vêm as perseguições violentas contra os inocentes, os preconceitos injustos contra os ausentes e as cóleras terríveis por ninharias, "pro nihilo". Eis aí, Santo Padre, um mal universal, do qual, se estiverdes isento, direi que sois o único com essa vantagem entre todos os vossos confrades.*

Imagino, Padre, que isso comece a persuadir-vos de que os Papas estão expostos a serem ludibriados. Mas para vos mostrar perfeitamente isso, peço apenas que vos lembreis dos exemplos que vós mesmos citais em vosso livro, de Papas e imperadores que os hereges efetivamente enganaram. Pois dizeis que Apolinário enganou o Papa Dâmaso, e também que Celéstio enganou o Papa Zózimo. Dizeis também que um tal de Atanásio ludibriou o imperador Heráclio, e o levou a perseguir os católicos e que, por fim, Sérgio obteve de Honório esse decreto que foi queimado no sexto Concílio, *fazendo as vezes*, dizeis, *de bom criado junto a esse Papa*.

É, portanto, evidente, por vós mesmos, Padre, que aqueles que agem desse modo junto aos reis e aos Papas os levam, por vezes, artificiosamente, a perseguir os que defendem a verdade da fé, julgando perseguir heresias. E é por isso que os Papas, que de nada têm mais horror do que desses logros, transformaram uma carta de Alexandre em lei eclesiástica, inserida no direito canônico, para permitir suspender a execução de bulas e decretos quando se julga que tenham sido enganados. *Se alguma vez,* diz esse Papa ao arcebispo de Ravena, *enviarmos à vossa fraternidade decretos que choquem vossos sentimentos, não vos inquieteis. Pois ou os executareis com reverência, ou nos escrevereis a razão que tendes para não o fazer; porque julgaremos bom que não executeis um decreto que tiver sido obtido de nós por logro e artimanha.* Assim agem os Papas que buscam apenas resolver as disputas dos cristãos e não seguir a paixão dos que querem provocar confusão. Não usam de dominação, como dizem São Pedro e São Paulo, de acordo com Jesus Cristo; mas o espírito que se mostra em toda sua conduta é o de paz e de verdade. Isso os fazem inserir, normalmente, em suas epístolas esta cláusula, que é subentendida em todas: "*Si ita est; si preces veritate nitantur*": *Se as coisas forem como nos comunicaram; se os fatos forem verdadeiros.* De onde se vê que, como os Papas só dão vigor a suas bulas na medida em que estiverem baseadas em fatos verídicos, não são as bulas sozinhas que provam a verdade dos fatos; mas, ao contrário, segundo os mesmos canonistas, é a verdade dos fatos que torna admissíveis as bulas.

Como obter, então, a verdade dos fatos? Dos olhos, Padre, que são seus legítimos juízes, como a razão o é das coisas naturais e inteligíveis, e a fé das coisas sobrenaturais e reveladas. Pois, já que me forçais a isso, Padre, vou dizer-vos que, segundo o parecer de dois dos maiores doutores da Igreja, Santo Agostinho e Santo Tomás, estes três princípios de nossos conhecimentos, os sentidos, a razão e a fé, têm cada qual seus objetos separados e sua certeza nesse domínio. E, como Deus quis servir-se dos sentidos para dar entrada à fé: *Fides ex auditu,* longe de destruir a fé a certeza dos sentidos, seria, pelo contrário, destruir a fé querer duvidar do relato fiel dos sentidos. Por isso observa Santo Tomás expressamente que Deus quis que os acidentes sensíveis subsistissem na Eucaristia, para os sentidos, que só julgam os acidentes, não serem enganados: *Ut sensus a deceptione reddantur immunes.*[3]

Concluamos, pois, daí que, seja qual for a Proposição que nos apresentem para examinar, é preciso primeiro reconhecer a sua

---

[3] Para que os sentidos se tornem imunes ao engano.

natureza, para ver a qual desses três princípios devemos recorrer. Se se tratar de algo sobrenatural, não o julgaremos nem pelos sentidos, nem pela razão, mas pela Escritura e pelas decisões da Igreja. Se se tratar de uma Proposição não revelada e proporcional à razão natural, será esta o juiz adequado. E se se tratar, por fim, de um ponto de fato, creremos nos sentidos, aos quais cabe naturalmente conhecê-lo.

É tão geral esta regra, que, segundo Santo Agostinho e Santo Tomás, quando a mesma Escritura nos apresenta alguma passagem cujo primeiro sentido literal se mostra contrário ao que os sentidos ou a razão reconhecem com certeza, não se deve tentar desdizê--los nessa situação para submetê-los à autoridade desse sentido aparente da Escritura; mas convém interpretar a Escritura e nela buscar outro sentido que concorde com essa verdade sensível; porque, sendo infalível a palavra de Deus nos fatos mesmos, e como o relato dos sentidos e da razão, ao agirem em seu próprio domínio, também é certo, é preciso que essas duas verdades se conciliem; e como a Escritura pode ser interpretada de diversas maneiras, enquanto é único o relato dos sentidos, devemos, nessas matérias, tomar como a verdadeira interpretação da Escritura a que convém ao relato fiel dos sentidos. É preciso, diz Santo Tomás, 1ª p., q. 68, a. 1, *observar duas coisas, segundo Santo Agostinho: uma, que a Escritura tem sempre um sentido verdadeiro; a outra, que, como pode receber vários sentidos, quando nos deparamos com um que a razão acusa com certeza de falsidade, não devemos teimar em dizer que seja esse o seu sentido natural, mas procurar outro que com ela concorde.*

É o que ele explica com o exemplo da passagem do Gênesis onde está escrito que *Deus criou dois grandes luminares, o sol e a lua, e também as estrelas;* pelo que a Escritura parece dizer que a lua é maior que todas as estrelas: mas como é certo, por demonstrações indubitáveis, que isso é falso, não devemos, diz esse santo, teimar em defender esse sentido literal, mas convém buscar outro, conforme a essa verdade de fato; como ao dizer: *que as palavras "grande luminar" só assinalam a grandeza da luz da lua em relação a nós, e não a grandeza de seu corpo em si mesmo.*

Pois, se dela usássemos de outro modo, isso não seria tornar venerável a Escritura, mas, ao contrário, expô-la ao desprezo dos infiéis; *porque,* como diz Santo Agostinho, *quando soubessem que cremos na Escritura coisas que sabem com certeza serem falsas, ririam de nossa credulidade nas outras coisas que são mais ocultas, como a ressurreição dos mortos e a vida eterna. E assim,* acrescenta Santo Tomás, *seria tornar-lhes desprezível a nossa religião e até mesmo fechar-lhes a sua entrada.*

E seria também, Padre, um modo de fechar sua entrada aos hereges e de tornar-lhes desprezível a autoridade do Papa, recusar-se a ter como católicos os que não cressem que certas palavras estão num livro onde elas não se encontram, porque um Papa o tenha declarado depois de ser ludibriado. Pois é apenas o exame de um livro que pode mostrar que certas palavras nele estão. Provam-se as coisas de fato só pelos sentidos. Se o que afirmais for verídico, mostrai-o; senão, não peçais a ninguém que nele creia; seria inútil. Todas as potências do mundo não podem, por autoridade, persuadir de um ponto de fato, como tampouco mudá-lo; pois não há nada que possa fazer não ser o que é.

É em vão, por exemplo, que religiosos de Ratisbona obtiveram do Papa São Leão IX um decreto solene, pelo qual declarou que o corpo de São Diniz, primeiro bispo de Paris, comumente tido como o Areopagita, fora levado da França e transportado para a igreja do seu mosteiro. Isso não impede que o corpo desse santo tenha sempre estado e ainda esteja na célebre abadia que leva o seu nome, na qual teríeis dificuldade em fazer ser aceita essa bula, embora esse Papa afirme ter examinado o assunto *com toda atenção possível, "diligentissime", e com o conselho de vários bispos e prelados; de sorte que ele obriga estritamente todos os franceses, "districte praecipientes", a reconhecer e confessar que já não têm essas santas relíquias.* E, no entanto, os franceses, que conheciam a falsidade desse fato por seus próprios olhos e, tendo aberto o caixão, ali encontraram intactas todas essas relíquias, como testemunham os historiadores daquela época, creram, então, como sempre se creu em seguida, o contrário do que esse santo Papa lhes ordenara crer, sabendo muito bem que até os santos e os profetas estão sujeitos a serem enganados.

Foi também em vão que obtivestes contra Galileu esse decreto de Roma, que condenava a sua opinião acerca do movimento da terra. Não vai ser isso que provará que ela permanece em repouso; e se houvesse observações certas que provassem que é ela que gira, nem todos os homens juntos a impediriam de girar e não impediriam que eles mesmos girassem com ela. Não imagineis tampouco que as cartas do Papa Zacarias em favor da excomunhão de São Virgílio, por afirmar que havia antípodas, tenham aniquilado esse novo mundo; e que, embora tivesse declarado que tal opinião fosse erro muito perigoso, o rei de Espanha não tenha agido corretamente ao dar mais ouvidos a Cristóvão Colombo que de lá vinha do que ao juízo desse Papa que lá jamais estivera; e que a Igreja não tenha tido grande proveito com isso, que proporcionou o conhecimento do Evangelho a tantos povos que teriam morrido em sua infidelidade.

Podeis ver, portanto, Padre, qual é a natureza das coisas de fato e por quais princípios devem ser julgadas; de onde é fácil concluir, sobre o nosso assunto, que se as cinco Proposições não estiverem em Jansenius, é impossível que tenham sido tiradas de lá, e que o único meio de bem julgar sobre isso e de persuadir o mundo é examinar esse livro numa conferência regular, como há muito vos é solicitado. Até lá, não tendes nenhum direito de chamar de teimosos os adversários: pois não terão culpa quanto aos pontos de fé; católicos quanto ao direito, razoáveis quanto ao fato e inocentes em ambos.

Quem não há se espantar, portanto, Padre, ao ver, de um lado, uma justificação tão plena, e, do outro, acusações tão violentas? Quem não há de pensar que entre vós só se trata de um fato de nenhuma importância, que se quer fazer crer sem mostrá-lo? E quem ousaria imaginar que se faça por toda a Igreja tanto barulho por nada, *pro nihilo*, Padre, como diz São Bernardo? Mas é isso mesmo que é o principal artifício da vossa conduta, dar a entender que é de extrema importância um caso de nada, e, às pessoas poderosas que lhes dão ouvidos, que se trata em vossas disputas dos erros mais perniciosos de Calvino e dos princípios mais importantes da fé; para que, nessa convicção, usem de todo seu zelo e de toda sua autoridade contra os que combateis, como se a salvação da religião católica dependesse disso: ao passo que, se eles viessem a saber que se trata só desse pequeno ponto de fato, não se impressionariam nem um pouco, e, pelo contrário, muito se arrependeriam de ter-se empenhado tanto para acudir as vossas paixões particulares num caso sem nenhuma importância para a Igreja.

Pois, enfim, na pior das hipóteses, mesmo que fosse verdade que Jansenius tivesse defendido tais Proposições, que desgraça sobreviria se algumas pessoas duvidassem disso, contanto que as detestem, como o fazem publicamente? Não basta que sejam condenadas por todos sem exceção, no sentido mesmo que explicastes querer que sejam condenadas? Seriam elas mais censuradas se se dissesse que Jansenius as afirmou? De que serve, portanto, exigir esse reconhecimento, senão para denegrir um doutor e um bispo que morreu na comunhão da Igreja? Não me parece que isso seja tão grande bem, para ser pago com tantas confusões. Que interesse têm nisso o Estado, o Papa, os bispos, os doutores e toda a Igreja? Isso não os toca de modo nenhum, Padre, e só mesmo a vossa Sociedade teria realmente prazer nessa difamação de um autor que lhe fez certo mal. No entanto, tudo estremece, porque dais a entender que tudo está ameaçado. Essa é a causa secreta que serve de estopim a todos esses movimentos, que cessariam de imediato quando se soubesse a verdadeira natureza de suas disputas. E é por isso, como o repouso da Igreja depende desse esclarecimento, que seria de extrema importância dá-lo, para que, sendo revelados todas as vossas artimanhas, se mostre a todos que as vossas acusações não têm fundamento, vossos adversários não têm erros e a Igreja não tem heresia.

Eis aí, Padre, o bem que tive por objetivo alcançar, que me parece tão considerável para toda a religião, que tenho dificuldade em entender como aqueles a quem dais tantos motivos para falar conseguem permanecer calados. Ainda que as injúrias que lhes fazeis não os atinjam, as que a Igreja sofre deveriam, a meu ver, levá-los a se queixarem: além de quê, tenho minhas dúvidas de que os eclesiásticos possam entregar sua reputação à calúnia, sobretudo em matéria de fé. No entanto, eles vos deixam dizer o que quereis; assim, sem a ocasião que me destes, por acaso, talvez nada se tivesse contraposto às impressões escandalosas que semeais por todos os lados. Assim, a paciência deles me espanta, tanto mais que ela não me pode ser suspeita nem de timidez, nem de impotência, sabendo bem que não lhes faltam nem razões para sua justificação, nem zelo pela verdade. Vejo-os, porém, tão religiosamente dados ao silêncio, que temo que nisso exagerem. Quanto a mim, Padre, não creio poder fazê-lo. Deixai a Igreja em paz, e eu vos deixarei também, de coração. Mas enquanto só trabalhardes para nela fomentar a confusão, não duvideis de que haja filhos da paz que se crerão obrigados a usar de todos os esforços para nela conservarem a tranquilidade.

Fragmento de uma Décima Nona Carta

Endereçada ao Padre Annat

Reverendo Padre,

Se vos proporcionei algum desprazer com minhas outras cartas, ao manifestar a inocência dos que vos importava denegrir, proporcionar-vos-ei alegria com esta, mostrando-vos a dor de que os enchestes. Consolai-vos, Padre; aqueles que odiais estão aflitos; e se os Senhores bispos executarem em suas dioceses os conselhos que lhes dais, de obrigá-los a jurar e a assinar que se crê uma coisa de fato que não é verídico que se creia e que não se é obrigado a crer, reduzireis vossos adversários à extrema tristeza de ver a Igreja nesse estado. Eu os vi, Padre (e vos confesso que tive com isso extrema satisfação), eu os vi, não numa generosidade filosófica ou nessa firmeza desrespeitosa que faz fazer imperiosamente o que se crê ser seu dever; nem tampouco nessa covardia mole e tímida que impede ou de ver a verdade, ou de segui-la, mas numa piedade doce e sólida, cheia de desconfiança por eles mesmos, de respeito pelas potências da Igreja, de amor à paz, de ternura e de zelo pela verdade, de desejo de conhecê-la e de defendê-la, de temor por sua fraqueza, de pesar por estarem envolvidos nessas provações, e de esperança, porém, de que Deus se digne a ampará-los com sua luz e a sua força, e que a graça de Jesus Cristo, que eles defendem e pela qual sofrem, venha a ser ela mesma sua luz e sua força. Vi neles, enfim, o caráter da piedade cristã, que faz surgir uma força...

Vi-os rodeados de pessoas de suas relações, que também tinham vindo para aconselhá-los da melhor maneira no estado presente das coisas. Ouvi os conselhos que lhes deram; observei a maneira como os receberam e as respostas que deram. Mas na verdade, Padre, se estivésseis presente, creio que até vós admitiríeis que nada há no comportamento deles que não esteja infinitamente distante do ar de revolta e de heresia, como todos podem reconhecer pela moderação demonstrada, e que vereis aqui, para conservar ao mesmo tempo estas duas coisas que lhes são infinitamente caras: a paz e a verdade.

Pois depois que lhes mostraram, em geral, os sofrimentos que vão atrair com sua recusa, se lhes apresentarem para assinar essa nova Constituição, e o escândalo que com isso poderá nascer na Igreja, eles observaram...

[Notas encontradas às margens do manuscrito:]

O Dia do Juízo.

É, então, isso, Padre, que chamais o sentido de Jansenius, é, então, isso que dais a entender ao Papa e aos bispos.

Se os jesuítas fossem corruptos e fosse verdade que estamos sós, com mais forte razão deveríamos permanecer.

Quod bellum firmavit, pax ficta non auferat.[1]

---
[1] Não suprima uma falsa paz o que a guerra conservou. (São Jerônimo)

Neque benedictione, neque maledictione movetur, sicut angelus Domini.[2]

Atacam a maior das verdades cristãs, que é o amor da verdade.

Se a assinatura significa isso, que deixem que o expliquemos, para que não haja equívoco; pois é preciso permanecer de acordo que muitos creem que assinar quer dizer consentir.

Não há culpa em não crer, e é culpável jurar sem crer.

Mas vós podeis ter-vos enganado. Juro que creio que posso ter-me enganado. Mas não juro que creio que me enganei.

Aborrece-me dizer-vos tudo, é apenas uma narrativa.

Belas questões.

Se o relator não assinasse, a sentença seria inválida: se a bula não estivesse assinada, seria válida. Não o é, portanto.

Isso com Escobar os coloca no lugar de honra: mas não é assim que veem a coisa e demonstram desprazer ao se verem entre Deus e o Papa.

---

[2] NÃO É MOVIDO NEM PELA BÊNÇÃO, NEM PELA MALDIÇÃO, COMO O ANJO DO SENHOR.

BALIZAS CRONOLÓGICAS

PARA SITUAR AS *PROVINCIAIS* DE PASCAL NA HISTÓRIA RELIGIOSA, CULTURAL E POLÍTICA

1556: morre Santo Inácio de Loyola, fundador da Companhia de Jesus.

1563: encerra-se o Concílio de Trento, inaugurado em 1545, em resposta aos protestantes.

1564: morre Calvino; nasce Galileo Galilei.

1571: batalha de Lepanto: vitória da coalizão católica contra os turcos.

1578: derrota portuguesa em Alcácer Quibir; morte de Dom Sebastião.

1580: morre Luís de Camões.

1582: morre Santa Teresa de Ávila, mística espanhola, doutora da Igreja e reformadora da Ordem do Carmo, cuja obra exerceu forte influência sobre Port-Royal.

1585: nascem Cornelius Jansenius e o cardeal Richelieu.

1588: Luis de Molina: *Concórdia do livre arbítrio com os dons da Graça;* a Invencível Armada espanhola é derrotada.

1591: morre São João da Cruz; nasce Angélique Arnauld, abadessa e reformadora de Port-Royal, irmã mais velha de Antoine Arnauld.

1596: nasce René Descartes.

1598: Édito de Nantes, contra os protestantes, na França.

1600: morre Luis de Molina, SJ, principal alvo dos ataques de Jansenius em seu *Augustinus*; primeira apresentação de *Hamlet*.

1602: Angélique Arnauld, abadessa de Port-Royal.

1604: morre Bañez, principal elaborador da doutrina tomista sobre a Graça.

1605: *Dom Quixote*, de Miguel de Cervantes.

1608: nasce o Padre Antônio Vieira; 25 de março: a "Revelação" de Madre Angélique.

1609: morre John Dee, um dos fundadores do esoterismo moderno; fundada a primeira missão jesuítica no Paraguai: Santo Inácio Guaçu.

1610: morre Matteo Ricci, missionário jesuíta na China condenado em Roma, um dos criadores do diálogo inter-religioso.

1611: Bérulle funda o Oratório.

1612: nasce Antoine Arnauld, filósofo, teólogo, matemático e linguista francês, líder dos jansenistas, cuja condenação pela Sorbonne motivou Pascal a escrever as *Provinciais*.

1614: primeiro manifesto Rosacruz.

1615: nasce Claude Lancelot, jansenista, coautor com Antoine Arnauld da *Gramática* de Port-Royal; aprovado em Roma o uso do chinês na liturgia católica pelos missionários jesuítas.

1617: morre Francisco Suárez, grande filósofo e teólogo jesuíta; na Alemanha, início da sangrenta Guerra dos Trinta Anos, entre católicos e protestantes.

1618: São Francisco de Sales, diretor espiritual em Port-Royal.

1621: morre São Roberto Bellarmino, doutor da Igreja; início da correspondência entre o abade de Saint-Cyran e a Madre Angélique; nasce La Fontaine.

1622: morre São Francisco de Sales; nasce Molière.

1623: nasce Blaise Pascal; Urbano VIII, Papa; Galileo Galilei: *Il Saggiatore*.

1624: Richelieu, primeiro ministro.

1625: nasce Pierre Nicole, teólogo jansenista e colaborador de Pascal na redação das *Provinciais*; a abadia de Port-Royal transfere-se para Paris.

1626: nasce Shabbatai Zevi, rabino que se proclamará o Messias, sendo seguido por muitos judeus; nasce Rancé, reformador da Trapa e grande inimigo dos jesuítas.

1627: nasce Bossuet.

1628: nasce Miguel de Molinos, heresiarca, pai do Quietismo; *Regulae ad directionem ingenii* de Descartes.

1630: morre Kepler, nasce Huygens.

1631: morre Edmond Richer, teólogo galicano.

1632: *Petrus Aurelius*, de Saint-Cyran; nascem Spinoza, Locke, Vermeer e Pufendorf.

1633: Galileo Galilei condenado pela Inquisição.

1634: Saint-Cyran diretor espiritual em Port-Royal; nasce Pasquier Quesnel, que viria a ser o chefe do chamado segundo jansenismo, depois da morte de Antoine Arnauld.

1635: início da Guerra franco-espanhola.

1636: Jansenius bispo de Ypres.

1637: Saint-Cyran cria as Escolinhas de Port-Royal; *Discurso do Método* de Descartes; Maurício de Nassau em Pernambuco.

1638: morre Jansenius; Richelieu manda prender Saint-Cyran; nascem Luís XIV e Malebranche.

1640: publicação póstuma do *Augustinus* de Jansenius. Primeira texto publicado por Pascal: o *Ensaio sobre as cônicas*. Nasce Jean Racine, o grande poeta e dramaturgo jansenista.

1641: as *Meditações de filosofia primeira*, de Descartes; Roma obsta a publicação do *Augustinus*, por violar o decreto de Paulo V, de 1607, que proibia que se tratasse do tema da Graça, para evitar conflitos.

1642: 6 de março: bula *In Eminenti* de Urbano VIII condena o *Augustinus* de Jansenius; nasce Isaac Newton; morrem Richelieu e Galileo Galilei.

1643: morre Saint-Cyran, líder jansenista na França, depois de passar os últimos anos de vida preso na Bastilha. Publicação de *A Frequente comunhão* de Antoine Arnauld. Morte de Luís XIII; Luís XIV, rei de França.

1644: o arcebispo de Paris proscreve o *Augustinus* de Jansenius; morre Urbano VIII; Inocêncio X, Papa. A *Teologia Moral* do Padre jesuíta Escobar, um dos principais alvos de Pascal. Morre João de Santo Tomás (João Poinsot), grande filósofo e teólogo tomista português.

1646: nasce Leibniz; primeira conversão de Pascal.

1647: a *Frequente comunhão* de Arnauld no Índex. Nasce Santa Margarida Maria Alacoque, promotora da devoção ao Sagrado Coração de Jesus, cara aos jesuítas.

1648: Pascal: *Narrativa da experiência do equilíbrio dos líquidos.* Fim da Guerra dos 30 anos na Alemanha. Começa a Fronda, na França. O rabino Shabbatai Zevi proclama-se Messias.

1649: Nicolas Cornet extrai as famosas 5 sentenças do *Augustinus* de Jansenius e propõe que sejam examinadas pela Sorbonne; execução de Carlos I de Inglaterra.

1650: as 5 sentenças de Jansenius são levadas à Assembleia do Clero, que transfere o seu exame para Roma; morre René Descartes.

1651. *Leviatã*, de Thomas Hobbes. Nasce Fénelon.

1652: a máquina de calcular de Pascal. Sua irmã Jacqueline entra como noviça em Port-Royal; morre o Padre Antonio Ruiz de Montoya, primeiro grande missionário jesuíta no Paraguai.

1653: 31 de maio: a constituição *Cum Occasione*, de Inocêncio X, condena as 5 Proposições de Jansenius. Cromwell lorde protetor na Inglaterra; na França, fim da Fronda.

1654: 11 de novembro: noite da segunda conversão de Pascal.

1655: primeiro retiro espiritual de Pascal em Port-Royal. Morre Inocêncio X, Alexandre VII Papa. *Carta a uma pessoa de alta condição* de Antoine Arnauld, onde se expõe a doutrina do *fato* e do *direito*. Primeiro de dezembro: começa o julgamento de Antoine Arnauld na Sorbonne, que servirá de estopim para as *Provinciais* de Pascal.

1656: 23 de janeiro: Pascal inicia a publicação das *Provinciais;*

30 de janeiro: condenação de Arnauld pela Sorbonne;

24 de março: milagre do Santo Espinho: uma das pensionárias de Port-Royal, sobrinha de Pascal, é curada instantaneamente de uma

fístula no olho pelo contato com um relicário contendo um espinho da coroa de Cristo; o fato é interpretado como uma manifestação sobrenatural de apoio aos jansenistas;

16 de outubro: a bula *Ad Sanctam* de Alexandre VII torna a condenar as 5 Proposições de Jansenius, condenando também a distinção entre as questões de fato e de direito proposta pelos "filhos da iniquidade". Spinoza excomungado pela sinagoga (27 de julho); Alexandre VII aprova o método de evangelização por enculturação dos missionários jesuítas na China.

1657: 24 de maio: publicação da 18ª e última *Provincial*; sai a primeira edição em livro das *Províncias*, sob o pseudônimo de Louis de Montalte.

1658: 3 de setembro: morre Oliver Cromwell.

1659: fim da Guerra Franco-espanhola.

1660: Pascal: *Oração para o bom uso das doenças;* a *Gramática de Port-Royal*, de Arnauld e Lancelot; fechamento das Escolinhas de Port-Royal; morre Velázquez; morre São Vicente de Paula.

1661: morre a Madre Angélique; *Mandamento* da Assembleia do Clero francês exige a assinatura de um formulário em que se declara que as cinco teses de Jansenius estavam realmente no *Augustinus*, sem distinção entre o fato e o direito.

1662: 19 de agosto: morre Blaise Pascal. A *Lógica de Port-Royal*, de Antoine Arnauld e Pierre Nicole.

1664: começa a grande perseguição aos jansenistas. O *Tartufo* de Molière; a *Tebaida*, primeira tragédia de Racine.

1665: Alexandre VII condena 28 Proposições laxistas dos jesuítas.

1666: Alexandre VII condena mais 17 Proposições laxistas dos jesuítas.

1667: tradução jansenista do *Novo Testamento,* de Lemaistre de Saci, com os comentários de Santo Agostinho.

1669: Paz Clementina entre Roma e os jansenistas. Arnauld é recebido por Luís XIV.

1670: primeira edição dos *Pensamentos*, de Pascal.

1671: primeira parte das *Reflexões Morais*, de Quesnel.

1677: morte de Spinoza; publicação de sua Ética.

1679: Inocêncio XI condena 65 sentenças laxistas dos casuístas jesuítas, grande número das quais denunciadas por Pascal nas *Provinciais*. Recomeçam as perseguições aos jansenistas, que são forçados a se exilar.

1688: Revolução Gloriosa, na Inglaterra.

1694: morre Antoine Arnauld, em Bruxelas.

1709: as últimas monjas são obrigadas a abandonar a abadia de Port-Royal des Champs.

1711: destruição total de Port-Royal des Champs.

1713: Clemente XI proclama a constituição *Unigenitus Dei Filius*, condenando 101 sentenças de Quesnel.

1719: morre Pasquier Quesnel em Amsterdã.

Conheça mais títulos da Filocalia:

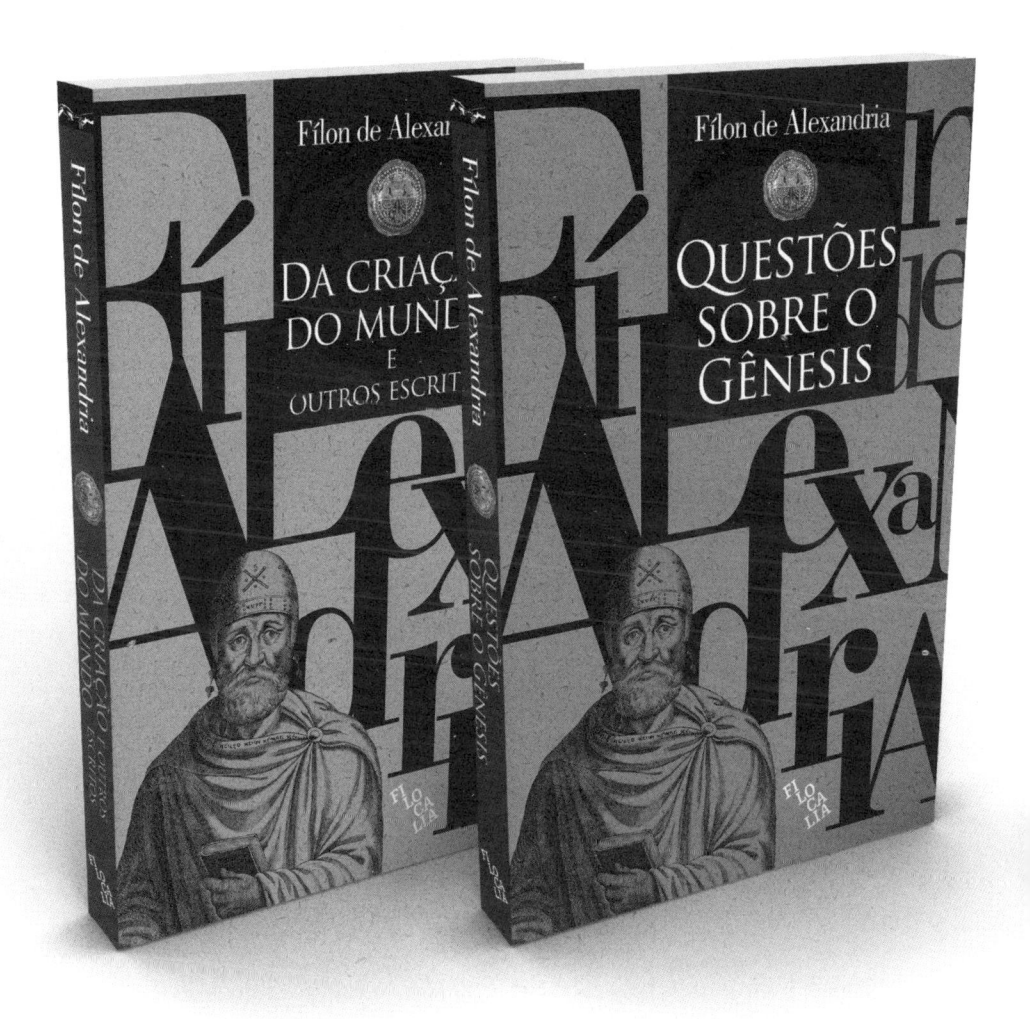

Em *Questões sobre o Gênesis* temos um dos pontos altos do método alegorista de Fílon de Alexandria (25 a.C - c. 50 d.C.), o primeiro teólogo a valer-se em sua ciência da filosofia grega. Com este método de exegese dos livros bíblicos, Fílon inaugura uma tradição que terá entre seus expoentes Orígenes, um dos Padres da Igreja. *Da Criação do Mundo e outros escritos* reúne alguns dos escritos teológicos mais importantes de Fílon de Alexandria (25 a.C - c. 50 d.C.), o primeiro teólogo a valer-se em sua ciência da filosofia grega, o que fez dele um cruzamento de caminhos de que surgiria, entre outras correntes filosóficas, o neoplatonismo.

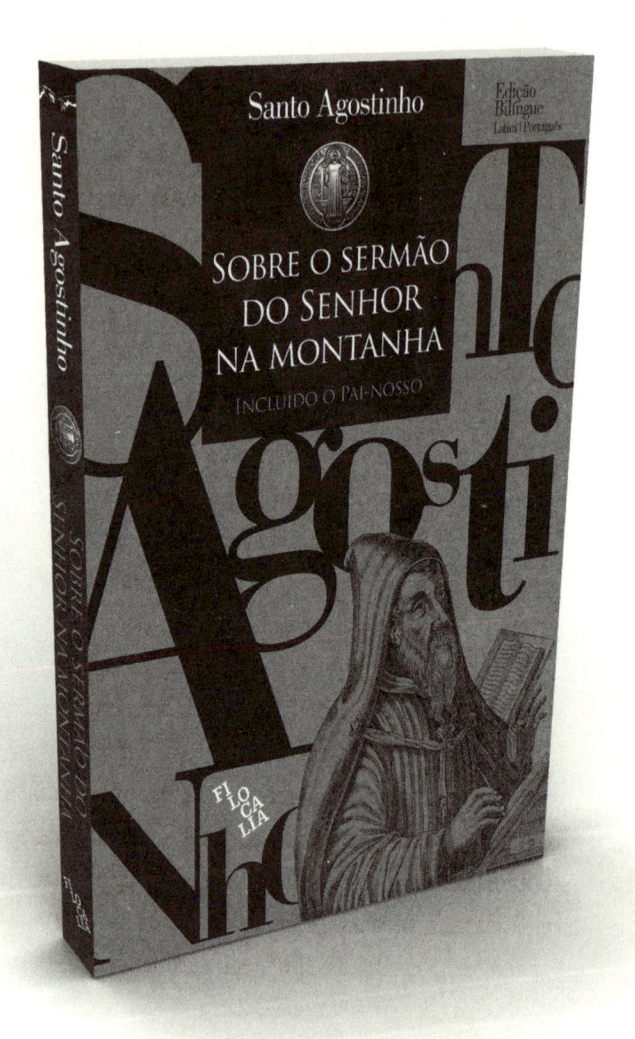

Nesse livro, Santo Agostinho faz uma leitura canônica do Sermão da Montanha, importante passagem evangélica que é o fundamento da própria vida cristã. Nele é comentado cada ponto do Sermão, e cada pedido do Pai-nosso, sempre mediante o método agostiniano de esgotar o assunto e não deixar questão a ser resolvida.

Tomando como ponto de partida uma passagem da epístola de São João, Cornelius Jansenius redige seu *Discurso da Reforma do Homem Interior* mais como obra devocional que como tratado teológico. O autor demonstra seu pessimismo em relação à natureza humana e discorre sobre a dependência absoluta da graça divina como único meio de vencer o pecado.

A heroína, Fílis, é alvo da paixão do pastor Dáfnis, que tudo faz para conquistá-la, sem sucesso. Quando, por fim, Fílis cede aos encantos amorosos do pastor, tudo indica que serão felizes. Então surge o deus Sol, que também se apaixona por Fílis mas não pode se aproximar dela porque seu destino é estar sempre em movimento no céu. Com ciúme do amor do jovem casal, o Sol mata Dáfnis e Fílis se dissolve em lágrimas. Depois de assistir ao sofrimento da amada, o Sol leva os olhos dela para o céu e os transforma em astros. Bela poesia pastoral publicada pela primeira vez em português, em edição bilíngue.

Os livros da Editora Filocalia são comercializados e distribuídos pela É Realizações

facebook.com/erealizacoeseditora   twitter.com/erealizacoes   instagram.com/erealizacoes   youtube.com/editorae

issuu.com/editora_e   erealizacoes.com.br   atendimento@erealizacoes.com.br